中国航海博物馆典藏研究丛书

云帆万里

中国航海博物馆馆藏
选粹与释读

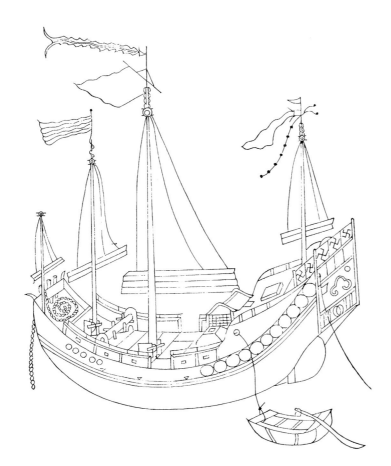

中国航海博物馆

编著

上海书画出版社

编　委　会

中国航海博物馆典藏研究丛书总序

武世刚

中国是一个航海大国，有着悠久的航海历史、先进的航海技术和灿烂的海洋文化，由此推动了社会的发展和文明的进步。作为国家级航海类专题博物馆，中国航海博物馆（以下简称"中海博"）以弘扬航海文化、传播华夏文明为宗旨，努力将自身打造为保护航海遗产、科普航海知识、传播航海文化的重要阵地和平台，成为我国航海历史文化的收藏宝库、展教窗口、研究基地和交流中心。

作为一个公益性文化机构，中海博从2005年筹建伊始，到2010年建成开馆，直至今天，始终致力于收藏、保护中国航海历史和航海活动及与之相关的文化遗产、历史见证。"航海"的内涵深刻，外延广泛，涉及政治、经济、文化、技术等多层面，具体而言包括：航运交通、港口、海事、海关、航道、海上救捞、水下考古、海上交往、外销贸易、海军海防、航海理论与技术、船舶及其部件、设备、造船、船模、海洋渔业、海洋习俗、船员海员、航海教育、航海体育休闲等各个方面。因此中海博收藏范围亦涉及且不限于如下内容：

（一）航海历史类

1. 反映各地各时期以海洋等各类水域为环境展开的各类生产生活实践，包括航海、造船、航运、港口、海事、海关、航道、救捞、海上交往、海军海防等历史发展进程的文（实）物。

2. 与各地各时期重大航海历史事件、航海人物、相关行业协会机构有关的文（实）物。

3. 其他反映各地各时期航海历史的相关见证物、资料等。

（二）航海技术类

1. 反映船舶建造、航海技术等发展历史的各地各时期出土舟船、出水沉船，以及舟船部件、航海仪器、航行用具、海员用品等。

2. 史前时期及各个历史时期不同材质的舟船雕塑、模型（包括木、陶、玉、瓷、金属、象牙等各种材质）。

3. 反映不同历史时期、不同地域船舶建造，航海技术发展演进的文献资料，以及相关建造文（实）物。

4. 其他反映舟船航海历史发展的见证物、资料等。

（三）航海文化类

1. 反映各地各时期水上、海上生产生活、文化艺术、民风民俗、宗教信仰的文（实）物。

2. 有代表性的能体现航海主题的年画、剪纸、皮影、雕刻、漆器、壁画、服饰、头饰、刺绣等民间艺术品、工艺品。

3. 当代有纪念意义的航海类实物，如奥运会、亚运会、世博会、航海日活动等含有丰富航海元素的相关代表性实物。

4. 渔歌、船号、造船工艺、行船习俗等航海类非物质文化遗产。

5. 其他反映各地各时期航海文化的相关见证物、资料等。

（四）航海艺术品类

主要包括：雕塑、油画、版画、刺绣、青铜、陶瓷、书画、玉器、木器、漆器、杂项等各种门类的古今中外文（实）物、艺术品，其主体纹案或外观造型或铭文题款等能反映各地各时期舟船航海历史、水陆攻战、水上生产生活、海上交往贸易的场景。

综上可见，中海博涉海类藏品无论是材质门类，还是形式载体，

均显现多元复杂的特征。这充分体现了"航海"内涵的博大精深，航海与人们经济社会生活的息息相关，并在各方面均留下了丰富的历史文化遗产。

时光荏苒，中海博已经建成开放十余年，博物馆的收藏也经历了从无到有、从零散化到系列化的积累过程，其中凝聚了中海博诸多文物工作者的辛勤付出，得到了社会各界的热心支持和积极响应。截至目前，中海博馆藏总量达到2万余件/套，实际数量超过10万件，初步形成了较有特色的收藏体系，包括古今中外颇具代表性的系列船模，外观精美功能各异的西方航海仪器设备，不同窑口、不同水域的海捞瓷外销器物，涉海的图籍、档案、文书、票证等纸质文献，海事管理、海军海防、民俗信仰、体育休闲等专题收藏，体量庞大，内容多元，蕴含了丰富的史料信息。

从文化中汲取力量，从传统中预见未来。"作为文化中枢的博物馆"，其社会功能和服务职责日益凸显，除了对文化遗产进行收藏保护，还要以丰富多元的收藏为基础，发挥研究、展示、宣传、教育、科普、文创、文化交流等多种功能，让博物馆更好地服务公众、服务社会。有鉴于此，我们希望通过有计划、有步骤的对馆藏从不同角度、不同专题分门别类地进行整理研究，一方面满足公共文化需求，将馆藏向社会公布，供公众对涉海文物更好的鉴赏研究；另一方面进一步发掘馆藏文物的价值和内涵，拓展航海历史文化研究的深度和广度，用以服务支撑博物馆各项业务工作，通过多种形式、多源渠道让文物活起来，弘扬中华优秀的传统文化，讲好航海故事，继而不断增强历史自觉，坚定文化自信，服务国家建设。

序言

刘迎胜

中国位于亚洲东方，濒临西太平洋，拥有18000多公里海岸线、300多万平方公里海洋国土面积，渤海、黄海、东海、南海四海相连，众多岛屿星罗棋布。优越的自然地理条件既孕育了中华民族悠久的航海历史，也构成了中外交流的水上通道。数千年来，中国人在以海洋为空间的生产生活与探索实践中乘风破浪，生生不息，书写了源远流长的航海史诗，为中华文明注入了蓝色文脉；而异域人民也不辞艰险跨洋越海而来，由此形成了数量众多的航海文化遗产。这些遗产分布广泛，类型多样，内涵丰富，凝结着人们征服、利用海洋的业绩与基于海洋而展开的历史记忆，折射着人海相依的文明光芒，是中国航海历史与文化发展历程的重要见证，也是世界文明基于航海而交汇融合的珍贵缩影。

众所周知，藏品是一座博物馆的源头基础，以藏品命名的物质文化遗产与非物质文化遗产构成了博物馆最具特色的文化资源，也是博物馆区别于其他公共文化机构的本质差异。纵观近四十年的发展演进，我国博物馆界对博物馆藏品概念的认识经历了从狭义的"文物标本"到"自然演进与人类文化记忆载体"的变化。当下的博物馆藏品概念更为开放、更具外向化特征，指涉的是世界文明进程中那些凝结着人类在某一区域、生产、生活领域中的记忆载体。

对于中国航海博物馆（以下简称"中海博"）而言，那些承载着中外文明历程中人类航海记忆的收藏物是博物馆要保护收藏的航海

文化遗产之一，构成了博物馆的专题藏品体系。航海藏品是中海博的立馆之本、业务之源，是贯穿于博物馆各项业务的主线，也是构建中海博专题特色、实现博物馆价值的出发点与归属点。自2010年7月开馆以来，中海博始终致力于航海文化遗产的保护、收藏、研究、展示与传播。其中，向社会公众展现藏品风貌、诠释藏品内涵，通过藏品使公众领略博大精深、丰富多彩的中国航海历史与文化，始终是中海博传播航海文化的重要职责与理念。编写《中国航海博物馆典藏研究丛书》就是践行这一理念的重要举措。

《云帆万里：中国航海博物馆馆藏选粹与释读》是继《航运江南——馆藏近代江南地区航运遗珍释读》后的第二本馆藏研究书籍，也是基于博物馆馆藏、侧重释读与赏析、面向普通读者推出的通识类书籍。该书围绕"航海"主题，聚焦中海博珍贵与特色藏品，所选藏品数量大约110件，涵盖了中海博一级、二级、三级珍贵藏品。藏品形态上既包括外贸商品、舟船构件、罗盘更路簿、火铳等实用类航海藏品，又包括海兽葡萄镜、鱼纹铜镜、玻璃画、水彩画、象牙雕摆件等具有艺术审美特征的藏品。同时，所选藏品还注重凸显其材质、类型、时间与空间分布上的多样性。比如在材质上涵盖了木器、石器、瓷器、金属器、书画、纸质文献等类型，在时间上贯穿了汉、唐、宋、金、元、明、清等古代时期，并延至近代、现当代。在空间分布上以反映中国沿海地区航海历史为主，兼及考虑内河航运、中西交流等空间因素。藏品主题涉及海贸、舟船、航运、军事以及航海艺术，由此构成全书五章内容：海贸流彩、舟船致远、梯行万里、靖海扬戈、航海遗珍，用"物"串联起了中华文明发展历程中航海的不同面向，诠释航海对于社会生产、商品交流、政治军事等领域的深刻影响。

在馆藏品本身的珍贵性之外，其社会价值的提升有赖于藏品内含信息的普及。撰写这部书稿的作者均为中国航海博物馆的专业技术人员，他们来自于藏品征集、藏品保管、藏品修复、学术研究、陈列展示、社会教育等业务部门。凭借对馆藏的深入了解与持续研究，他

们基于藏品的本质属性，结合各自业务视角撰写了文稿。文稿内容既有对藏品信息、视觉形态、文化内涵、历史价值的基本阐述，也有对藏品纹饰、精湛工艺、历史背景、外延信息的专业解读。全书深入浅出、析理精当、图文并茂，不仅向公众呈现了中海博特色馆藏风貌，而且实现了"以物载史"的研究初衷，通过"物"的连缀展示了博大精深的中国航海历史与文化画卷以及中外人民越海交往的故事。

相信本书的出版将会引发社会公众对航海博物的关注，会促进专业人士从博物视角下展开航海文史研究的广度与深度。我期待中国航海博物馆的专业技术人员们孜孜不倦，奋楫扬帆，在航海文博研究领域不断取得新的成果！

是为序。

目　录

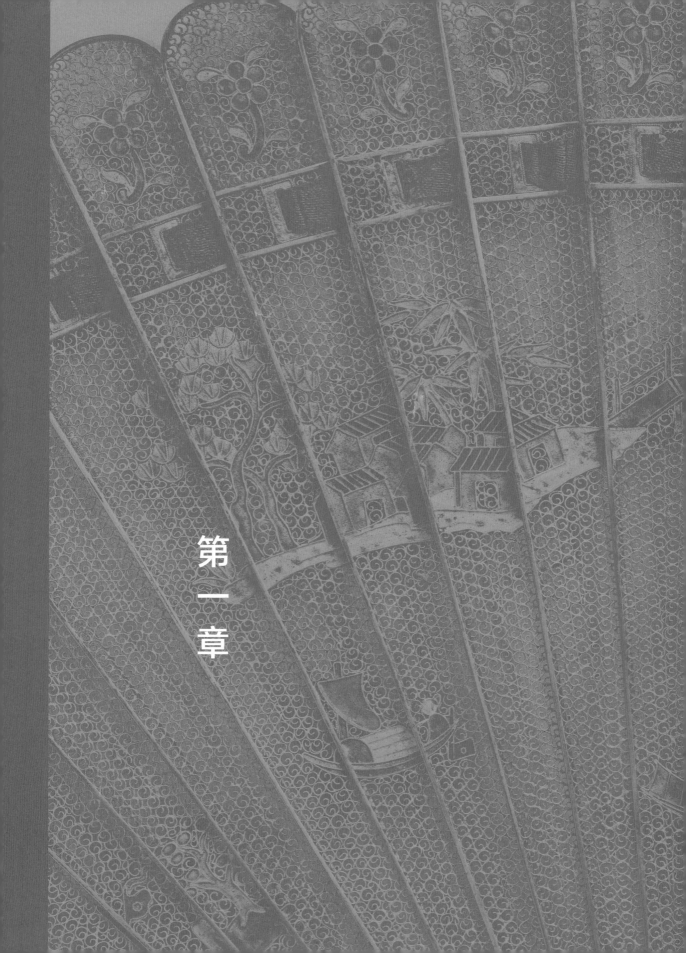

第一章

海贸流彩

人类文明因交流而多彩，因互鉴而丰富。航海是实现不同洲际、不同区域、不同国家之间文明交流的实践活动。古代中国在跨区域航海方面的成就非同一般，交流中外的舟船使海洋天堑变为通途，不仅促成异域风物的互通有无，而且推进了文化的融通互鉴。海丝绵延，海贸流彩。流淌其间的外销器物，从宋元明清的外销瓷器到晚清外销银器、外销扇，不仅闪耀着中华文明的璀璨光芒，而且凝结着帆船时代东西方技术与意念互动的痕迹。融合了西方绘画技法和中国视觉习惯的广州外销

玻璃画、通草水彩画等，在呈现口岸文化奇趣的同时，还塑造了18—19世纪西方人视野下的中国口岸形象，并经由贸易流散至世界各地。海上贸易的旅程，涵盖了器物、人员、技术、观念的流动，在渐趋消弭异域想象的同时，也为新秩序和新世界的建立悄然做好铺垫。传统认知的积淀与真实感触的交错，呈现了亦真亦幻的图景，成为时人记录、呈现、表达新世界的方式，也让后人有了感受过往的珍贵比参。这是对历史的回望，更是对未来的展望。

宋代外销瓷

作者：宾娟
中国航海博物馆学术研究部（藏品保管部）
馆员

瓷器作为中国对外贸易的重要商品之一，通过"陆上丝绸之路"和"海上丝绸之路"等渠道广泛外销到其他国家和地区，在世界上享有很高的声誉。在宋代以前，瓷器外销的总量还比较有限，随着航海技术的进步和"海上丝绸之路"的繁盛，外销瓷的类型和数量不断扩展。据研究，到宋高宗时期，瓷器已经取代丝绸成为第一大对外贸易商品，所以，也有学者把"海上丝绸之路"称之为"陶瓷之路"。[1]

中国航海博物馆（以下简称"中海博"）[2]是以航海为主题的综合性专题博物馆，外销瓷的收藏、研究和展示是重要的业务方向之一。截至2022年底，中海博收藏有300余件/套的宋代外销瓷，现以这批馆藏瓷器资料为基础，就宋代外销瓷与"海上丝绸之路"进行简要分析。

一、馆藏宋代外销瓷概况

馆藏宋代外销瓷类别、窑系比较集中，以青白瓷、青瓷为主，还有部分白釉、酱釉等，器型多见碗、盘、罐、壶、粉盒等，以福建地方窑口产品为主，兼有少量龙泉窑、景德镇窑、西村窑产品。其中不少外销陶瓷与"华光礁Ⅰ号"沉船、"南海Ⅰ号"沉船以及西沙海域采集出水的宋代器物具有高度相似性。[3]

（一）白瓷

馆藏白釉瓷较少，不到30件/套，主要有碗、盘、罐等，其中一件五代至北宋时期的白釉唇口碗（图1），口径11.9厘米，底径5.2厘米，高4.3厘米，圆唇，大敞口，外壁斜直、往下渐收，圈足，釉多

已剥落，可能系北方窑口产品，是"南青北白"背景下唐五代时期白釉瓷远销海外的真实写照。

（二）青瓷

馆藏宋代青瓷多见碗、盘、碟、罐、瓶、水盂等，包括龙泉窑青釉划花碗、南安窑青釉碗、松溪回场窑青釉碗等，约100余件/套，其中一件北宋西村窑青釉水盂（图2），口径4.4厘米，底径5.1厘米，高4.5厘米，敛口，圆唇，扁圆鼓腹，圈足，器型小巧，釉多已脱落，是西村窑北宋时期的外销瓷。南宋青釉划花碗（图3），口径18.2厘米，底径5.7厘米，高8.1厘米，敞口微敛，斜弧腹下收，小圈足，形似斗笠碗，碗心刻划团菊纹，内壁为篦划水波纹和对称的两朵刻划折枝荷花，外壁绘十组斜向篦划纹，和"华光礁Ⅰ号"沉船出水的B型青釉碗极为相似，[4]是宋代福建窑口外销瓷的典型代表。另一件南宋青釉刻划花卉纹盘（图4），口径24.3厘米，底径7.3厘米，高7.4厘米，撇口，斜弧腹下收，小圈足，器内底心刻划一朵花卉，外环一圈云气纹，内壁也满绘一圈云气纹，外壁刻划几组篦划纹，器型和纹饰与"华光礁Ⅰ号"出水的Aa型青瓷大盘如出一辙。[5]南宋龙泉窑青釉莲瓣纹小碗（图5），口径9.3厘米，底径3.3厘米，高5厘米，莲瓣口微敞，斜弧腹下收，小圈足，通体施青釉，青釉润泽。

（三）青白釉

馆藏宋代青白瓷主要是碗、瓶、执壶、小罐、粉盒等器型，共计80余件/套，大多数为福建窑产

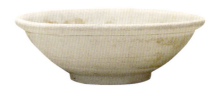

图1
五代至北宋时期的白釉唇口碗
中国航海博物馆藏

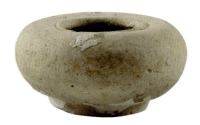

图2
北宋西村窑青釉水盂
中国航海博物馆藏

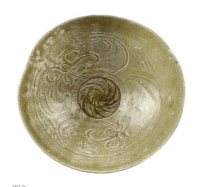

图3
南宋青釉划花碗
中国航海博物馆藏

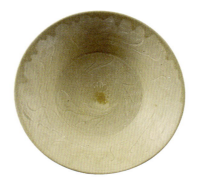

图4
南宋青釉刻划花卉纹盘
中国航海博物馆藏

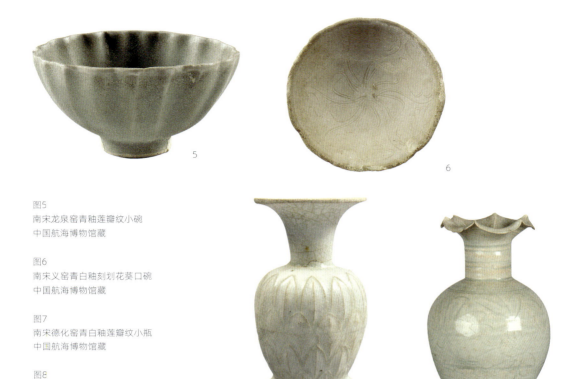

图5
南宋龙泉窑青釉莲瓣纹小碗
中国航海博物馆藏

图6
南宋义窑青白釉刻划花葵口碗
中国航海博物馆藏

图7
南宋德化窑青白釉莲瓣纹小瓶
中国航海博物馆藏

图8
宋青白釉花口瓶
中国航海博物馆藏

品，如德化窑青白釉粉盒、德化窑青白釉印花莲瓣纹小瓶等。馆藏的一件南宋义窑青白釉刻划花葵口碗（图6），口径16.7厘米，底径5.7厘米，高4.8厘米，碗内刻划花卉纹，构图简练，线条清晰，"南海Ⅰ号"沉船中就有出水。[6]南宋德化窑青白釉莲瓣纹小瓶（图7），口径5.9厘米，底径5.6厘米，高11.1厘米，喇叭口，束颈，圈足外撇，腹部饰四层仰莲瓣纹，俗称"马可·波罗瓶"，在宋元时期大量外销，"华光礁Ⅰ号"和"南海Ⅰ号"沉船出水瓷器中均有大量发现。宋青白釉花口瓶（图8），颈部上下分饰二道弦纹，腹部刻划花卉纹，线条流畅。此外，南宋青白釉执壶（图9），口径9厘米，高16厘米，荷叶形口外撇，长直颈，圆鼓腹下部渐收，矮圈足，南宋青白釉划花碗，南宋青白釉菊瓣纹粉盒（图10）等，和"华光礁Ⅰ号"沉船出水同类器物高度一致。

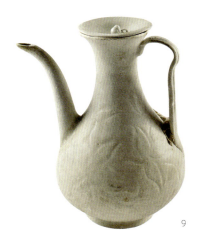

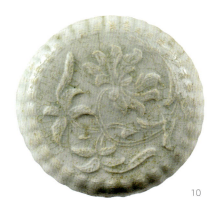

9

10

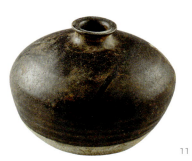

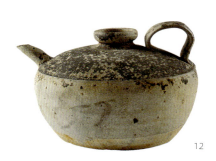

11

12

图9
南宋青白釉执壶
中国航海博物馆藏

图10
南宋青白釉菊瓣纹粉盒
中国航海博物馆藏

图11
南宋磁灶窑酱釉罐
中国航海博物馆藏

图12
南宋磁灶窑酱釉执壶
中国航海博物馆藏

（四）酱釉和黑釉器

馆藏酱釉和黑釉器多为福建晋江磁灶窑系器物，约35件/套，多见罐、执壶、小口瓶等，胎质较为粗糙，多为外壁及口沿施釉，釉不及底，下腹部均露胎。其中南宋磁灶窑酱釉罐（图11）、南宋磁灶窑酱釉小口瓶、南宋磁灶窑酱釉执壶（图12）等，应当与"华光礁Ⅰ号"沉船出水器物同出一源。

此外，馆藏外销陶瓷中还有60余件"华光礁Ⅰ号"沉船出水残器，包括碗、盘（图13）、执壶等。中海博收藏的这部分宋代外销瓷，与"华光礁Ⅰ号"沉船及"南海Ⅰ号"沉船以及西沙海域采集的同类型器十分相似，主要是福建窑产品，尤以福建磁灶窑为代表，包括德化窑、闽清义窑、松溪回场窑、南安窑等，其产品属性从不分目的的普通瓷器过渡到完全以外销为目的的瓷器。[7]这种龙泉窑青

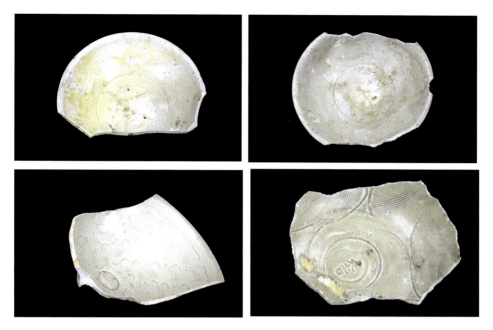

图13
"华光礁 I 号" 沉船出水残器
中国航海博物馆藏

瓷、景德镇窑青白瓷、福建瓷器的组合，在沉船和海外遗迹中也得到了印证，是宋代瓷器远销海外的实物见证。

二、宋代外销瓷生产

宋代尤其是南宋时期，由于社会环境较为安定，统治王朝也比较重视海外贸易，结合中国沿海及东南亚海域发现的沉船及其出水遗物来看，南宋时期的海外贸易有了新的发展，不仅景德镇窑、龙泉窑瓷器行销海外、供不应求，而且在华南沿海地区，尤其是明州、泉州、福州、广州等沿海贸易港口附近区域，也出现了一大批以外销为主要目的的窑场，如广州西村窑，福州闽清义窑，泉州的泉州窑、磁灶窑、南安窑、德化窑等。这些窑场一般多仿烧景德镇窑青白瓷、龙泉窑青瓷等名窑瓷器，[8]因此也形成宋代以江西景德镇的青白瓷、白瓷，浙江龙泉窑的青瓷，以及福建各地窑口烧制的青瓷、白瓷、青白瓷、

黑釉瓷（天目）等三大地区瓷器为主力，产品畅销海外的历史盛况。

值得一提的是福建沿海地区窑业的迅速发展。目前已发现的宋代沉船鳄鱼岛沉船、莆田"龟礁一号"沉船、布瑞克沉船、"华光礁Ⅰ号"沉船、爪哇海沉船、"南海Ⅰ号"沉船、后渚港沉船、"半洋礁一号"沉船、定海"白礁Ⅰ号"沉船等，[9]从这些沉船出水瓷器的情况可以看出，以"华光礁Ⅰ号"和"南海Ⅰ号"为代表的宋代沉船，出水瓷器以闽清义窑青白瓷和青瓷最多，德化窑青白瓷、南安窑青瓷、磁灶窑酱黑釉瓷相对较多，另有龙泉窑、松溪窑青瓷，景德镇青白瓷，福建地区黑釉瓷等。[10]而布瑞克沉船出水的福建陶瓷与"华光礁Ⅰ号"沉船出水的福建陶瓷非常相似，有些器类几乎完全一样，[11]由此可见，福建沿海地区是这一时期瓷业生产体系中最为突出的区域。研究显示，在沉船中"闽南民窑的产品在发现的瓷器中占绝大多数，所占比例超过90%"。[12]

三、宋代外销瓷与"海上丝绸之路"

南海因地处位置独特，一直是古代"海上丝绸之路"的大通道，经过这里的船只众多，又因多礁石，风大浪急，沉船也很多。在南海海域，沉船遗址和水下遗物点频频发现，历代沉船遗留文物大都在礁盘背面或东、西两侧，正对着中国内地船舶南下的航向。从目前水下考古发现的资料来看，至迟在晚唐五代时期，我国通往南海诸国的海上贸易航线已经经由西沙群岛海域，[13]宋元时期得以兴盛繁荣。

宋代，南海海域呈现一派繁荣景象，一艘艘满载货物的商船，从广东、福建等地沿海港口出发，驶经南海水域，从事远洋贸易，其装载货物绝大多数为东南沿海等地生产的陶瓷器，主要来自广东西村窑、潮州窑，福建德化窑、南安窑、晋江磁灶窑、闽清窑、安溪窑、漳州窑等，另外还有江西景德镇窑和浙江龙泉窑的产品。

在这条贸易线路上，港口至关重要。北宋期间陶瓷的输出主要集中在广州港，到了南宋乃至元代期间，陶瓷的外销集散地则转移到

泉州、明州等港口。

　　福建沿海地区窑业的发展，与东南沿海兴盛的海外交通与贸易有直接关系，福建泉州港是当时陶瓷外销到东南亚、西亚的最大港口，以泉州、福州港口为依托，[14]逐步形成了一个特色鲜明的外向型瓷业生产体系，尤以南宋时期发展为快，并向闽江流域、晋江流域迅速发展，[15]分布广而密，从而形成了新的瓷业生产格局。[16]其产品主要面向东南亚等国，这里既是庞大的外销市场，也是重要的贸易中转地。

　　冯先铭先生曾指出，"元以前，亚洲各国还没有瓷器，中国的瓷器是独一无二的"。[17]东南亚地区在中国陶瓷传入以前，多以植物叶子作为食器，甚至现在某些地方还有这种遗风。《诸蕃志》登流眉国条中记载："……饮食以葵叶为碗，不施匕筋，掬而食之。"[18]中国陶瓷输入以后，改变了他们"掬而食之"的饮食习俗，大大改善和丰富了当地人民的物质生活。又因古代东南亚、南亚诸国（部落）开发时间较晚，经济水平较低，华南沿海地方窑口生产的瓷器比同时期的景德镇窑更适应他们的市场需求，这从"华光礁Ⅰ号"等沉船出水器物中可见一斑。[19]据研究，宋代外销东南亚地区的景德镇瓷器，量小质优，应该是供身份较高的群体日常使用，而以德化窑为代表的福建窑口，量大、种类多，售卖的对象人群更为多元化，可能是身份较高的群体，也可能是平民百姓。[20]再次，许多器物是专门为这些地区"量身定做"的，是专门用于外销的瓷器品种，例如莲瓣纹小瓶、荷口瓶、莲瓣纹碗、军持、酱釉小罐等一直是外销东南亚的畅销品。

　　中海博收藏的宋代外销瓷面貌，不仅与"华光礁Ⅰ号"和"南海Ⅰ号"沉船基本一致，也与西沙群岛水下调查发现的瓷器面貌高度相似，是宋代外销陶瓷的重要物证，也是宋代"海上丝绸之路"兴盛繁荣的历史见证。这批瓷器虽少但有精品，是东南沿海地区宋代以来制瓷手工业兴盛和外向型瓷业生产的历史见证，也真实地反映了东南亚等地区使用者的社会状况。

1. [日]三上次男著，庄景辉、胡金定、黄东毅译：《陶瓷之路——访东西文明的接点》，中国古外销陶瓷研究会，1981年，第90页。

2. 为使行文表述简洁，文中重复出现"中国航海博物馆"时采用简称"中海博"。鉴于本书研究的主体藏品均为中国航海博物馆馆藏，考虑全书体例统一、避免繁冗，后续文章不再重复说明，行文中直接使用简称"中海博"。

3. 中国国家博物馆水下考古研究中心、海南省文物保护管理办公室：《西沙水下考古（1998–1999）》，科学出版社，2006年；范伊然：《南海考古资料整理与述评》，科学出版社，2013年；广东省文物管理委员会等：《南海丝绸之路文物图集》，广东科技出版社，1991年；中国国家博物馆水下考古研究中心、福建博物院文物考古研究所、福州市文物考古工作队：《福建平潭大练岛元代沉船遗址》，科学出版社，2014年；沈琼华：《大元帆影：韩国新安沉船出水文物精华》，文物出版社，2012年。

4. 中国国家博物馆水下考古研究中心、海南省文物保护管理办公室：《西沙水下考古（1998–1999）》，科学出版社，2006年，第115–119页。

5. 中国国家博物馆水下考古研究中心、海南省文物保护管理办公室：《西沙水下考古（1998–1999）》，科学出版社，2006年，第122页。

6. 广东省文物考古研究所：《2011年"南海Ⅰ号"的考古试掘》，科学出版社，2011年，第78页。

7. 孙键：《南海沉船与宋代瓷器外销》，《中国文化遗产》2007年第4期，第32–45页。

8. 孟原召：《宋元时期泉州沿海地区瓷器的外销》，《边疆考古研究》第5辑，科学出版社，2006年，第137–156页；孟原召：《宋元时期泉州沿海地区制瓷业的兴盛与技术来源试探》，《海交史研究》2007年第2期，第75–89页。

9. 国家文物局水下文化遗产保护中心、中国国家博物馆、福建博物院等：《福建沿海水下考古调查报告（1989–2010）》，文物出版社，2017年；嘉斌、吴春明：《福建连江定海湾沉船考古》，科学出版社，2011年；羊泽林：《福建水下考古发现与相关问题初探》，载中国国家博物馆水下考古研究中心：《水下考古学研究 第一卷》，科学出版社，2012年，第99–100页；李永歌：《布瑞克沉船出水的福建陶瓷》，《中国港口》2016年第S1期；孟原召：《华光礁一号沉船与宋代南海贸易》，《博物院》2018年第2期；中国国家博物馆水下考古研究中心、海南省文物保护管理办公室：《西沙水下考古（1998–1999）》，科学出版社，2006年。

10. 福建连江定海白礁一号龙海半洋礁一号沉船，出水瓷器则以福建宋代黑釉盏为主。

11. 李永歌：《布瑞克沉船出水的福建陶瓷》，《中国港口》2016年第S1期，第1–7页。

12. 孙键：《南海沉船与宋代瓷器外销》，《中国文化遗产》2007年第4期，第32–45页。

13. 孟原召：《华光礁一号沉船与宋代南海贸易》，《博物院》2018年第2期，第11–26页。

14. 廖大珂：《福建海外交通史》，福建人民出版社，2002年。

15. 闽北松溪窑处于闽江上游，义窑位于闽江下游，其窑业产品顺流而下至福州，出闽江口外销，或再转运泉州港外销是完全可能的；而闽南德化窑位于泉州西部，永春文史专家林联勇先生说"永春吾峰连着德化和永春五里街，大量德化瓷器经霞陵溪至五里街许港汇入永春桃溪，装船顺流而下，直抵南安、泉州"，产品自泉州港出海外销。

16. 孟原召：《华光礁一号沉船与宋代南海贸易》，《博物院》2018年第2期，第11–26页。

17. 冯先铭：《元以前我国瓷器销往亚洲的考察》，《文物》1980年第4期，第65–74页。

18. 赵汝适著，杨博文校释：《诸蕃志校释》，中华书局，2000年，第28页。

19. 经研究分析，华光礁一号沉船应该是一艘从福建泉州港启航，途径海南，驶向东南亚地区的贸易商船，在行至西沙群岛华光礁附近时沉没的。

20. 杨晶晶：《宋代景德镇青白瓷外销研究》，景德镇陶瓷大学2009年硕士论文。

明漳州窑红绿彩
阿拉伯文盘

作者：宾娟
中国航海博物馆学术研究部（藏品保管）
馆员

中海博收藏有大量外销瓷器，其中一件明漳州窑红绿彩阿拉伯文盘（图1）颇具特色。该盘口径达31厘米，圆唇，敞口，浅弧腹，内直外斜式矮圈足，胎体厚重呈灰白色，施白釉，足内底未满釉，足底粘砂。其最大特色在于盘内通体用阿拉伯文装饰，盘内底饰一圆形开光，开光内满书阿拉伯文，开光外再书一圈阿拉伯文，盘内壁另绘有六个圆形开光，开光内仍是写满阿拉伯文，六个开光之间同样用阿拉伯文隔开，盘内口沿也书写一圈阿拉伯文，部分纹饰已磨损辨别不清。经识读，这些阿拉伯文为伊斯兰教《古兰经》中的内容。

一、阿拉伯文装饰探析

文字是一门装饰性很强的艺术。阿拉伯文字作为世界上的重要文字之一，因宗教信仰缘故，同样成为伊斯兰世界艺术装饰中的一个重要元素。伊斯兰教尊奉唯一的真主阿拉，严禁偶像崇拜，禁止把人和动物等一切生灵塑造出来当做崇拜的对象，这也是其严格一神论的必然结果。在伊斯兰世界的清真寺里，用几何图形、植物图案以及阿拉伯文字进行装饰逐渐成为艺术传统。到12世纪，以阿拉伯文装饰建筑和各种艺术品已十分常见，尤以伊斯兰教经典《古

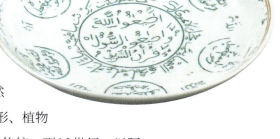

图1
明漳州窑红绿彩阿拉伯文盘
中国航海博物馆藏

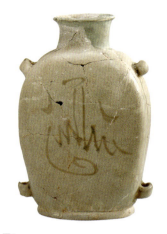

图2
唐青釉绿彩阿拉伯文背水壶
扬州博物馆藏 [4]

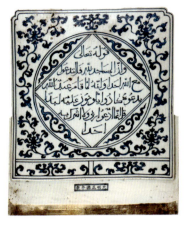

图3
明正德青花阿拉伯文砚屏
大英博物馆藏 [6]

兰经》的章句和诗文的装饰运用最为普遍。[1]

中国古代一直有着依靠文字寄托情感的传统，在历代的陶瓷装饰上，文字也是主要的纹饰之一，随着伊斯兰教和伊斯兰文化在中国的传播，阿拉伯文也为中国瓷器装饰添上了浓墨重彩的一笔。

一般认为，受伊斯兰文化风格影响的瓷器始见于唐代，著名外销窑口长沙窑产品中就出现了阿拉伯文装饰。1980年，扬州东风砖瓦厂肖家山工地发现一件青釉绿彩背水扁壶（图2），壶的正面为一组阿拉伯文，经有关专家鉴定，其意为"真主最伟大"。[2]1998年，在印度尼西亚海域发现的"黑石号"沉船出水的唐代长沙窑瓷器中，同样发现有用褐绿和红色彩料书写的阿拉伯文纹饰。[3]

到元明时期，独具伊斯兰文化装饰风格和器型的青花瓷器更为盛行，尤其是明代正德年间，因正德皇帝信奉伊斯兰教，因此这一时期的官窑器上开始出现大段以《古兰经》中的圣训格言和赞颂真主的字句为主的装饰内容。大英博物馆收藏的明正德青花阿拉伯文砚屏（图3），上面书写着《古兰经》第72章的内容"一切清真寺，都是真主的"；[5]英国维多利亚及阿尔伯特博物馆收藏的一件正德青花插屏上也书写了同样的内容；故宫博物院收藏的正德红彩阿拉伯文波斯文

盘，青花阿拉伯文烛台以及上海博物馆藏的正德时期红彩阿拉伯文盘等，都是这一时期的典型代表。这一时期，阿拉伯文装饰的盛行与统治者的独特喜好有直接关系，装饰阿拉伯文的瓷器更多在宫廷内使用而非外销。正德以后，带有阿拉伯文装饰的瓷器又重回外销瓷行列。景德镇窑、漳州窑、德化窑等窑口都发现了不少阿拉伯文装饰的器物。

类似中海博收藏的明漳州窑红绿彩阿拉伯文盘，其口径一般都在30厘米以上，多用红绿彩或绿彩描绘，盘内壁一般均匀绘有六或八个圆形开光，盘中所写的阿拉伯文字应该是当时信仰伊斯兰教的我国陶工所写，[7]多见《古兰经》中的圣训格言和赞颂真主的字句。这件馆藏的阿拉伯文盘，盘内底文字相对清晰（图4），可明确识别出"你们当服从真主，应当服从使者……尊贵的《古兰经》"等内容，盘内壁环绕的小圆圈装饰中的阿拉伯文多是歌颂"万物非主，唯有真主，穆罕默德是真主的使者""赞美归于真主的使者"等内容，以此表达信奉之意。又因工匠可能并不精通阿拉伯文，因此在描画的过程中还会出现漏字母、标点甚至书写错误等现象。[8]

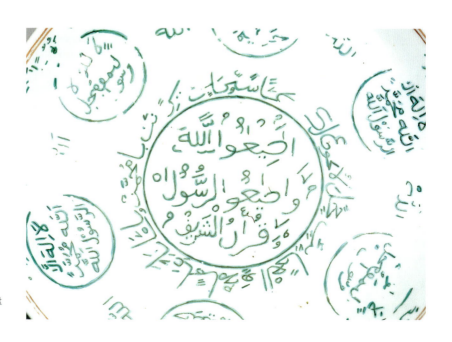

图4
明漳州窑红绿彩阿拉伯文盘
局部图

据研究，这类阿拉伯文装饰的大盘，其图案设计以亚齐皇室"九玺"（Seal of Nine）印为根据，因此在荷兰又被称为"亚齐盘"，在北苏门答腊的古亚齐统治区域发现很多。亚齐盘与伊斯兰教信仰有着密切联系。据印度尼西亚前教育与文化部部长、亚齐苏丹的后裔Syafif Thayeb博士介绍，他的父亲曾经拥有许多亚齐盘，它们被用在传统节日中盛放食物，最大的盘则保留给名望最高的的宾客使用。[9]由此可见，这类大盘非普通民众所能常备，应为统治阶级或贵族等所用，是用于宗教性活动或带有浓厚宗教色彩活动的重要餐具或礼仪用具。

此类大盘的主题纹饰为阿拉伯文，很明显是为了迎合海外市场的需求而特别订烧的，是伊斯兰文化影响中国瓷器生产的重要实物见证。这类阿拉伯文盘纹样独特，是漳州窑极具特色的器物之一，主要销往东南亚地区。叶文程先生曾指出："军持及书阿拉伯文字的瓷器，对伊斯兰教在东南亚的传播，无疑也起了重要作用。"[10]由此可见，漳州窑阿拉伯文盘的生产与外销，体现了陶瓷文化与宗教信仰文化的结合，这些带有阿拉伯装饰的瓷器伴随中国瓷器贸易的繁盛而兴起，成为中国瓷器历史长河中的一道靓丽风景线。

二、漳州窑产品述略

中海博收藏的这件阿拉伯文盘为漳州窑瓷器。漳州窑是我国古代重要的外销瓷生产地，明末清初随着月港海外贸易的发展应运而生。20世纪90年代以来，研究人员通过对漳州地区明清古窑址的考古发掘与研究，证明了海外大量发现与收藏的"克拉克瓷""交趾瓷""汕头器""华南三彩""琉璃地"等外销瓷的产地就是漳州窑，从而澄清了国际陶瓷贸易史的悬案，确立了漳州窑在中国古陶瓷研究中的重要地位。

明末清初正值景德镇窑的低谷期，海外市场的巨大需求和地理优势，促使东南沿海地区出现了大量以生产贸易陶瓷为主要目的的民间窑场，东南沿海地区海洋性窑业迅速发展。漳州窑、德化窑等东南

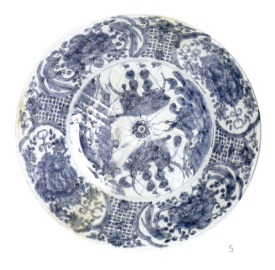
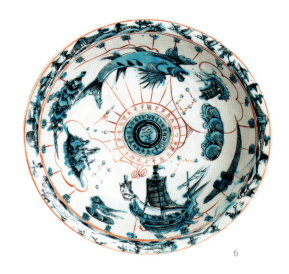

5　　　　　　　　　　　　　　　　　　　　　6

图5
明漳州窑青花开光
海船花卉纹盘
漳州市博物馆藏[12]

图6
明漳州窑五彩龙纹
罗盘航海图盘
漳州市博物馆藏[14]

沿海窑场，在胎质、釉色、图案等方面另辟蹊径，成为极具特色的外销瓷产地，尤其是漳州月港的繁荣，更是促进了漳州窑的发展。[11]

漳州窑瓷器种类丰富，以青花瓷为主，兼烧彩绘、素三彩、单色釉瓷等，器型多见盘、碗、杯、碟、罐、瓶等日用品，生产规模大，瓷器多仿同时期景德镇民窑产品，画风整体表现随意、粗犷。青花瓷是漳州窑最大宗的产品，包括盘、碟、碗、军持、瓶、罐等器物，尤以"克拉克"大盘为代表，其装饰图案以中国传统的花鸟、山水、人物、风景等为主，此外还有船舶、航海图等航海文化元素纹样（图5），构图大胆、风格独特，颇具特色。

漳州窑最具特色的为彩绘瓷（图6），日本称之为"吴须赤绘"，数量不多，仅见于少数窑址，主要器型有大盘和碗。彩绘以红色为主，配以绿、黑、褐、黄等色，纹样图案有花鸟、花卉、印章、文字，以及航海图、出海港图、水寨图等航海文化元素的纹样等。[13]

三、漳州窑产品的外销

"漳州窑"瓷器作为中国外销瓷的重要一员，既填补了景德镇等

官窑产品的不足，又满足了海外市场对中低档瓷器的需求。为了适应外销需要，漳州窑瓷器在器型和纹饰的选择上极力迎合域外文化在宗教信仰、生活习性、审美功能等各方面的需求，因而深受海外顾客的青睐。随着月港的扬帆通商，漳州窑产品主要销往东南亚、日本及非洲等地，其中质量较好的也销往欧洲。

东南亚作为中西方海上交通要冲，除了是我国古代陶瓷行销地区之外，也是陶瓷销往西方国家的重要转运、集散中心。东南亚与福建的陶瓷贸易历史悠久，向来是福建陶瓷外销的主要销售地和转运中心。

东南亚是漳州月港商船到达的主要地区，也是漳州窑瓷器需求量最大的海外市场，今日发现的漳州窑瓷器以青花和五彩为主，尤以菲律宾和印度尼西亚出土的最为多见，这与西班牙和荷兰以马尼拉和巴达维亚为转运中心是分不开的。根据苏马拉·爱迪文《印度尼西亚发现的16—17世纪的漳州窑瓷器》一书的介绍，印尼发现的漳州窑系陶瓷主要有青花瓷、彩绘瓷、单色瓷、色釉瓷、"汕头器"等类型，器型有盘、碗、碟、罐、瓶、军持与盖盒等。[15]爱迪文《在印度尼西亚发现的中国漳州窑瓷器》一书中提到，漳州窑瓷器在当时作为一种珍贵的传家宝在印尼社会流传，被广泛地使用在盛大的宴会上，被视为身份和地位的象征。[16]

据研究，漳州窑生产的伊斯兰风格瓷器多是外销到东南亚国家，这与之前的长沙窑或者景德镇窑多销往西亚地区有所不同。早在13世纪以前，东南亚就开始了伊斯兰化的进程。明代时期，东南亚各国除暹罗、占城、锡兰、小葛兰等国信仰佛教之外，其他大多数国家基本开始信仰伊斯兰教。[17]为了适应外销的需要，漳州窑在其生产的瓷器中也加入了诸多适应东南亚民众审美和喜好的元素，而阿拉伯文盘就是其中最典型的代表之一。这类大盘，一般是围坐在一起用餐时使用的餐具，"视其盘之大小，而定食客之多少。常为四人至八人共一大盘，以手撮而食之"，[18]适应多人集体用餐的需求，这正是东南亚地区人们的饮食习惯决定的。也正是这种文化习俗再加上宗教文化的

影响，这类阿拉伯文盘才成为特殊需求。

除了东南亚外，海外其他地区也发现了不少漳州窑系瓷器。从目前已知的资料显示，日本各大遗址几乎都有漳州窑系瓷器出土，尤以长崎港出土漳州窑瓷器最多，时间段从16世纪后期到17世纪中叶，这些陶瓷被称为"芙蓉手""吴须赤绘""汕头器""交趾香盒"等，也是日本彩绘瓷的重点模仿对象。

馆藏"明漳州窑红绿彩阿拉伯文盘"为漳州窑外销产品的典型代表，从中我们可以感受到中国陶瓷装饰风格的兼容并蓄，并管窥中国陶瓷行销世界的恢弘气象。

1. 林登山：《试析漳州窑瓷器装饰中的伊斯兰文化元素》，《福建文博》2019年第2期，第70—73页。
2. 朱江：《扬州出土的唐代阿拉伯文背水瓷壶》，《文物》1983年第2期，第95页。
3. 上海博物馆：《宝历风物："黑石号"沉船出水珍品》，上海书画出版社，2020年。
4. 图片来源：扬州市博物馆同仁提供，谨致谢忱。
5. 王爱红、罗顺仁：《中国伊斯兰风：明代正德官窑青花瓷装饰纹样研究》，《中国陶瓷》2021年第2期，第98—105页。
6. 图片来源：大英博物馆官网https://www.britishmuseum.org/collection/image/389616001
7. 韩槐准：《谈我国明清时代的外销瓷器》，《文物》1965年第9期，第57—59+10页。
8. 林登山：《试析漳州窑瓷器装饰中的伊斯兰文化元素》，《福建文博》2019年第1期，第70—73页。
9. Sumurah AdhyatmRn, ZHANGZHOU(SWATOW) CERAMICS, Sixteenth to Seventeenth Centuries Foundin Indonesia. The Ceramic Society of Indonesia. Jakarta—Indonesia. 1999. 33—34页，转引自林清哲：《明末清初福建与东南亚的陶瓷贸易——以漳州窑系为中心》，厦门大学2006年硕士论文。
10. 叶文程：《明代我国瓷器销行东南亚的考察》，《中国古外销陶瓷研究论文集》，紫禁城出版社，1988年，第138页。
11. 邱承忠：《漳州窑生产与闽南海外陶瓷贸易》，载：福建省炎黄文化研究会、漳州市政协：《论闽南文化：第三届闽南文化学术研讨会论文集（下）》，鹭江出版社，2008年，第109—116页。
12. 图片来源：漳州市博物馆同仁提供，谨致谢忱。
13. 栗建安：《漳州窑与东南亚》，《海交史研究》1997年第2期，第33—37页；彭维斌：《漳州窑大盘与16、17世纪的航海文化》，《国家航海》（第二十一辑），上海古籍出版社，2018年11月，第119页。
14. 图片来源：漳州市博物馆同仁提供，谨致谢忱。
15. Sumurah Adhyatman, ZHANGZHOU(SWATOW) CERAMICS, Sixteenth to Seventeenth Centuries Found in Indonesia, The Ceramic Society of Indonesia. Jakarta-Indonesia, 1999. 转引自林清哲：《明末清初福建陶瓷文化在东南亚的传播及影响》，《南方文物》2013年第3期，第70—76页。
16. 转引自芝润斋：《漳州古代陶瓷的外销》，刊载于个人图书馆。http://www.360doc.com/content/14/0625/12/13708883_389600112.shtml
17. 何文崎：《明正德时期阿拉伯文和波斯文官窑瓷器探源》，中国社会科学院大学2021年硕士论文。
18. 韩槐准：《南洋遗留的中国古外销陶瓷》，新加坡青年书局印行，1960年，第3页。

17—19 世纪西属美洲银币

作者：周颖
中国航海博物馆学术研究部（藏品保管部）
馆员

16世纪初，伴随新航路开辟，西人航船东来。1557年，葡萄牙人以澳门为枢纽开辟了连接亚洲、欧洲、美洲的诸多贸易航线，西班牙于1571年占领菲律宾的马尼拉湾后，开通了西属美洲—马尼拉—中国航线。繁盛的海上贸易使得中国的商品大量进入世界市场，作为支付中国商品的通用货币，银币也大量流入中国。中海博收藏了100余枚大航海时期的外国银币，其中比较有代表性的为一组17—19世纪西属美洲银币。

一、馆藏西属美洲银币概况

中海博收藏的这一组西属美洲银币主要包括：西属秘鲁块状银币（图1）、1733年西属墨西哥双球双柱银币（图2）以及1812年西属智利双柱银币。（图3）这些银币反映了西班牙统治美洲期间铸币的几个主要发展阶段。具体而言，西班牙统治期间美洲铸币最初是手工捶打的"块币"，英文称"COB"，也叫"切割银"。1732年起开始用螺旋压铸机器铸造"双柱地球"币，再到1772年改铸"双柱国王头像"。银币以里亚尔为货币单位，一般铸有1/2里亚尔、1里亚尔、2里亚尔、4里亚尔和8里亚尔，其中8里亚尔也称比索币。1821年墨西哥独立后，于1825年停铸西属西班牙银币。

图1所示为西属秘鲁利马2里亚尔银币，是典型的块状币，也是

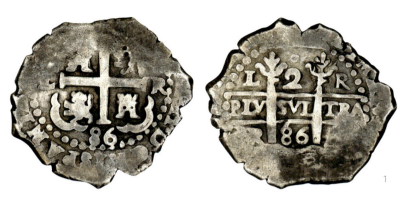

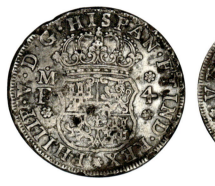
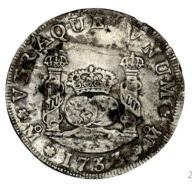

图1
西属秘鲁块状银币
中国航海博物馆藏

图2
1733年西属墨西哥双球双柱银币
中国航海博物馆藏

经典的十字币。币形不规则，有多处裂口，外缘磨损严重。银币图案正面中央被十字分割，左上右下的城堡代表卡斯蒂利亚王国，右上和左下站狮是代表莱昂王国，两侧分别刻有"L""R"字母标识，"L"是铸币地LIMA（利马）的缩写，"R"是铸币师名字首字母，下方"86"即铸币年份为1686年，外缘环绕文字笔者根据《西班牙卡利科》推测为拉丁文"CARLOS II D G HISPANIARUM REX"即"西班牙国王卡洛斯二世"。银币背面被分割成九宫格，其中两个分割线是海格力斯柱，四个角分别刻有"L""R"字母标识。和正面一样"L"是铸币地利马的缩写，"R"是铸币师名字首字母，第一层中间"2"是币值，中间层是拉丁语"PLVSVITRA"即"海外还有天地"，下方数字"86"即铸币年份为1686年。

图2所示为1733年西属墨西哥费利佩五世4里亚尔银币，外形完整，边缘有边齿，多处磨损。银币正面图案为西班牙国徽

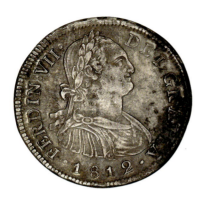
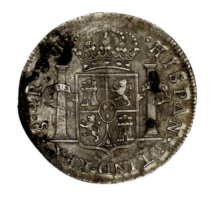

图3
1812年西属智利双柱银币
中国航海博物馆藏

和皇冠，国徽中雄狮和城堡分别代表莱昂王国和卡斯蒂利亚王国，中间三朵鸢尾花是波旁家族的标志，底尖部是带叶石榴，代表格拉纳达。国徽左边刻有字母"M""F"，"M"是铸币地墨西哥缩写，"F"是铸币师首字母，外缘环绕拉丁文"PHILIP· V ·D·G·HISPAN·ET·IND·REX"，意为"蒙天主之恩费利佩五世西班牙印第安国王"。背面图案为皇冠覆盖下的东西两个半球（是为"双球"之义）和山川、海洋，地球两侧是海格力斯柱，柱上卷轴铸拉丁文"PLUS VLTRA"即"海外还有天地"，上方环铸拉丁文"VTRAQUE VNUM"即"东西半球为西班牙独享"，"M"上面有个"O"是铸币地MEXICO（墨西哥）的缩写，下方为铸币年份"1733"。

　　图3所示为1812年西属智利费尔南德七世4里亚尔，外形完整，边缘有边齿，多处磨损。正面图案仍然是西班牙国徽和皇冠，国徽中雄狮和城堡分别代表莱昂王国和卡斯蒂利亚王国，中间三朵鸢尾花是波旁家族的标志，底尖部是带叶石榴，代表格拉纳达。国徽两侧为海格力斯双柱，柱上卷轴铸拉丁文"PLUS VLTRA"即"海外还有天地"，外缘环绕拉丁文"HISPAN·ETIND·REX·So·4R·F·I·"意为"蒙神之恩西班牙印第安国王"，"So"是铸币地SANTIAGO（圣地亚哥）的缩写，圣地亚哥是智利的首都，"4R"是币值4里亚尔，"F·I"为铸币师的姓名首字母。反面刻有费尔南德七世头像，外

缘刻有"FERDIN·Ⅶ·DEI·GRATIA"，意为"蒙神之恩费尔南德七世"，下方是铸币年份"1812"。

西班牙王室为方便管理远在美洲的铸币厂，保证每块银币的含银量和重量，提高信用度，往往会在银币上刻下铸币师姓名首字母，方便以后有问题可追究责任。边齿的出现是为了有效防止银币在流通期间被切割和削掉，同时制造有边齿的银币需要更高的技术和更先进的机器设备，在使用过程中很容易发现银币是否经过处理，提高防伪功能。以中海博馆藏银币为例，三枚银币均刻有海格力斯柱，到"双柱双地球时期"银币的海格力斯柱上缠绕卷轴，类似两个＄，＄逐渐成为许多国家的钱币符号沿用至今。卷轴上的文字是拉丁文"PLVSVITRA""PLUS VLTRA"，其实就是沿用至今的西班牙格言"PLUS ULTRA"，意为"海外还有天地"。其中"U"和"V"有不同，因为十九世纪以前拉丁文"U"和"V"是混用的。

二、西属美洲银币的诞生

公元718年阿拉伯人占领西班牙人领地。为了推翻阿拉伯政权，西班牙人进行了长达8个世纪的反抗，直到1492年1月，西班牙攻占了阿拉伯在西班牙的最后一个领地格拉纳达，即"收复失地运动"，完成了西班牙的统一。长期的战争导致西班牙王室财政亏空，为迅速充盈国库，振奋国内经济，西班牙王室启动了海外探索拓殖。1492年4月西班牙王室与克里斯托弗·哥伦布签订了《圣塔菲协定》，协议大致内容是委任哥伦布为其所发现的海岛和大陆的司令，在其所管辖地内的所有交易中，哥伦布有权获得利润的十分之一，剩余的十分之九归西班牙王室所有。同年8月哥伦布以探索神秘中国和印度为目的出发，历时2个月的航行后登陆上岸，哥伦布误以为来到了印度，因此称当地人为印第安人，将登陆的地方命名为圣萨尔瓦多，自此西班牙开始海外殖民扩张。1521年西班牙打败阿兹特克，新西班牙就此诞生。1535年西班牙又推翻了位于秘鲁的印加帝国，在美洲建立了

政治秩序，掌握美洲丰富的自然资源和矿产资源。

从16世纪40年代开始，西班牙在美洲发现多处大型银矿，包括著名的波多西银矿、萨卡特卡斯和瓜纳华托银矿等。据全汉昇估计，在16—18三个世纪中，美洲的银产额分别大约占了世界白银总产额的75%、84.4%、89.5%。[1]如此丰富的矿藏资源为未来改变世界经济格局打下基础。自1535年西班牙在墨西哥建立西属美洲第一家铸币厂后又陆续在利马、波托西、圣菲·波哥大、巴拿马、危地马拉、圣地亚哥、波帕扬等地建造铸币厂。

三、西属美洲银币流入中国的原因

16世纪大航海时期正值中国明代。明朝初期，经济逐渐复苏，社会对货币需求不高，同时银矿、金矿产量少无法满足社会日常交易需求。因此明太祖建国后，将"洪武通宝"（图4）和"大中通宝"（图5）铜钱作为法定货币。随着社会经济的复苏，人口大量增长，市场经济需要大量资金流转。到洪武七年（1374）朱元璋成立宝钞提举司，并于次年正式发行大明宝钞（图6），以宝钞为主币，铜币为辅币并行使用，禁止金银物货交易。由于铜币币值低，且铜存储量低，无法满足国家大额财政支出，而宝钞因其易于制作，发行数量可控，成为明朝政府用于支出的重要货币。正是因为明朝政府没有制定完善的宝钞制度，政府无计划无限制印发宝钞，大量宝钞流入市场，导致宝钞迅速贬值。明朝政府意识到宝钞问题的严重性，屡次颁布法令要求禁用金银铜作为货币交易，只允许纸钞在市场流通以保证宝钞的货币地位。大明宝钞日

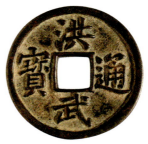

图4
洪武通宝[2]

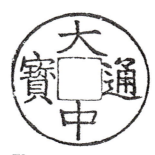

图5
大中通宝当十钱[3]

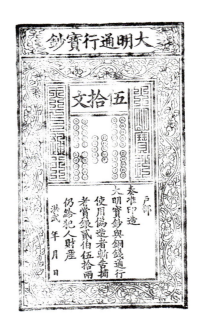

图6
大明通行宝钞（五十文）[4]

益贬值，民间对宝钞信任度降低，而铜钱价值低、不便于大宗交易，人们转而寻求更稳定的货币代替。明代以前白银已经作为货币进行使用，虽然明朝政府已明文规定禁止使用金银交易，但是洪武年间商贾已用金银进行交易活动。到英宗即位，宝钞的日益贬值及民间白银趋势化，迫使朝廷放松了对白银交易的法令。万历九年（1581）"一条鞭法"的实施，要求赋役皆用银缴纳，确立了白银的货币地位。

16世纪40年代，西班牙在美洲发现银矿，大量制造西属银币，生产出的银币有的留在美洲，有的运回欧洲和当时西班牙殖民地马尼拉。之后，这些财富通过海外贸易、走私、海盗掠夺及战争等多条渠道注入欧洲其他主要国家。西班牙银币从欧美进入中国有两个主要渠道：一是海外贸易。因中国有比欧洲同时期质量高、价格低廉的手工制品如茶叶、瓷器、丝绸等，巨大的市场需求和价格优势吸引国外商人源源不断的从美洲运白银至马尼拉，再转运至亚洲以换取商品回国。（图7）二是套利交易。明朝中后期，市场经济发展迅速，宝钞贬值，铜币价值低，难以支撑市场需求，顺应经济规律货币逐渐倾向银本位，然而中国银矿产量不足以支撑国内日益增加的白银需求，而国外产银多需求少，导致中国的金银比价北国外差价大。"在16世纪初，中国的金与银比价是1∶6，而欧洲为1∶12，波斯为1∶10，印度为1∶8。到16世纪末，广东的金与银比价为1∶5.5或1∶7，而西班牙为1∶12.5或1∶14，这表明中国白银的价格是西班牙的两倍"。[5]许多商人从中获取巨大利益。

综上可见，西属美洲银币大量流入中国并非偶然。明朝政府希望通过法规惩戒约束白银交易以保障宝钞的货币地位，却因宝钞的先天缺陷致使民间对宝钞的不信任，未能完全禁止白银。到明朝中后期朝廷迫于压力承认白银作为通货货币，同时期正值西班牙发现美洲银矿，凭借中国的外贸优势，美洲白银通过海外贸易大量流入，补足国内白银流通量和存量缺口，从而促进了国内白银货币化。

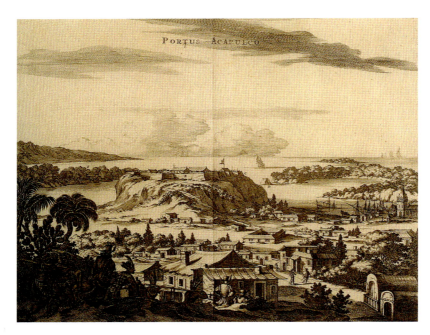

PORTUS ACAPULCO

图7
《阿卡普尔科港》版画 [6]
1671年
香港海事博物馆藏

1.　全汉升：《略论新航路发现后的中国海外贸易》，《中国海洋
　　发展史论文集》（第五辑），中华书局，1993年，第2页。

2.　彭信威：《中国货币史》，上海人民出版社，2015年，图
　　版七十二。

3.　彭信威：《中国货币史》，上海人民出版社，2015年，图
　　版六十九。

4.　彭信威：《中国货币史》，上海人民出版社，2015年，图
　　版七十一。

5.　刘军、王询：《明清时期中国海上贸易的商品》，东北财经
　　大学出版社，2013年，第203页。

6.　陈丽碧、温丽娜：《白银时代——中国外销银器之来历与
　　贸易》，香港海事博物馆，2017年，第19页。

清代广彩瓷

作者：宾娟
中国航海博物馆学术研究部（藏品保管部）
馆员

广彩又称"广州织金彩瓷"，是我国著名的外销瓷器品种，系广州工匠将来自江西、湖南等地的白瓷胎上彩后低温烧制而成。广彩瓷是中西文化交流融合的产物，既有中国的制瓷传统，又吸收西方的审美情趣，尤其是广彩瓷的装饰图案，既有中国传统纹饰，又吸收西方的宗教、神话、故事、人物等元素，是中西文化交流互鉴的重要视角。

20世纪80年代以来，国内外学者就广彩的起源、纹饰和器型、文化内涵等方面做了大量的研究。[1]外销瓷主要通过航海远销世界，因而以广彩为代表的外销瓷为各大博物馆尤其是航海类博物馆所广泛收藏。中海博在广彩瓷的收藏方面比较丰富。本文以馆藏品为例，拟对清代广彩瓷装饰图案的分类与内涵等问题进行探讨。

一、中海博馆藏广彩瓷装饰图案分析

（一）纹章图案

纹章是广彩中最具特色的纹饰，一般认为来自中世纪战场，是欧洲中世纪战场和竞技场上的产物，后来逐渐发展成为家庭身份的象征。纹章瓷的使用始于16世纪上半叶的葡萄牙皇室贵族，并在18世纪达到了顶峰，[2]尤以英国为主，这时期订制纹章瓷的群体已不限于王室及贵族，而是覆盖商人、知识分子、政府官员、军官、神职人员等阶层和城市、公司、行会等机构。

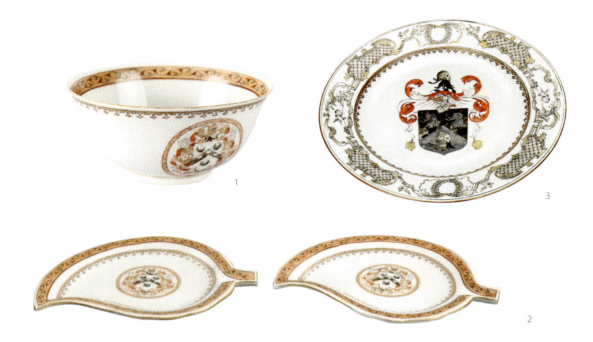

1

　　馆藏的清代广彩纹章碗（图1），外口沿饰一圈金色矛头纹，对称绘一纹章，系英国安妮女王统治时期（1702—1714）的总检察官威廉·沃克（William Walker）订制，这是最早来中国订制家族纹章瓷的家族之一；也有专家认为，此盘属于Dr. John Walker，他曾是英国国王乔治二世（1683—1760）的牧师。[3]馆藏的一对清广彩纹章叶形碟（图2）上绘制有相同的图案和边饰，应属于同一套餐具。

　　清广彩纹章盘（图3），盘心纹章为1750—1755年担任英国东印度公司主席一职的托马斯·桑德斯（Thomas Saunders）家族纹章，外围饰以一圈矛头纹，盘沿边饰带有明显的巴洛克风格，鳞片状格栅的处理方法类似杜·巴奇耶的维尔纳瓷厂设计风格，但其余细节不同。1740年前后，这一边饰开始出现在荷兰、英国等市场订制的纹章瓷器中，在1756年制作的纹章瓷上仍有使用。18世纪外销瓷的风尚和边饰变化很快。这种边饰纹样的流行年代大约在18世纪四五十年代，[4]同样器型和纹饰的瓷器在英国国立维多利亚与艾伯特博物馆也有收藏。[5]

图1
清广彩纹章碗
中国航海博物馆藏

图2
清广彩纹章叶形碟
中国航海博物馆藏

图3
清广彩纹章盘
中国航海博物馆藏

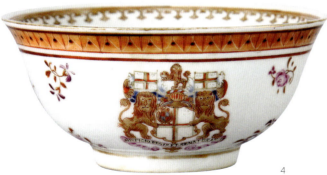

4

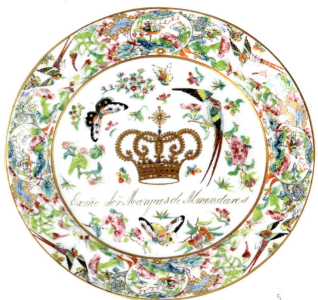

图4
清广彩纹章碗
中国航海博物馆藏

图5
清广彩纹章盘
中国航海博物馆藏

图6
清广彩纹章暖盘
中国航海博物馆藏

5

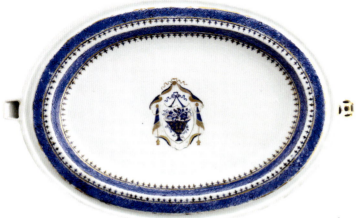

6

　　清广彩纹章碗（图4），碗内口沿饰一圈矛头纹，外口沿绘一圈锦地纹，外壁绘折枝花卉纹，一侧绘有英国东印度公司的纹章"双狮护盾、一狮托冠"。"戴安娜号"沉船打捞出水的盘上也有这样的纹章，不过用色略有不同。约在1800年前后，英国东印度公司开始订烧纹章瓷，供派驻印度孟买和在科罗曼德尔海岸的马德拉斯等地的公司高层人士使用。有研究者认为，英国东印度公司纹章瓷约在1800年到1835年的三十年间都有烧造。[6]

　　清广彩纹章盘（图5），盘心绘一枚较大的金彩皇冠纹章，下面的西班牙文铭文为"Exmo Sor Marques de Almendares"，意"阿尔门德罗侯爵阁下"。这种在器物中心绘较大纹章的手法，多出现在19世纪中期以后销往拉美市场的中国瓷器上。阿尔门德罗侯爵为古巴的西班牙统治者，拥有若干咖啡园、甘蔗园、铁路和纺织工厂。这套餐具是1843年他在广州订制的。类似的纹章瓷器还有景德镇生产的青花瓷等品种。[7]其边饰以时果、花鸟、蝴蝶，形成满地装饰，称作"散花雀"，这也是道光以后常用的固定构图方式。

　　从18世纪80年代开始，英国定制的纹章瓷中大量出现一种特殊的产品——"伪纹章"瓷，其图案多由订制者自己想象而来，纹章图案不符合纹章设计的规定，也没有得到官方机构的认可。[8]馆藏的一件清广彩纹章暖盘（图6），其图案就是臆造的"伪纹章"，与英国维多利亚与艾伯特博物馆收藏的一件1795—1800年广彩纹章水壶上的纹章结构、图形十分相似。[9]

（二）人物故事图案

　　广彩装饰的人物故事纹十分丰富，既有宗教、神话传说题材，也有世俗生活、风景人物和戏剧故事等，馆藏有4件典型的西式人物纹广彩瓷。其中清广彩帕里斯审判图盘（图7），盘缘用红彩描金绘一圈贝壳藤蔓纹，盘心描绘希腊神话故事"帕里斯的审判"。这种金色贝壳与缠枝蔓草的边饰，具有浓厚的洛可可风格，在18世纪50年代最为流行，据研究这种边饰的原型来自于迈森瓷器。[10]1752年沉

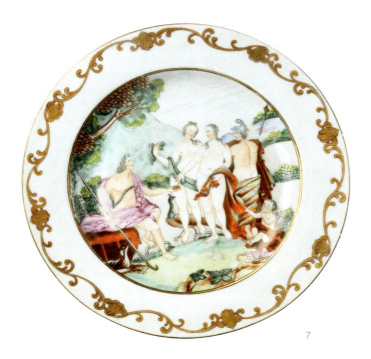

7

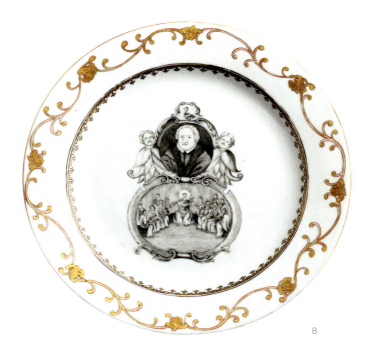

图7
清广彩帕里斯审判图盘
中国航海博物馆藏

图8
清墨彩马丁路德像盘
中国航海博物馆藏

8

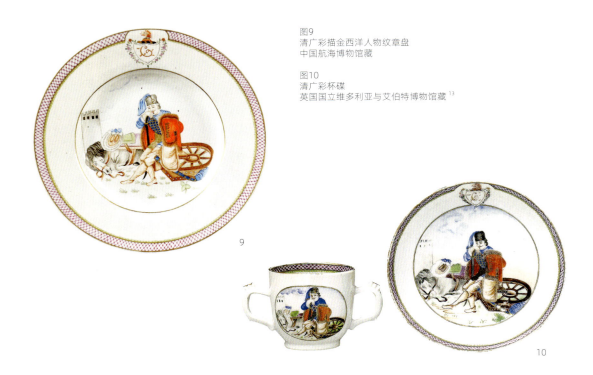

图9
清广彩描金西洋人物纹章盘
中国航海博物馆藏

图10
清广彩杯碟
英国国立维多利亚与艾伯特博物馆藏[13]

9

10

　　没的"哥德马尔森"号沉船上，也出水有类似边饰的广彩圣经故事图盘。这类图案多见于盘类器，馆藏中还有一件帕里斯审判图潘趣碗。

　　在广彩瓷器中有一些墨彩描绘的盘子，多以基督教内容为题材。馆藏的清墨彩马丁路德像盘（图8），盘沿饰贝壳藤蔓纹，盘心以墨彩描绘十六世纪宗教改革领袖马丁·路德肖像。其纹饰应是借鉴了西方铜版画技法，从器型和边饰来看，这类器物多流行于乾隆时期，与欧洲铜版画在乾隆时期传入中国的时间是相吻合的。[11]研究认为，墨彩的产生发展和欧洲传教士有着非常密切的关系，而这类瓷器通常也是作为宗教宣传品而定制的。

　　清广彩描金西洋人物纹章盘（图9），盘内绘一坐在破损炮架边穿着制服的轻骑兵，旁边有躺马一匹。该图案取自英国铜版画家瓦伦丁·格林（Valentine Green）模仿乔治·卡特（George Carter）制作的版画作品《受伤的轻骑兵》。盘沿的纹章中，狮头鸟冠下的盾形开光里有一个字母"C"，可能与一位伦敦商人派利金·柯斯特（Peregrine Cust）有关。该盘的年代大约在1790年。[12]英国国立维

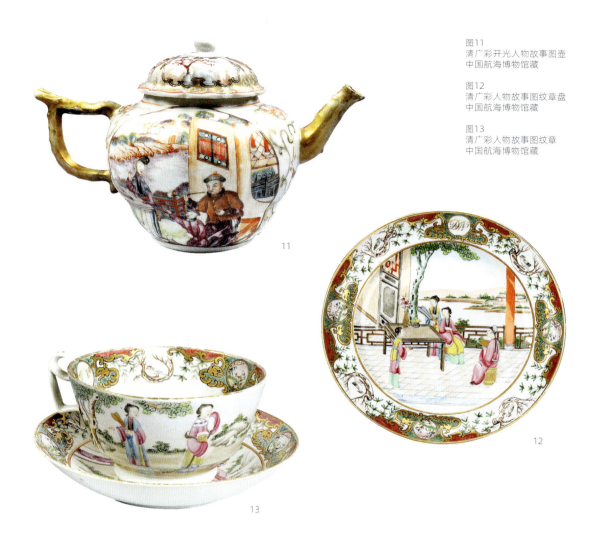

图11
清广彩开光人物故事图壶
中国航海博物馆藏

图12
清广彩人物故事图纹章盘
中国航海博物馆藏

图13
清广彩人物故事图纹章
中国航海博物馆藏

多利亚与艾伯特博物馆就收藏有一套装饰该纹饰的杯和碟。（图10）

广彩中的中式人物纹装饰，以"满大人"居多，还有明装人物等，多以家居或庭院生活场景为主。馆藏清广彩开光人物故事图壶（图11）装饰的就是"满大人"形象。而馆藏的广彩人物故事图纹章盘（图12）和杯碟（图13）即为明装人物，纹饰相似，应同属一套餐具。

清晚期的广彩瓷中出现了少量以历史故事为题材的纹样，[14]例如馆藏的人物故事纹双耳盖罐（图14）和广彩人物花鸟纹螭耳盖瓶（图15），以连续的"C"字形曲线画出分隔的开光图案，内分饰花鸟和人物故事纹。这一时期广彩人物也发生变化，最显著的就是

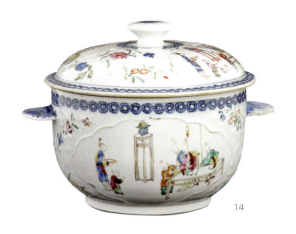

14

图14
清广彩人物故事纹双耳盖罐图
中国航海博物馆藏

图15
清广彩人物花鸟纹螭耳盖瓶
中国航海博物馆藏

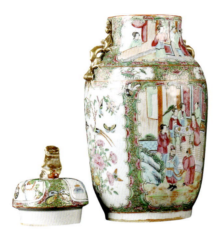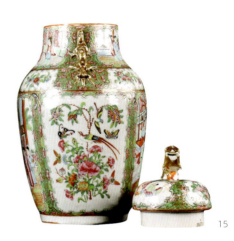

15

"长行人物"的出现和发展，这是广彩在长期摹仿西方绘画和外销画的过程中，吸收西洋绘画技法而形成的独特绘制手法，[15]盛于同治年间，也称为"同治人物"，上述人物纹双耳盖罐和螭耳盖瓶用的就是"长行人物"技法。

　　值得一提的是，馆藏有一对比较少见的清广彩四喜图叶形碟。（图16）四喜图又称"四喜娃娃"，乍看是两个孩童在嬉戏，仔细一看，孩童或立或卧，或背或对，相互构成四个完整的戏耍孩童，在我国古代民间婚嫁传统中寓意吉祥。这类图案在外销瓷中比较少见，是西方世界对中国文化认同的体现。另一对叶形碟（图17），绘有西方人物图案，应属于来样加工图案。

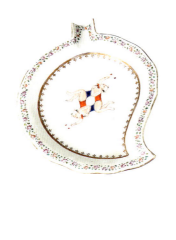
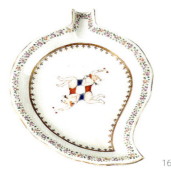

图16
清广彩四喜图叶形碟
中国航海博物馆藏

图17
清广彩西方人物纹叶形碟
中国航海博物馆藏

16

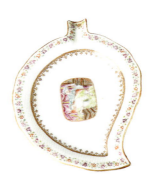
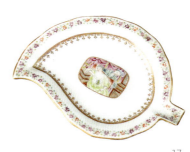

17

（三）风景图案

以山水风景为主要题材的广彩瓷器比较常见，其中，中式风景以山水、亭榭、楼台等富于文人情怀的"高雅"山水画为主；西洋风景有远景或近景的建筑、农庄、城堡、港口等或某个家庭的场景，增添了一些世俗生活的演绎。

馆藏有2件西洋风景图广彩瓷，其中1件广彩洋人归航图潘趣碗（图18），碗内底绘一折枝花，内口沿饰一圈贝壳藤蔓纹，外壁以青花缠枝花卉绘四个开光，长方形开光内主题纹饰各异。一面绘航船远洋归来，在码头上卸下大堆货物；另一面绘海边的一家三口；圆形小开光内绘山水小景，开光间以折枝花卉纹间隔。另一套广彩西洋风景茶具（图19）装饰有建筑、港口、乡村等风景。这类西洋风景纹饰多见于乾隆至嘉庆时期，在道光以后逐步消失。

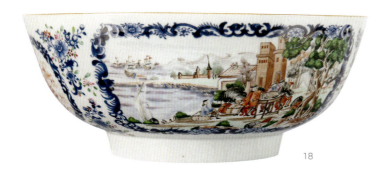

18

图18
清广彩洋人归航图潘趣碗
中国航海博物馆藏

图19
清广彩西洋风景茶具
中国航海博物馆藏

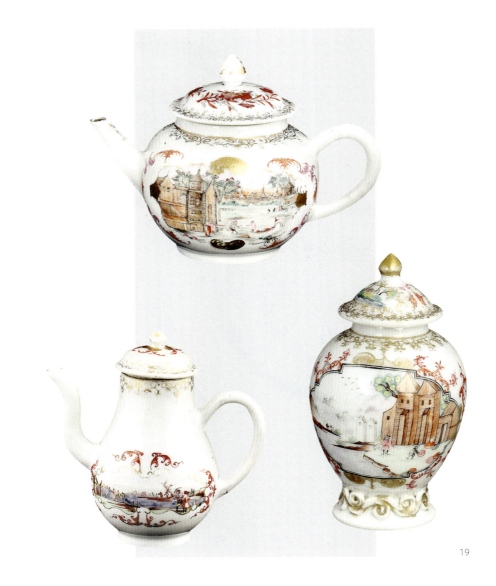

19

（四）花鸟图案

花鸟草虫纹通常是花卉、果蔬、鸟雀、蝴蝶、昆虫的共同组合，是广彩瓷绘中的重要装饰元素。清晚期出现一种俗称"八宝花"的装饰，馆藏清广彩花卉纹温盘（图20）装饰的图案即为"八宝花"，外文称"Fitzhugh（菲茨休）"，盛行于18世纪晚期，极具时代特色，19世纪仍有大量生产，并在纹饰中添加了美国的标志性图案"鹰"，是销往美国市场最早的广彩品种之一。

图20
清广彩花卉纹温盘
中国航海博物馆藏

图21
清青花"菲茨休"纹汤盘
中国航海博物馆藏

图22
清青花"菲茨休"镂空托篮
中国航海博物馆藏

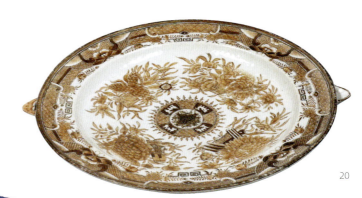

20

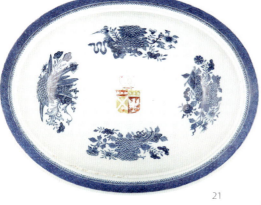

21

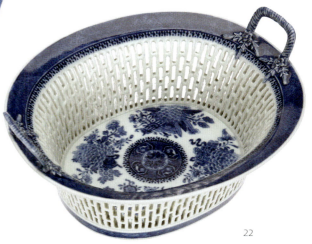

22

"Fitzhugh"纹饰的得名与18世纪60年代曾任英国东印度公司常驻广州管理会主任的Thomas Fitzhugh 有关，这批以"Fitzhugh"命名的瓷器被认为是从他开始大量订购的。[16]这种花式一般由四组折枝团花围绕中央圆形或椭圆形纹样构图，团花中夹有杂宝纹，边饰则主要由蝴蝶、花卉、方格、锦地、菱形等纹构成的几组重复图案组成。这类图案颜色丰富，早期以青花为主，后来有黄、绿、赭、金等色，中央的圆圈则可以适应各种不同的需要来进行彩绘，[17]比如纹章、展翅飞翔的鹰等。馆藏的一件青花"菲茨休"纹汤盘（图21），中间绘制的就是纹章。另一件青花"菲茨休"镂空托篮（图22），其边饰与彩瓷边饰不同，以青花宽边带为主。

19世纪开始，随着"岁无定样"模式的消减，广彩瓷逐渐进入了批量生产阶段，图案花式逐渐程式化，并且形成一套比较固定的彩绘技法，尤其喜欢用西番莲、花果蝴蝶等纹样加饰金彩做满地装饰，形成"积金地"的装饰效果，并逐渐出现了一些固定的构图方式，如"散花雀"和"积金人物翎毛"等。[18]"积金人物翎毛"在英文中通常被说成"Rose Medallion"，它一般由两组或多组对称的指甲边斗方构图，一组绘人物，一组绘花鸟，中间夹一金圈，圈内可绘花鸟，也可应外商要求绘制纹章。[19]"散花雀"是批量生产的主要花式之一，它将时果、折枝花、飞鸟、蝴蝶、蜜蜂等纹样作散点排列，看似无规律，却疏密相间、繁而不乱、丰满艳丽，分为有花有鸟、有花无鸟两种形式，极具时代特征。馆藏的一件广彩散花雀奶壶（图23），口沿、底部均饰有一周折枝花卉蝴蝶锦地纹，腹部两面各饰一个圆形开光，颈腹部和开光内通绘"散花雀"图案。

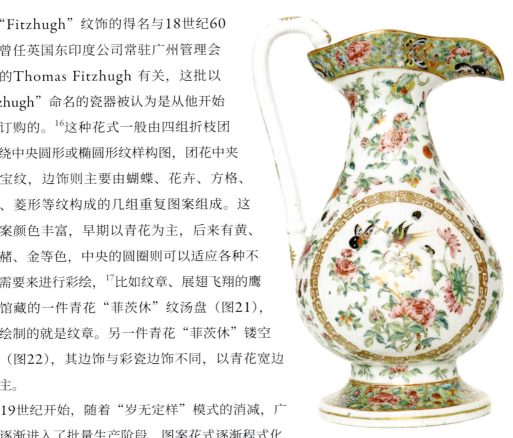

图23
清广彩散花雀奶壶
中国航海博物馆藏

二、广彩瓷装饰图案发展概述

广彩瓷很注重装饰，其装饰图案的演变，大致经历了萌芽期、成熟期、稳定期和转型期四个阶段，[20]主要装饰包括风景、花卉、人物故事和纹章图案，其中花鸟纹在广彩瓷的各个历史时期都有出现，包括有花无鸟、有花有鸟等类型。

萌芽期为清康熙至雍正时期，这一时期广彩瓷处于草创阶段，装饰图案有着浓重的景德镇彩瓷遗风，同时吸收借鉴西方彩画、广珐琅技法，形成早期的初具特色的广彩装饰图案，用彩主要有青花、五彩、巩红描金等，纹饰有风景、花卉、人物、纹章。其中风景图案多为中国风景，几乎不见西洋风景；花卉同样以中国传统的牡丹、海棠、菊花等为主；人物故事图案则为具有时代特征的明装人物和清装人物；纹章则大部分来自英国人的订单，纹章母本主要来自藏书票、钱币、游戏币和绘画等，而辅助纹饰基本都是中国的传统纹饰。

成熟期为清乾隆至嘉庆时期，随着西洋红、鹤春、茄色、粉绿等广州所制彩料的使用，吸纳西方油画用彩厚重的技法，使得广彩瓷装饰图案形成独具特色的风格，"广窑仿洋瓷烧者，甚炫彩华丽"，强烈对比的艺术效果已臻完善，"式多奇巧、岁无定样"形容的就是这一时期广彩瓷的缤纷多姿。这一时期的装饰图案受西方样稿定制的影响，出现了大量西式风景、花卉、人物以及中西合璧的图案。其中风景图案中已大量出现西洋风景图；花卉图案中的中式花卉被称为"挞花头"，出现了极具时代特色的"八宝花"，西式花卉则前所未有的大量出现；人物图案中"满大人"形象广泛出现，并出现"长行人物"这种广彩独特的技法；人物故事图案多体现轻松愉悦的庭院生活；纹章图案蔚为盛行，先后受洛可可和新古典主义影响，纹章瓷的边饰由繁琐华丽趋于简单朴实。

稳定期为清道光至光绪时期，这一时期最重要的特点就是装饰图案和形式的程式化。一方面随着欧洲人审美情趣的变化，广彩的订单逐年减少；另一方面由于北美航线的开通，广彩色彩浓郁的红、

绿、金色装饰开始广泛受到美国各阶层的喜爱。由此广彩瓷出现了许多相对固定的花式，例如积金人物、积金翎毛、"散花雀"、金鱼、金蝶、绿白菜、云龙等，都是这一时期为适应流水作业而形成的程式化装饰图案。风景、人物故事、花鸟等图案依然流行，但西洋花卉、西洋人物、西洋风景逐步消失，风景图案逐步衰弱；有花有鸟的"散花雀"是这一时期的特色图案，荔枝、佛手瓜等岭南瓜果和花卉以及蜜蜂、蜻蜓、蝴蝶等昆虫鸟类共同营造的图案颇具特色；人物故事图案中已基本不见"满大人"形象，而多为明装人物和喜庆的家庭生活场景，还出现了一些历史故事题材的装饰；纹章较前期大为减少，主要为美国订制的。

光绪以后是为转型期，岭南画派画家在广彩瓷中融入中国画技法，使得广彩瓷装饰中出现浅绛彩和新彩，为广彩瓷注入了新的活力。

三、结语

广州自古就是"海上丝绸之路"的东方大港，广彩瓷作为清代外销瓷的主要代表，创造了一种于产地之外批量加彩再行外销的贸易模式。作为外销瓷中的一朵奇葩，广彩瓷堆金织玉、炫彩华丽的装饰风格享誉中外，涉及中外历史、文化、艺术、技术等多个领域，是中西文化互学互鉴的典范之作。

综上所述，中海博馆藏的广彩瓷纹饰丰富，彰显了中西文化合璧的特征。除上述介绍的几种代表性纹饰外，广彩中还有一些典型的"外销"纹饰，比如外国商船、广州十三行商馆、外贸交易场景等，在中国传统瓷器上很难看到，说明是广彩外销瓷所特有的纹饰，这些图案基本来自于西方商人的来样定制，大约流行于18世纪中期。此外，广彩的边饰也相当丰富，除了中式传统的缠枝花卉、开光、锦地等，还有吸收了西方洛可可风格的西洋碎花、波浪带状纹、贝壳藤蔓纹、杜·巴奇耶风格边饰等，展现了跨文化融合的丰富艺术内涵。

1. 广东民间工艺博物馆：《赵国垣广彩论稿》，岭南美术出版社，2008年；陈玲玲：《广彩——远去的美丽》，九州出版社，2007年；广东民间工艺博物馆：《世纪嬗变：十九世纪以来的省港澳广彩》，岭南美术出版社，2008年；广东省博物馆：《广彩瓷器》，文物出版社，2001年；黄静：《折色、长行三百年——广彩瓷历代人物纹饰》，《收藏》2019年第1期，第57—71+56页；黄静：《销往阿拉伯地区、印度和拉美的广彩瓷》，《收藏》2015年第13期，第100—107页；黄静：《广彩瓷器中的中国与西方元素》，《收藏》2013年第4期，第20—36页；郭学雷：《对广彩起源及早期面貌的探索》，《收藏》2017年第3期，第36—53页。

2. 柯玫瑰、孟露夏著，张淳淳译：《中国外销瓷》，上海书画出版社，2014年，第47页。

3. 黄静：《浅议纹章瓷——以粤博藏品为例》，载上海中国航海博物馆编：《海帆寻踪——文化遗产视野下的海上丝绸之路》，社会科学文献出版社，2021年，第100页。

4. 上海博物馆编：《故宫博物院上海博物馆藏明清贸易瓷》，上海书画出版社，2015年，第280页。

5. 柯玫瑰、孟露夏著，张淳淳译：《中国外销瓷》，上海书画出版社，2014年，第3页。

6. 上海博物馆编：《故宫博物院上海博物馆藏明清贸易瓷》，上海书画出版社，2015年，第44—45页。

7. 黄静：《浅议纹章瓷——以粤博藏品为例》，载上海中国航海博物馆编：《海帆寻踪——文化遗产视野下的海上丝绸之路》，社会科学文献出版社，2021年，第101页。

8. 王平：《十八世纪销往英国的纹章瓷研究》，复旦大学2013年硕士论文。

9. 柯玫瑰、孟露夏著，张淳淳译：《中国外销瓷》，上海书画出版社，2014年，第70页。

10. 王平：《十八世纪销往英国的纹章瓷研究》，复旦大学2013年硕士论文。

11. 黄静：《广彩瓷器中的中国与西方元素》，《收藏》2013年第4期，第20—36页。

12. 柯玫瑰、孟露夏著，张淳淳译：《中国外销瓷》，上海书画出版社，2014年，第74页。

13. 图片来源：柯玫瑰、孟露夏著，张淳淳译：《中国外销瓷》，上海书画出版社，2014年，第73页。

14. 黄静：《折色、长行三百年——广彩瓷历代人物纹饰》，《收藏》2019年第1期，第57—71+56页。

15. 罗筠筠：《"广彩"的文化与审美定位》，《中国美学研究》2014年第1期，第192—201页；梁正君：《清代广彩人物纹饰与西方人物绘画》，《文博》2009年第5期，第81—84页。

16. 清风阁：《中国外销瓷艺术语考析》，曾波强主编《文物艺术品鉴赏与行情论丛》，岭南美术出版社，2005年，第35页。

17. 黄艳：《传统与变革：十九世纪以来广彩在省港澳的发展》，载广东民间工艺博物馆：《世纪嬗变：十九世纪以来的省港澳广彩》，岭南美术出版社，2008年，第52页。

18. 黄艳：《传统与变革：十九世纪以来广彩在省港澳的发展》，载广东民间工艺博物馆：《世纪嬗变：十九世纪以来的省港澳广彩》，岭南美术出版社，2008年，第49页。

19. 黄艳：《传统与变革：十九世纪以来广彩在省港澳的发展》，载广东民间工艺博物馆：《世纪嬗变：十九世纪以来的省港澳广彩》，岭南美术出版社，2008年，第52页。

20. 曹先勇：《绚丽华彩 金碧辉煌——清代外销广彩瓷的历史与特点》，《东方收藏》2021年第3期，第11—17页。

清代外销扇

作者：康丹华
中国航海博物馆学术研究部（藏品保管部）
副研究馆员

清乾隆二十二年（1757），清政府实施"一口通商"政策，广州由此成为当时中国经营欧美贸易的唯一口岸。繁忙的海外贸易加上信息、人才、技术等要素的集聚，使广州成为万国货物的集散地，同时也成为各类外销艺术品的交易中心。作为广州外销艺术品中的重要类别之一，外销扇以其独特的风格在贸易品类中留下了浓墨重彩的一笔。

中海博收藏有多柄形态各异、材质多样、工艺精湛的外销扇，它们不仅是中国传统工匠高超技艺的展示和留存，也是18—19世纪中国与西方世界在经贸、文化、艺术等各方面交流融合的见证。

一、多彩扇艺：中海博馆藏外销扇赏析

根据材质、工艺、扇面内容的不同，外销扇可以分为诸多类别，其中之一被称为"满大人扇"。

"满大人扇"是英文"Mandarin Fan"的音译，"Mandarin"词源为葡萄牙语"mandar"，意为管理或统治，因此中文亦称之为"官家扇"。作为大航海时代第一个从海上与中国建立贸易联系的欧洲国家，葡萄牙对中国官员的称呼成了西方贸易者对清朝各类官员的代称。

"满大人扇"的扇面风格始于"伊万里"瓷器上常见的纹饰。"伊万里"瓷器是当时日本制作的流行于欧洲的瓷器类型，其画面特

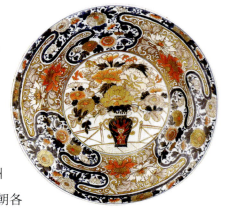

图1
18世纪伊万里瓷彩绘大盘
日本制
广东省博物馆藏[1]

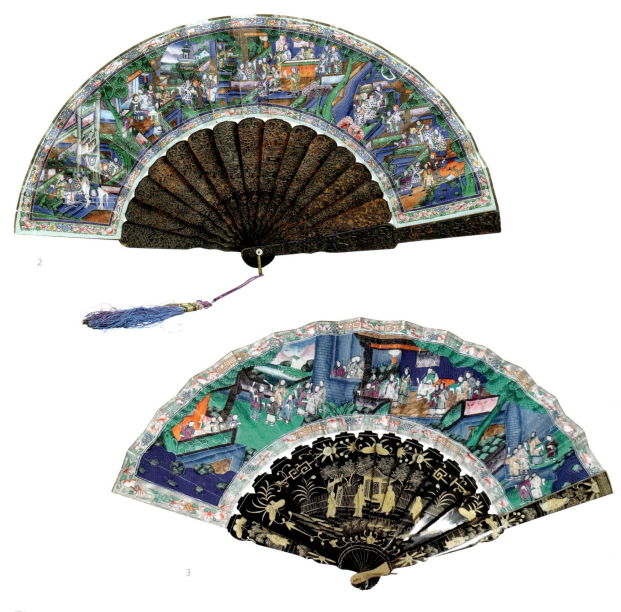

2

3

点是红蓝两种主色的运用及繁复绚丽的画面布局。（图1）中国工匠很快就仿制出了中国的伊万里瓷器，更将其独特的纹饰运用到了其他外销品的制作上，各式各样的"满大人扇"就是最好的例证。

图2展示的是中海博藏19世纪人物庭院画像玳瑁扇，全扇打开角度约160°，宽约33厘米，折叠状态下长约17厘米，由16枚扇骨组成。图3为中海博藏19世纪黑漆描金扇，全扇打开角度约160°，折叠

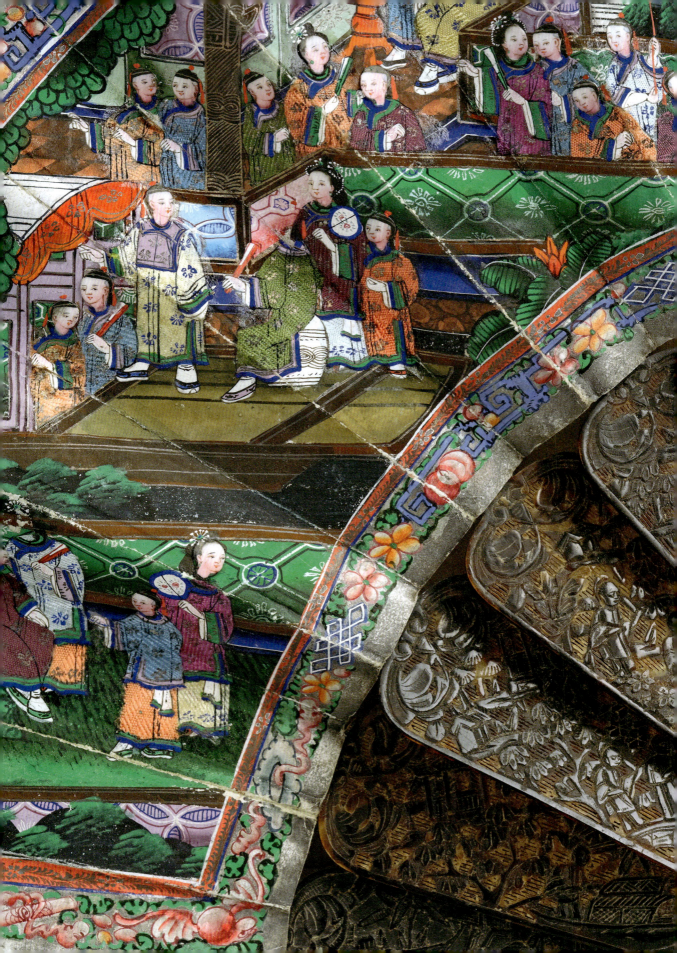

状态下长约33厘米，宽约17厘米。

两把扇子均为典型的"满大人扇"，纸质双面，正面图案为"满大人"主题，背面则多以山水花鸟等自然景物为主。"满大人"主题纹饰以"满大人"形象为核心，以长卷形式连续描绘了不同的庭院游玩休闲场景，共有男女老少等人物形象约50个。（图4）仔细观察可以发现，画面中的人物面部由象牙片制成，其服饰则是由真正的丝绸剪裁贴在扇面上。扇面整体布局紧凑繁复，色彩艳丽夸张，是典型的迎合欧洲市场的外销艺术品风格。

据关善明研究，早期的纸面折扇只采用彩绘装饰，之后画面中的人物头像用象牙贴片制成，人物服饰也采用真正的丝绸剪裁贴在画纸上，装饰效果比纯彩绘纸面更胜一筹。"与绘有'满大人'的广彩瓷一样，'官家扇'也颇受外国人的青睐，其全盛时期大约在道光中期，也就是1830—1840年间，之后水平开始下降，道光以后不再生产。"[2]

两者扇面纹饰细节略有不同，扇骨的材质则是各有千秋。19世纪人物庭院画像玳瑁扇的扇骨由玳瑁制成。玳瑁是一种海龟科海洋生物，因其甲片具有纹饰美丽、质地坚固、韧性强、整体呈半透明等特征，成为外销扇扇骨的主要材质之一。（图5—6）除了材质本身就非常珍贵之外，精湛的加工技术也给扇骨的成型增添了别样的

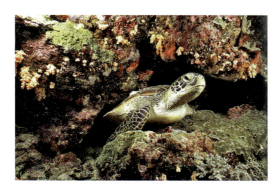

图5
玳瑁[3]

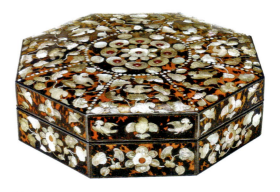

图6
玳瑁螺钿八角箱
日本正仓院藏[4]

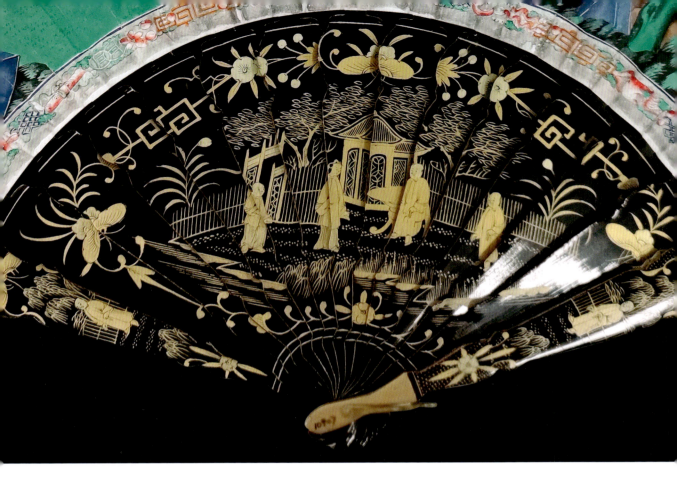

风采。玳瑁扇的扇骨纹饰采用薄地阳刻技法雕刻而成，下半部分统一为花朵纹，不同小骨的上半部分纹饰则组成一副带有人物、舟船、树木、亭台楼阁等元素的完整图案，两边的大骨外侧则刻有花卉纹。

　　19世纪黑漆描金扇的扇骨由黑漆描金工艺制成，十四根小骨上描绘的不同图案组成一幅完整的行轿图，主纹饰的周围绘有左右对称的装饰图案。（图7）"黑漆描金其实并不是用笔描出的，而是以木片为骨，髹上多层黑漆，完成后再于黑漆表面涂上红色漆胶，待半干后扫上金粉，金粉贴于半干漆胶之上，待干后，用棉花抹去剩余金粉，而露出描金图案，粘有残余金粉的棉花放于熨斗之中焚毁，而取回黄金再用。金漆扇所用金粉通常都分有深浅二色，即'赤金'和'青金'两种，用以增加画面的层次感。'赤金'较为纯正，'青金'则加入少数银质成分，金漆扇的式样，与象牙扇的设计大同小异，也是当时最为畅销的产品之一。"[5]

图7
19世纪黑漆描金扇
局部图

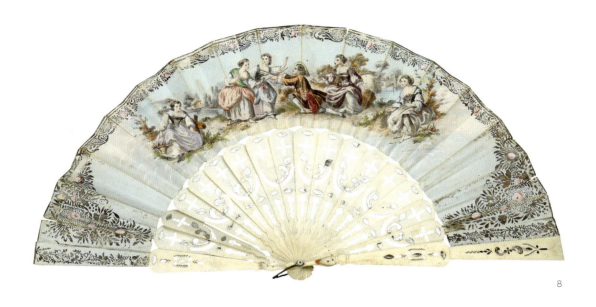

8

图8—9
19世纪彩绘西洋人物图像
象牙折扇
中国航海博物馆藏

　　除了"满大人"，西洋人物画像也是外销扇常见的纹饰主题之一。图8是中海博藏19世纪彩绘西洋人物图像象牙折扇。全扇打开角度约为180°，折叠状态下长约50厘米，纸质扇面正中开光，一面绘制有两女一男三个身着礼服的西洋人物在庭院游玩交流的场景（图9）；另一侧则绘制了五女一男共六人在郊外嬉戏的画面。主纹饰两侧均绘有装饰性的对称卷草纹。除底边外，整个扇面的边缘处绘有窄边装饰纹样。画面整体风格清新淡雅，具有典型的西方绘画风格。扇骨由象牙制成，骨面采用镂空技法，

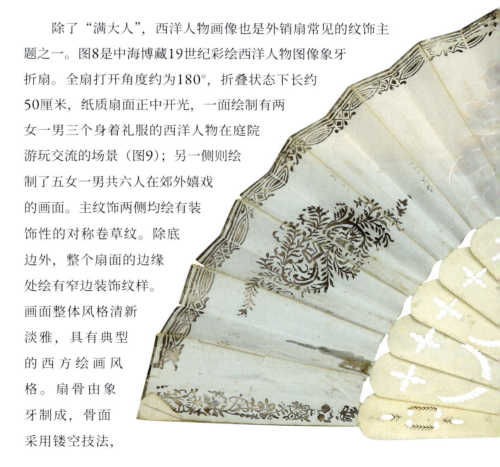

刻有十字纹、树叶纹等简约纹饰，正面的树叶纹中用其他材质进行填充，使得扇骨的装饰效果更为突出。

　　花鸟纹是中国传统折扇扇面的常见纹饰内容之一，但将其与刻满繁复纹饰的象牙扇骨、轻盈洁白的绒毛装饰组合在一起，则碰撞出了不同寻常的美感。图10是中海博藏19世纪不对称纸面象牙骨折扇。全扇打开角度约150°，宽约28.5厘米，长约55厘米。纸质扇面，主图为采用中国传统技法绘制的花鸟纹图案；扇骨由象牙制成，上镂人物、舟船、树叶等纹饰，镂空处以细密的垂直牙丝填充，画面整体布局紧凑，视觉效果丰富。（图11）扇子顶部装有白色绒毛，极富装饰性。值得一提的是，这把扇子虽然是折扇式样，但扇面被设计成不对称样式，显得灵动俏皮。一般来说，不对称扇形属于道光晚期式样。

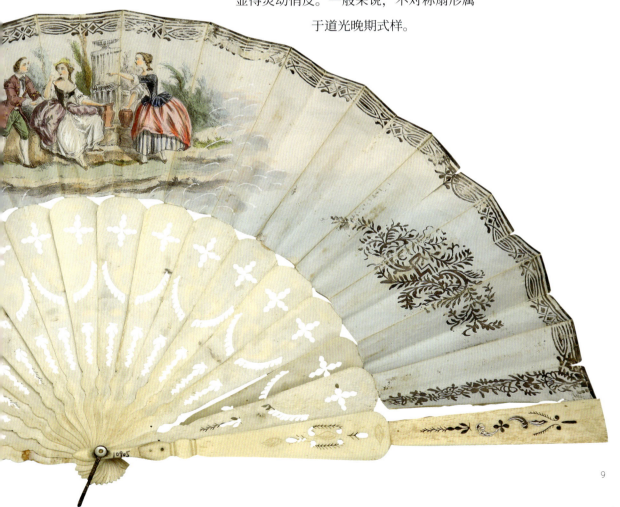

9

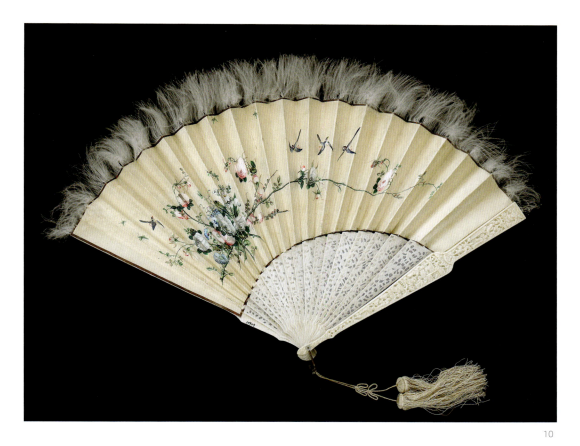

10

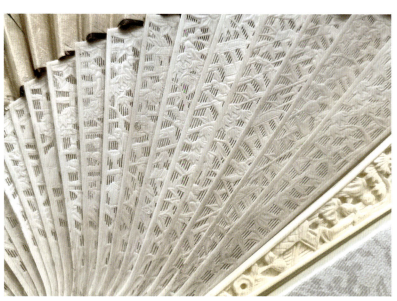

图10
19世纪不对称纸面象牙骨折扇
中国航海博物馆藏

图11
19世纪不对称纸面象牙骨折扇
扇骨细节

11

二、18—19世纪外销艺术品中的外销扇

　　随着对外贸易的不断发展、繁荣，18—19世纪的广州十三行地区进行交易的商品种类也不断丰富。据姚贤镐的《中国近代对外贸易史料》第一册统计，当时从广东出口的商品达80多种，其中以茶叶、丝绸、棉布、糖、瓷器、矿产品、药材、土特产品为大宗。

　　葡萄牙、西班牙、荷兰等欧洲国家来到中国最初的主要目的是购买瓷器、丝绸等已在西方国家驰名已久的商品，随着贸易的不断深入及对中国的进一步了解，茶叶和瓷器逐渐成为西方国家采购最多的商品，同时我国出产的漆器、家具、墙纸、外销画、牙刻等艺术品逐渐在贸易种类中占据一席之地。

　　外销艺术品交易一般主要由散商负责经营。"'公行'之性质原专揽茶、丝及各大宗贸易，而扇、象牙、刺绣及其他小宗贸易则委诸公行以外之散商办理。"[6]如此，广州的行商和散商成了中西方艺术品贸易的担当者，从很多当时外国记录者的文字表述中可以一窥当时的外销艺术品的热潮，如：1768年，在广州的威廉·希克（Willam Hickey）记载了当时十三行附近的多种工匠种类："这里有玻璃画工、制扇工匠、象牙工匠、漆器匠、室石匠及各种各样的手艺人。"[7]又如福布斯（Forbes）在《1825—1830年的广州商铺》中记载到："1822年，广州十三行一带有5000余家专营外销商品的店铺，约有25万的男人、女人和儿童加入到外销商品的生产制作过程中，广州的艺术家在象牙、玳瑁、砗磲、檀香木等雕刻制品，以及竹木家具、漆器、金银器、织绣、藤制品方面的精湛技艺闻名于世。"[8]当时的外销艺术品贸易主要由两种方式构成：一种是看样订货，即由工匠制作成品，外商确定形制、花纹、样式、材质等细节后出货；另外一种就是来样定制，即根据外商的要求按样生产。

　　外销扇是所有外销艺术品中较为独特的一种，随着设计、生产、销售等贸易体系的不断完善，逐渐成为一种集绘画、雕刻、丝织等多种工艺于一身的艺术珍品，从中可以一窥传统手工艺人的高超技

艺。广作外销扇业的兴盛，在当时也推动了广州本地制扇的发展，有"城厢扇馆遍东西，花样之多折叠齐"之誉。制扇业的发展使得扇子的制作分工也日益精细，据《广东工艺美术史料》记录：广州制扇作坊和扇庄主要集中在今广州的大新路、状元坊、德星路、长寿路一带，其中"扇仔行"专制扇胚；"贡牙行"专做扇骨拉花；"牛骨行"专刨骨料；"雅风行"专裱扇面；"仁风行"装配成品。[9]分工之细，可见一斑。

三、外销扇的特点

鉴于对外贸易发展以及海外市场的消费需求，外销扇较之中国传统的扇具，具有鲜明的特点。

首先，在扇骨材质的选择上，外销扇更为多元、奢华。中国传统折扇在明清时期达到发展巅峰，成为文人雅士的文玩首选。竹子在中国文化中象征着"正直高尚、洁身自好"的君子品质，故而成为中国传统折扇扇骨的主要材质。"今吴中折扇，凡紫檀、乌木、象牙者，俱目为俗制。惟以棕竹、毛竹为之者，称怀袖雅物，其面重金亦不足贵，惟骨为时所尚。"[10]

与中国传统折扇不同的是，外销扇的扇骨材质丰富多样，包括象牙、玳瑁、砗磲、檀木、金银累丝等。作为商品，外销扇需符合买方即西方市场的审美特点，17—18世纪时期的西方社会正流行巴洛克、洛可可风格，物品材质的珍贵性是其追求目标之一。同时，外销扇作为体积小但单价高的"溢价"类商品，需要珍贵的材料来刺激消费欲望，提高售价。再次，广州作为当时世界著名的通商口岸，具有丰富的本土资源，使其能够十分便捷地获取制作所需的高端原材料，从而控制成本。总之，扇骨材质的多元化是外销扇高端化、精品化、艺术化的基础。

第二，在扇骨的制作工艺上，外销扇更为丰富精湛。外销扇的

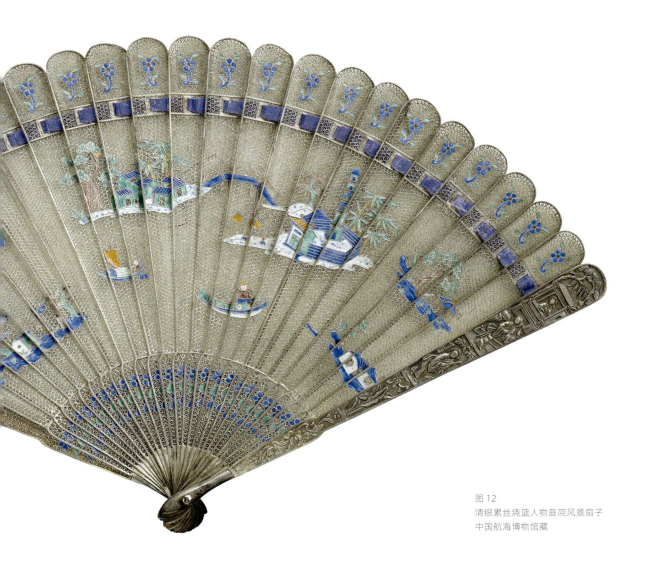

图 12
清银累丝烧蓝人物庭院风景扇子
中国航海博物馆藏

扇骨制作工艺通常有雕刻、金银累丝、色漆描金等大类。以常见的雕刻为例又可细分为浮雕、圆雕、镂通雕、高浮雕和多层高浮雕等形式，根据不同材质的特性、不同部位的审美要求灵活应用各类制作技艺，一把小小的扇子上面往往会集中多种工艺，精雕细刻、玲珑剔透，富有装饰感。

　　金银累丝工艺又称花丝镶嵌工艺，是中国最早用于制作艺术品的技法之一，也是金属工艺中最为精细者。金银累丝工艺是将金、银拉成长丝，再运用掐花、堆垒、盘曲、填丝等方式编织成网状或股状

形式，再镶嵌到器胎之上，工序复杂、成本昂贵。（图12）

描金工艺原本是漆器装饰工艺的一种，后被用于外销扇骨的制作。漆制扇骨通常表面光滑，上髹黑漆或红漆为地，再以金银漆或矿物颜料描绘图案。描金工艺又分为贴、洒、描、泥等方式，塑造出金碧辉煌的视觉效果。"十三行外销骨扇在扇面形式上普遍表现为华美繁复，却又恰如其分，装饰要素疏密有致，注重美学形式上比例与构图、节奏与韵律相和谐。装饰图案中西并用，巴洛克式的螺旋花饰、石膏头像以及洛可可式的蔓藤、贝壳等西方图案，与'满大人'、牡丹花、中式亭台等中国图案同时出现在一把扇子中。"[11]

其次，外销扇在样式上体现出女性化的使用需求。扇骨的数量称为"档"，是判断扇子样式的重要元素之一。我国传统折扇多为十一档，大部分使用者为男性。而女性用的折扇则多于十一档，最多者可以达到三、四十档。扇骨档数的增加使得单根扇骨的尺寸变小，

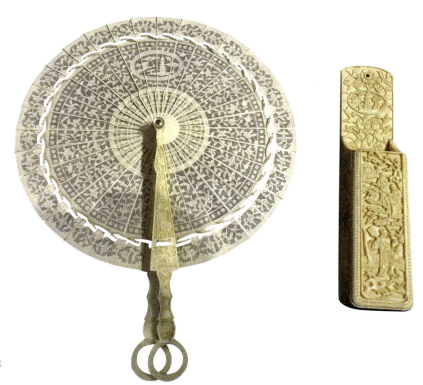

图13
清嘉庆 广州外销帽章扇与扇盒
私人藏 [12]

其加工工艺更加复杂，同时扇骨的排列更加细密，使得外销扇更适合女性使用。（图13）除了常规的扇子形制之外，广州的工匠还创新性地制作了异型扇，经过浅浮雕、透雕、镀金螺钿或髹漆绘制后，得到了欧洲贵族女性的追捧。

　　做工精湛的外销扇得到了西方市场的青睐，据记载，清康熙三十八年，即1699年，商船麦克莱斯菲尔德号将十万件外销扇运到了欧洲，成为欧洲市场上最受欢迎的工艺品之一。外销扇从中西方的贸易环境中孕育而来，汇聚了中西审美意趣，是中西交融的艺术奇珍，具有独特的历史价值。

1.　广东省博物馆，香港艺术馆、澳门博物馆编：《海上瓷路：粤港澳文物大展》，岭南美术出版社，2012年，第194页。

2.　关善明：《中国扇具》，《沐文堂收藏全集》12，沐文堂美术出版社有限公司，2010年，第27页。

3.　图片来源：那颜：《玳瑁，簪在发髻上的文化》，《海洋世界》2012年第2期，第72页。

4.　图片来源：吕静：《寻箱问箧：正仓院里的唐制漆盒》，《美成在久》2020年第4期，第23页。

5.　关善明：《中国扇具》，《沐文堂收藏全集》12，沐文堂美术出版社有限公司，2010年，第28页。

6.　梁嘉彬：《广东十三行考》，广东人民出版社，1999年，第143页。

7.　江滢河：《清代广州外销画的画家和画室》，《艺术史研究3》，中山大学出版社，2001年，第521页。

8.　白芳：《异趣·同辉——广东省博物馆藏清代广式外销艺术精品展》下，《收藏家》2013年第10期，第14页。

9.　林明体：《广东工艺美术史料》，广东省工艺美术工业公司，1988年，第135页。

10.　[明]沈德符：《万历野获编》，中华书局，2007年，第663页。

11.　柯尔：《世界图案1000例》，上海人民美术出版社，2006年，第263页。

12.　图片来源：白芳：《清代广州外销帽章扇》，《紫禁城》2021年第6期，第113页。

13.　陈娜：《18、19世纪中国与日本的外销扇》，《东方博物》2015年第2期，第83页。

19 世纪外销银器

作者：康丹华
中国航海博物馆学术研究部（藏品保管部）
副研究馆员

中海博珍藏有大量19世纪外销银器。这些工艺精湛、匠心独具的艺术精品见证了19世纪对外贸易的发展，是当时外销商品中不可忽视的一个类别。

一、中海博藏外销银器概貌

根据器型的不同，中海博馆藏外销银器主要分为船模类、餐具类及其他实用品类，其造型之美、纹饰之精、工艺之巧、内涵之丰富令人赞叹。

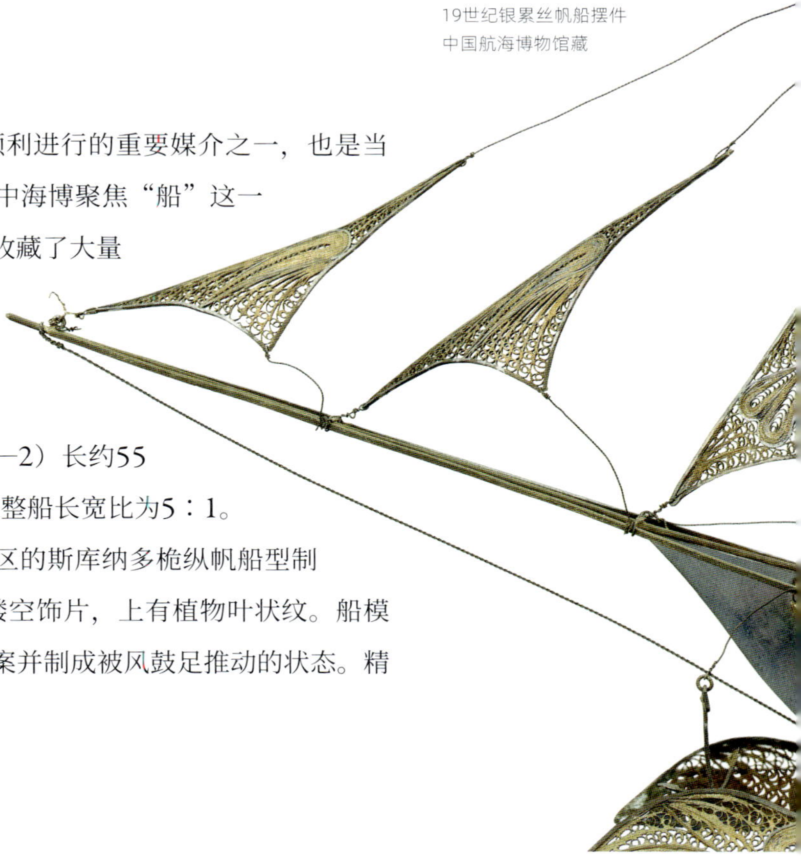

(一) 船模类外销银器

船舶是19世纪中西贸易得以顺利进行的重要媒介之一，也是当时银制工艺品中的重要造型选题。中海博聚焦"船"这一人类海洋文明史发展的重要见证，收藏了大量精美的银制船模工艺品。其中比较具有代表性的是"19世纪银累丝帆船摆件"。

19世纪银累丝帆船摆件（图1—2）长约55厘米，宽约11厘米，高约30厘米，整船长宽比为5∶1。"其船型系参照18—19世纪北美地区的斯库纳多桅纵帆船型制作而成。"[1]船体两侧各立有水波状镂空饰片，上有植物叶状纹。船模上的帆体镂空，饰以各式植物纹图案并制成被风鼓足推动的状态。精

图1
19世纪银累丝帆船摆件
中国航海博物馆藏

图2
19世纪银累丝帆船摆件细节图

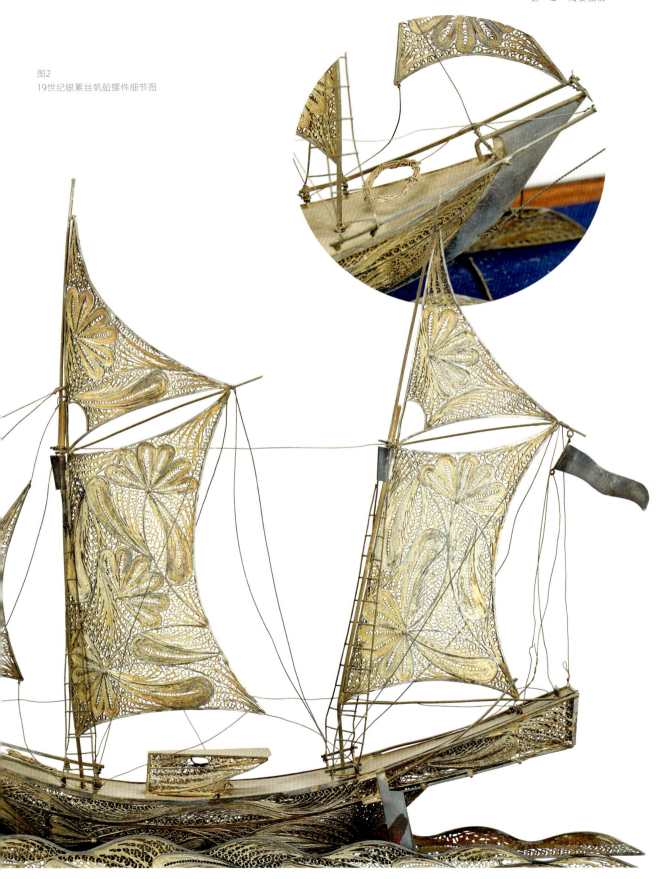

图4—6
19世纪银累丝花舫摆件
细节图

湛的錾刻技艺将澎湃涌动的海浪和跃动其上的帆船完美整合为一体，静态船模呈现出动态的美感。

19世纪银累丝花舫摆件（图3）全长约12.5厘米，宽约4.4厘米，高约10厘米。花舫又称"画舫"，因其架以枋楣橡柱且棚顶彩绘图案而得名，是用于内河水域休闲娱乐的一种船型。花舫摆件细致还原了实船的华丽与精致，特别是摆件通身采用累丝工艺进行装饰，更显典雅气质。（图4—6）

巡查缉捕船模型（图7）全长约33厘米，宽约21厘米，高约31厘米，重约820克。这是典型的中式内河船，三桅双帆，船的长宽比

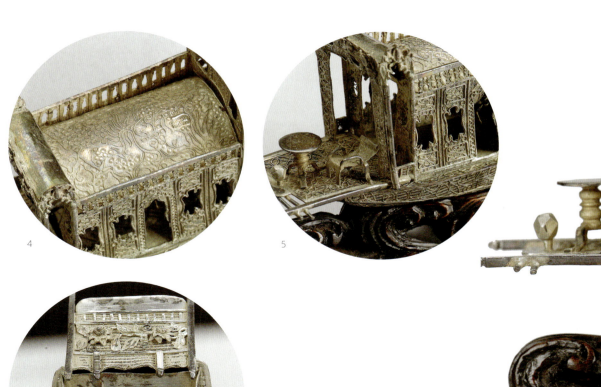

4

5

6

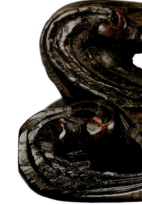

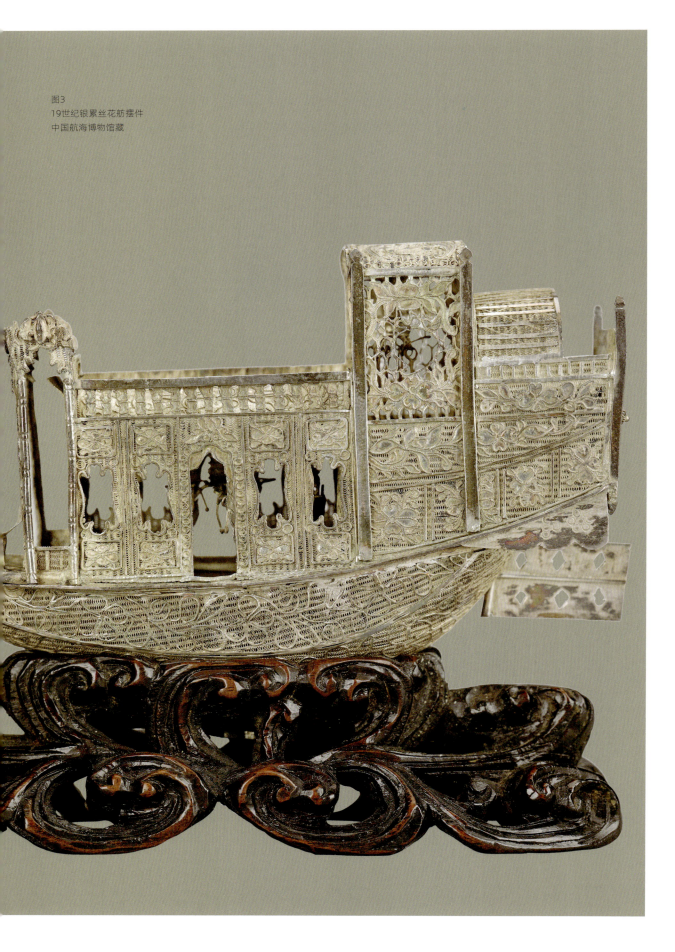

图3
19世纪银累丝花舫摆件
中国航海博物馆藏

约为5:1，全船配置三门火炮，两边各有五支长桨。丰富的细节向我们展示了当年这艘装备精良的缉捕船的风采。（图8—10）

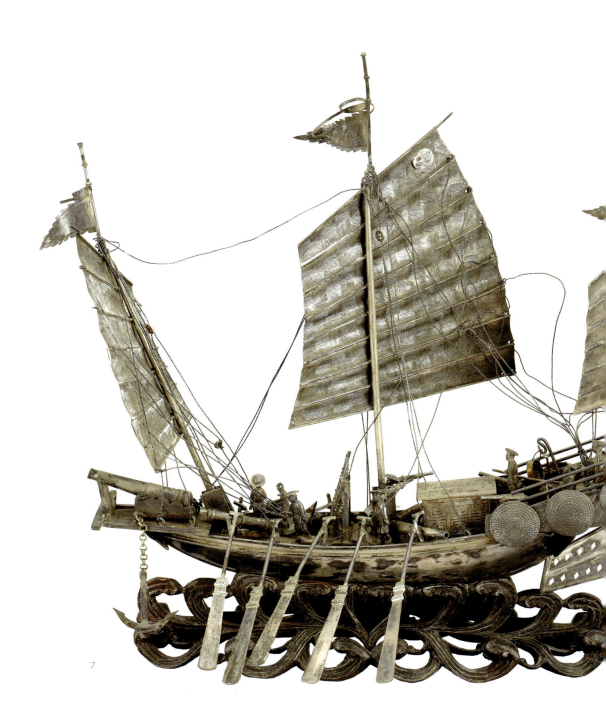

7

图7
19世纪制巡查缉捕船银质模型
中国航海博物馆藏

图8—10
19世纪制巡查缉捕船银质模型细节图

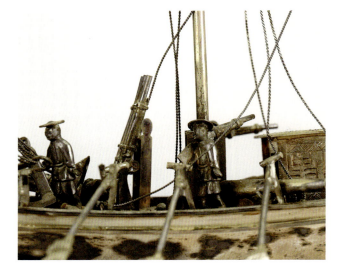

8

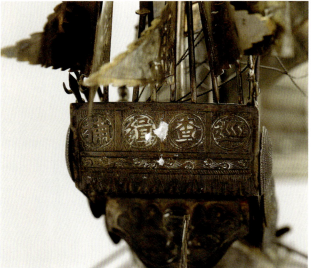

9

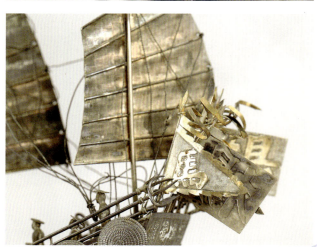

10

（二）餐具类外销银器

餐具是清代外销银器的另一主要类型，兼具实用性与观赏性。中海博藏19世纪银累丝双龙捧珠花卉纹盘（图11）长约21厘米，宽约15.5厘米，高约1厘米，重约120克。银盘整体呈菱形，盘底呈长圆形，盘心焊有双龙捧珠纹样，盘边采用累丝工艺制成的纹饰，花样繁复精巧。盘底刻有"纹银""丽生""成都"款识。（图12）

据1909年出版的《成都通览》中对当地银楼情况的记载，丽生银楼于1892年开业，为成都的本帮银楼，也是其中的佼佼者。据称，

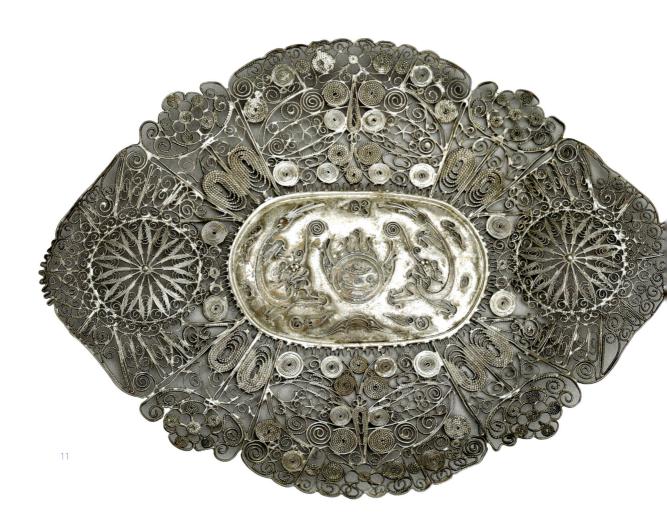

11

图11
19世纪银累丝双龙捧珠
花卉纹盘
中国航海博物馆藏

图12
19世纪银累丝双龙捧珠
花卉纹盘
款识

图13—14
19世纪银累丝双龙捧珠
花卉纹盘
细节图

12

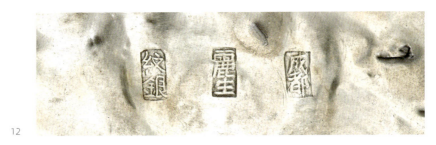

13

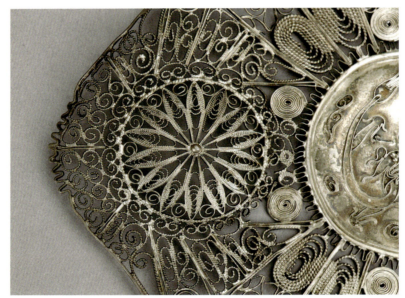

14

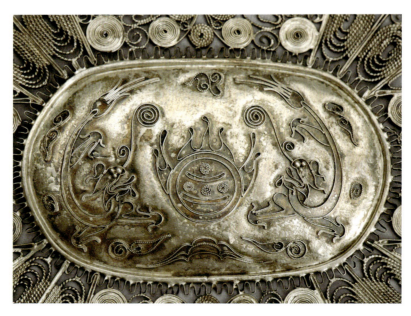

在成都银匠间流行着"手艺之精巧，首推丽生银楼"说法。"1908年，丽生银楼首创'平填花丝'技艺（图13—15），以平面填丝组合纹样，无胎焊接而成，成为花丝工艺上史的一次重大革新"。[2]

中海博藏19世纪银錾双龙戏珠四季山水人物纹篮（图16—17），高约18厘米，宽约22厘米，篮底以四颗圆珠作为支撑脚，整篮重约355克。篮心处錾刻双龙戏珠图案，篮边为花瓣形，其间錾刻梅花、荷花、菊花和庭院人物故事等图案。提手处以简洁的扭结造型作为装饰，极具巧思。（图18—19）

19世纪银錾花卉纹碗（图20）长约13.5厘米，宽约13.5厘米，高约6.6厘米，底径约8厘米，重约140克。底部刻有"绍

图15
平填花丝高脚碟[3]

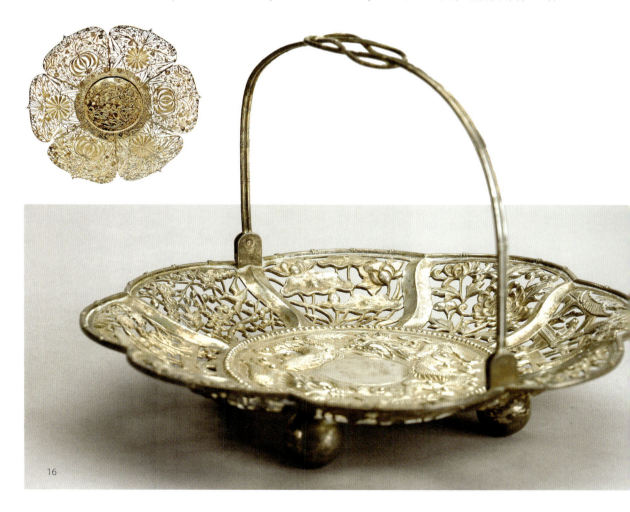

16

图16—17
19世纪银錾双龙戏珠
四季山水人物纹篮
中国航海博物馆藏

图18—19
19世纪银錾双龙戏珠
四季山水人物纹篮
细节图

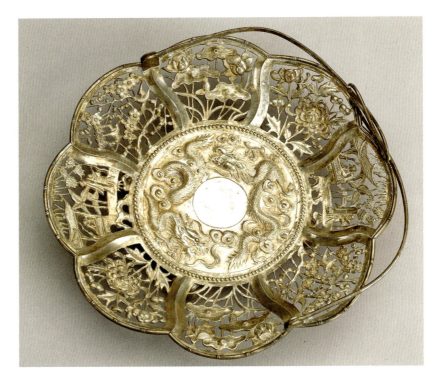

17

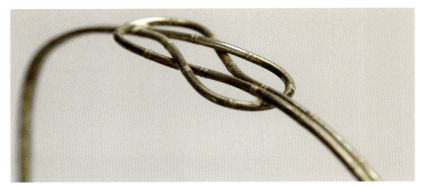

18

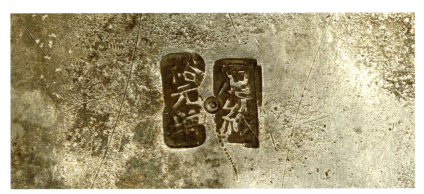

19

记""85""CHONGWOO""HONGKONG"等款识。"绍记"为
银錾花卉纹碗制造者，"CHONGWOO"即销售商"祥和"号，主要
活跃于19世纪90年代至20世纪30年代的上海和香港两地。[4]中国港口博
物馆藏有镂空花卉纹碗一只，不同的是，该碗配有蓝色玻璃内胆。

　　图21中展示的是银錾福禄寿高足杯，宽约8.5厘米，高约15.5厘
米，重约365克。杯身錾刻有松树、仙鹤、福禄寿三星等中国传统吉
祥纹样。《说文》中有言："錾，小凿也。从金，从斩，斩亦声。"《广
雅·释器》中亦有提及："镌谓之錾。"錾刻是指以特制的工具和特定
的技法，在金属板上加工浮雕状图案。工具虽简单，但通过工匠高超
的技艺，能够在银板上幻化出千变万化的纹饰。

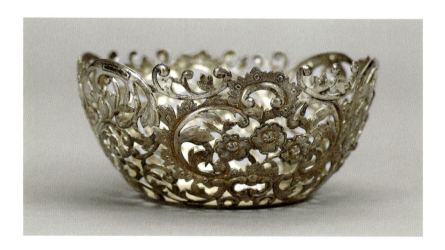

图20
19世纪银錾花卉纹碗
中国航海博物馆藏

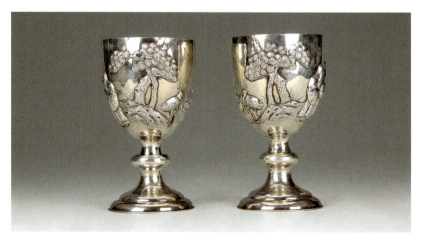

图21
银錾福禄寿高足杯
中国航海博物馆藏

在西方，餐具往往是凸显个人乃至家族财富、身份及地位的重要载体，因此餐具的造型、材质以及工艺往往是诸多银器中最为精美的。中海博馆藏餐具类银器设计精巧、纹饰华丽，极具装饰性，显得奢侈华贵。

（三）其他类型外销银器

19世纪雕竹纹银花插（图22）高约20厘米，底径约7厘米，整体锥形，波浪纹敞口，瓶身向下收缩，立于圆形底座之上，器身镂刻有竹叶纹饰。花插是陈设器的一种，是一种装饰功能较强的实用器。不同于以大型的梅瓶为代表的中式花器，这件银花插是典型的西式花器，造型典雅精致。

银累丝花卉纹名片盒（图23）整体呈长方形，长9.5厘米，宽6.5厘米，高1厘米，重约40克，四边呈内凹曲线状，每边的中点处呈点状突出，四角圆弧，整体线条柔和圆润。整件藏品采用累丝工艺制作而成，正反两面中间焊接有同样用累丝工艺制作而成的立体花纹。

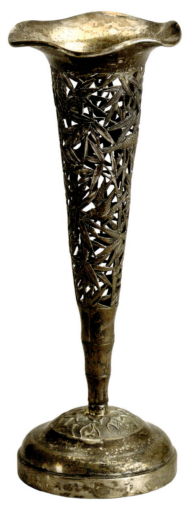

22

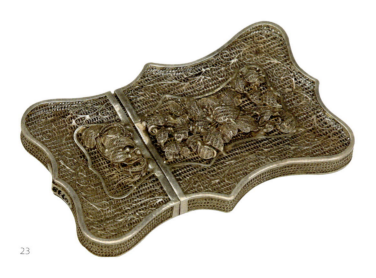

23

图22
19世纪雕竹纹银花插
中国航海博物馆藏

图23
银累丝花卉纹名片盒
中国航海博物馆藏

随着中西贸易的繁盛发展，西式名片成为商务交往中不可或缺的一部分，因此装载名片所用的名片盒也成为商人用来体现经济实力、审美品位的重要表现物，成为外销银器中重要的组成部分。

二、外销银器的发展

清代文人屈大均《广东新语》载："闽、粤银多从番舶而来。番有吕宋者，在闽海南，产银，其行银如中国行钱。西洋诸番，银多转输其中。以通商故，闽、粤人多贾吕宋银至广州。揽头者就舶取之，分散于百工之肆，百工各为服食器物偿其价。"[5]由此可知，广州在清早期就因其特殊的地理位置成为西方白银流入中国后的集散地，而其中又有相当一部分流入到了广州的手工业生产当中，而这一得天独厚的优势为广州外销银器的发展提供了充足的原料保障。

1757年，清政府颁布了"一口通商"政策，广州成为唯一经营中国对欧美海上贸易的口岸。优越的地理位置及国家政策的加持，使得广州成为当时中国乃至世界贸易的核心节点。除了茶叶、瓷器、丝绸等大宗商品外，广州更是成为重要的奢侈品生产基地，外销银器就是其中的代表之一。

鉴于当时严格的贸易政策，银器贸易主要由广州的十三行商馆区负责经营贸易。中山大学雷传远博士在《清代走向世界的广货》中提到，广州十三行商馆区曾形成由一个以外销银器为主的市场，主要集中在同文街(New China Street)、靖远街及河南花地等处，并出现了大量著名的银楼，如宝盈（Pao Ying）、锦成（Cum Shing）、林盛（Lin Shong）、新时（Sun Shing）和侯昌（Hou Chong）、吉星等。[6]

蒂芙尼（Tiffany）在1844年到访广州旧中国街的一家银器店铺时写道："店铺的银匠能制造任何物品，由小小的一只盐羹到整套餐具，都能制造出优美的效果。他会用金替水壶镶边，或者用很短的时间就能制作出一款流行式样的叉子。这里的银器十分精致出色，而价格却很低廉，这些银器本质上的价值可以和欧洲同样物品比美。精致

的掐丝花篮或是名片盒，都是这些银匠的得意之作。在中国，整套银器餐具的价格要比其他任何国家都要便宜，很多欧洲人士都通过来华贸易的大班发送订单订购银具。"[7]

　　由于早期的外销银器上并无款识，或如实复制来自西方的样品，同时早期的外销银器往往根据外商的要求进行来样定制，没有明显的中式特点，导致人们一度认为它们是西方国家制作的。随着西方来华人士越来越多，他们对中国文化的认知和理解逐渐加深，接受和喜爱上了中国传统的艺术形式。外销银器的变化就是这一"认知和喜爱"的表征之一。这一时期的外销银器在满足使用功能的基础上，在器物造型及装饰方面，加入了更多的中国传统文化元素，呈现出一种中西合璧的艺术形式，即器型以西方用具为主，以符合西方人士的使用习惯，器身纹饰则采用龙凤、花鸟、山水等中国传统纹样，融合了东西方的审美精髓。西式器型与中国元素相互融合，相得益彰。

　　与银器制作百花齐放的情形不同，同时期的金银器贸易受到严格的限制，外商只能通过十三行的行商或买办与中国银器铺沟通进行定制。有些银器甚至只能进行私下采购，并在购买后将这些银器带回船上。英国东印度公司规定，船员可携带一定额度的私人物品，从而帮助他们免除一些进出口关税，甚至能以较为低廉的税额将物品带回国内。

　　1856年第二次鸦片战争后，银器店纷纷外迁，曾在十三行区内的银楼也迁至珠江南岸的会所街，部分甚至远走至香港和上海，外销银器开始突破广州一隅。民国时期，由于时局动荡，外销银器的材质、制作工艺水平都较以前逊色，中国外销银器风光不再。

三、外销银器的工艺

　　银作为一种贵金属，因其化学性质稳定、色泽白亮、延展性强、耐腐蚀等特点，成为历代手工艺术品的常用材质之一。

　　中国传统银器的制作历史最早可追溯到夏商时期，这一阶段主

要利用的是自然银，银器种类以小型装饰品为主。春秋战国时期出现了经冶炼加工出来的银制品，银器制作渐趋普遍。在此后数千年里，经过工匠不断的锐意创新并吸收外来技术，银器制作工艺不断发展和提升。从最为基础的锤揲、錾刻、镂空到精细复杂的累丝，每一项工艺都凝聚了历代工匠的智慧。

"锤揲"是指将银片放进具有凹凸纹饰的模具中再捶打出器型或花纹的技术；"錾刻"意指用小锤击打不同纹理的錾刀，在银器表面形成花纹，两者是银器制作的基础技术之一。

累丝工艺则是中国古代金工工艺中最为精巧的技法之一。银的延展性很高，1克重的银料可以拉成2公里长的细丝。累丝工艺利用银的延展特性，将原料拉成细丝，再编成辫股或各种网状组织，后焊接于器物之上，是一门极其精细复杂、耗工耗时的技艺。立体的累丝作品制作难度最高，必须先经过"堆灰"，即把炭研磨成细末，用白芨草泡制的黏液进行调和，以此为料，塑成人物、花卉、走兽等所要制作的物象，再在上面进行累丝，后进行焊接，最后把物象置于火中把里面的炭模烧毁，如此一来，立体中空、剔透玲珑的精美艺术品便得以诞生。

除此以外，银器制作技法还有镂空、贴焊、模压、鎏金、银胎珐琅等，单件银器往往会采用多种工艺制作而成，精美而华丽，最终形成具有中国特色的银器制品。

---

1. 亓玉国、焦丽：《上海中国航海博物馆馆藏清累丝银质船模考》，《文物鉴定与鉴赏》2019年11月上（第168期），第8页。
2. 陈志高：《中国银楼与银器》（华中、华南、西北、西南卷），清华大学出版社，2015年，第177页。
3. 图片来源：陈志高：《中国银楼与银器》（华中、华南、西北、西南卷），清华大学出版社，2015年，第177页。
4. 陈志高：《中国银楼与银器》（外销卷），清华大学出版社，2015年，第48页。
5. [清]屈大均：《广东新语》，中华书局，2006年，第406页。
6. 雷传远：《清代走向世界的广货——十三行外销银器略说》，《学术研究》2004年第10期，第99页。
7. Osmond Tiffany, *The Canton Chinese or the American`s Sojourn in the Celestial Empire*, Boston and Cambridge: James Munroe and Co.1849.

19 世纪佚名《澳门通商图》

————
作者：赵莉
中国航海博物馆学术研究部（藏品保管部）
副研究馆员

澳门位于珠江三角洲南端西岸、广东香山东南端，是由泥沙冲积而成的半岛，在16世纪早期成为各国"贡舶"过往驻歇的泊口之一，也是夷商海舶从外洋进入中国的必经之处。16世纪葡萄牙人航海东来，1557年在澳门获得居留权。此后，澳门成为明清时期中国南部沿海持续对外开放的重要商港。中海博收藏的油画19世纪佚名《澳门通商图》（图1）呈现了澳门贸易通商情形，定格了贸易繁盛背景下中西交汇的文化图景。

一、19世纪佚名《澳门通商图》中的南湾风貌

中海博收藏的19世纪佚名《澳门通商图》是一幅布面油画。图幅纵约64厘米，横约94厘米，木质鎏金画框装裱，画框外层四角镶以缠枝花卉纹饰。该藏品是一幅来自海外收藏机构的珍贵藏品。

该画作绘制于19世纪，画家以西方油画的绘制技法再现了澳门南湾的通商贸易情形。南湾是澳门的外港（Porto Exterior），在早年西人笔记中也被称为"大湾"（Praia Grande/Great Bay），与其相对的是内港北湾。成书于1571年的《澳门记略》记述"（澳门半岛）有南北二湾，可以泊船……二湾规圆如镜，故曰濠镜。"[1]屈大均《广东新语》中也描述到"蠔镜在虎跳门之外，去香山东南百二十里，有南北二湾，海水环之，番人于二湾中聚众筑城"。[2]作为西方商船的停泊港口，南湾也是西人从事贸易的区域，南湾沿岸逐渐发展成为历史

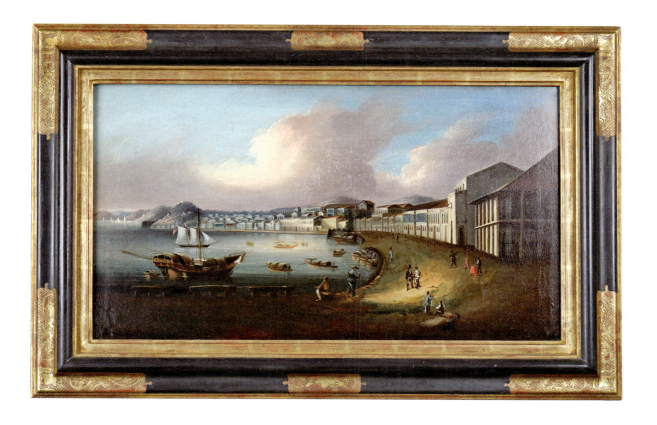

图1
19世纪佚名澳门通商图油画
中国航海博物馆藏

上澳门的政治中心和商业中心。在19世纪英国版画家汤姆斯·阿罗姆（Thomas Allom）绘制、乔治·N·赖特撰文的《中国：古老帝国的风景、建筑和社会风俗》一书中将其称为昔日"东方贸易中心幸存下来最引人注目的范本。"[3]20世纪30年代，南湾东面水域被填海成陆，成为今日澳门葡京酒店所在地，其余水面后续被改造为人工湖，现称"南湾湖"。时代变迁沧海桑田，昔日南湾改天换地。然而，清代广州外销画家们创作的澳门南湾图像为后人记录了昔日澳门商贸中心的南湾历史样貌。

如图所示（图2），澳门南湾一带风景如画。港湾为群山环绕，远处山峦连绵起伏，海水冲刷着蜿蜒的山脚，形成了一个美丽的新月形港湾。南湾拥有一片开阔的水域，水面规圆如镜，碧海蓝天。水上舟船停泊，船体大小不一，船式中西交错。停泊在水域中央位置的中式海船，体型高大两头微翘，似为广东地区传统帆船大开尾艇；与其

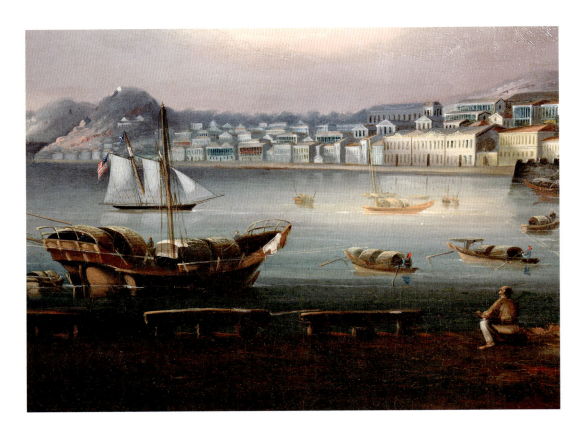

同在中间位置的是西洋商船，船上悬挂着外国国旗，鼓涨的白色风帆尤为夺目，船上装载着用于贸易的货物。其他用于短驳的各类舢板、艇子等紧挨港湾，参差排开。现实中，南湾停泊的本土舟船多为广东地区船式，包括高尾艇、西瓜扁等。[4]

　　沿着蜿蜒的海湾线，一排排西式楼宇遍布岩石嶙峋的倾斜山坡，鳞次栉比，由近及远，至远处山头似建有军事防御体系的炮台。这反映了葡萄牙人在选择城址时有一种"城堡式的偏爱"，"既钟情于沿海的地方，又钟情于居高临下"两个自然因素（图3）；[5]凸显了葡萄牙人在本土和海外城市建设时以"高地"为中心的空间规划风格，形成了"葡萄牙山城"般的城市格局。[6]《澳门记略》中描述，"一山青峰，中嵌白屋数十百间，形缭而曲。"[7]（图4）沿着海湾分布的建筑普遍不高，多为两层，仿照欧洲建筑而建，诸如三角形屋顶、高大廊柱、宽敞的廊台、拱门游廊、白色楼面等，体现了鲜明的欧洲建筑元素，"基本

图2
19世纪佚名澳门通商图油画
舟船、人物细节图

属于巴洛克风格的延伸。"⁸功能上，这些屋舍主要包括葡萄牙总督官邸、贸易商馆、中国海关、议事大厅等，具有议政办公、商贸、住宅等多重作用。自16世纪至19世纪，西方国家向远东世界展开海外探索与拓殖活动。当他们最初抵达远东口岸城市时，往往会选择在毗邻港湾的滩地上筑造驳岸堤坝，建屋造舍，形成贸易基地。在铺着石块的人工防波堤与西洋屋舍之间渐渐形成了一条宽敞的步行道，情形与今日人们熟悉的"滨江大道"相仿。这是出于港口航道便于商船停泊与货物装卸的实用性考虑，无形间也形成了远东口岸城市的相似风景。

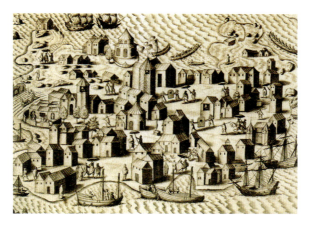

图3
澳门早期全景
铜板线刻画⁹

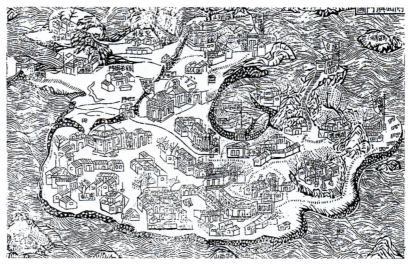

图4
侧面澳门图¹⁰

与风景形成动静对比的是图中的人物。水中小艇船首坐着船夫与船娘，船娘头戴红巾，身着蓝衣，颇似以船为家的湾仔蛋妇。步行道上中外人士星罗棋布。建筑洋楼前有哨兵列队，而头戴黑色高礼帽、身着礼服的西人正在商谈贸易，留着清代发辫的中国仆人为主人撑伞，渔夫扛着鱼竿从堤坝上拾阶而归，坐在堤坝上异乡人正在眺望远方……不同背景、不同身份、不同职业的中外人士汇集在南湾，他们神态逼真，栩栩如生，与船只、建筑等要素共同构建南湾的通商图景，凸显了澳门在两百多年海上贸易背景下所形成的中西交汇的独特港城景观。

馆藏19世纪《澳门通商图》为澳门海景侧视图。画家选取了从澳门北边眺望的视角，将沿岸群山、水域、舟船、建筑、堤坝、人物等元素纳入图中，使南湾的优美弧线跃然纸上，具有强烈的写实特征。画作色彩清亮，明暗对比鲜明，图像前景部分为黯淡的阴影，远景部分则愈发明亮。其主色调为蓝色与昏黄色，形成了冷暖对照的效果。图中的主要光线似乎来自天空西面的黄昏落日，为大片云团镶嵌了金边，同时洒在蜿蜒起伏的建筑立面上，使建筑外观与轮廓层次分明。而滨江道路上两位正在商讨的西人仿佛置于光圈之中，显得尤为明亮。无论是水上船只，还是岸上人物，皆有明有暗，有动有静。整体上，该图像通过摄取南湾这一处贸易据点的通商图景，定格了澳门作为东西海上贸易商埠与中西文化走廊的历史风貌。

二、澳门：16—19世纪东西方海上贸易的据点

自15世纪末，伴随地理大发现与新航路开辟，为寻求盛产香料的印度、垄断东方贸易，葡萄牙人航海东来。1498年达·伽马绕过好望角抵达印度洋卡利卡特，1510年葡萄牙人在印度建立果阿行政中心，1511年占领了马六甲海峡，1514年到达中国沿海，企图打开与中国的贸易大门。最初葡人在广州附近零星地与中国商人开展贸易，之后辗转于东南沿海闽浙一带活动。1557年（明嘉靖三十六

年），经过多方力量的博弈，葡萄牙人获得明朝广东省地方官员的允许，在澳门建立了定居点，从此将澳门作为葡萄牙对华贸易的基地。

1557年葡萄牙人在澳门建立定居点后，大力拓展海上贸易，建立起跨越东西海域的几条国际贸易航线。这些航线以澳门为中心，西起里斯本，东达日本，南抵南洋，形成了当时世界上最长的贸易航线，将亚洲、欧洲与美洲连为一体。每年葡萄牙的大帆船满载着毛织品、布料、水晶、玻璃器皿、时钟、葡萄酒等欧洲商品从里斯本出发，在沿途各港交换其他产品，包括马六甲的香料、印度的棉花、果阿的白银等，然后驶向澳门。在澳门往往要停留10—12个月，等待广州集市，随后在季风的7月驶向日本长崎，将来自广州的货物换成大量白银，再驶回澳门。在澳门，卸下的白银用于订购商品，返回时则装载了大量的丝织品、漆器、瓷器、茶叶、生姜、药材等中国商品。销量好、利润大的中国商品为东西方贸易注入了活力，也创造了巨额财富。比如，1580—1590年间，每年由澳门输入果阿的生丝多达3000担，1600年输入欧洲、印度、中东等地的各色丝绸10000-12000匹，1621年的一份报告称澳门与马尼拉的贸易每年为澳门带来6万克鲁扎多的收益。[11]这一时期行销欧洲的中国瓷器以青花瓷为主流，里斯本最时髦的新商贾大街（Rua Nova dos Mercadors）上有六家出售中国瓷器的商店，始于16世纪中期的澳门贸易更是将中国青花瓷推向欧洲，成为一种世界性商品，并在18世纪抵达高峰。茶叶是澳门贸易中的另一出口商品大宗。当时，向西方和印度出口的各种茶叶都是通过澳门商船，此外葡萄牙人还向东方海域的其他商船（如17世纪初控制巴达维亚的荷兰人）供货。

根据馆藏《澳门通商图》上中国人的发式与服装，可知该图描绘的是清代澳门南湾的通商情形。历史上，明清交替对澳门贸易产生了一定影响，但由于之前繁盛发达的贸易打下了基础，葡萄牙人未被清政府驱逐。从17世纪30年代至19世纪前期，伴随中国对外政策的调整以及变幻莫测的国际形势，澳门贸易虽然经历盛衰变迁，但在鸦片战争前"澳门是中国东南沿海地区唯一一个保持连续性开放的港

口，即使在清初'迁海'与'禁海'时期，澳门也未曾丧失作为中外贸易港口的独特作用"。[12]在持续数百年的历史中，澳门作为远东地区重要的国际商港地位始终不变。

以澳门为枢纽的东西方贸易网络覆盖洲际广、时间跨度长，对明清时期的中西方文化交流产生了深刻的影响。从中国商品的装饰艺术、制作技术的输出，到西学知识、西洋物件、建筑风格的输入，澳门成为16—19世纪中西文化对流的长廊，将中西方文化互鉴带入了一个新的历史发展阶段。在很长的一段时间内，澳门是国人"开眼看世界"的窗口，也是西人走进中国的通道，"凡夷商海舶之来粤者，必经此而达"，诸如利玛窦、汤若望、南怀仁、郎世宁、马戛尔尼使团、罗伯特·福钧等外来人士或使团无不从澳门开启中国内地之旅；而关于澳门的游记、图像借由西人们的足迹流向世界，其中很有代表性的载体就是外销画。

三、外销画中的澳门南湾

清朝乾隆二十二年（1757），英国东印度公司职员、英国商人洪任辉（James Flint）因军火增税问题与清廷产生冲突，清廷当即关闭康熙年间已经开放的闽、浙、江海关下辖的口岸，仅留广州口岸经营欧美海上贸易，实行"一口通商"制度。自此至第一次鸦片战争前，中国与欧美各国的海上贸易集中在广州。18世纪中后期，因为贸易来到广州的西方人，为纪念他们在东方的生活，热衷在当地购买包括绘画在内的各种工艺品作为纪念，广州外销画由此而兴。以史贝霖（Spoilum）、关乔昌（即林呱，Lamqua）为代表的外销画家们在十三行同文街设立画室，雇佣画工作画。为迎合西人的审美口味，外销画以中西结合的绘制技法进行创作，画种多样，题材广泛，包罗万象，港口风景就是外销画的重要主题之一。

整体上，外销港口风景画一般取材在华西人比较熟悉的港口城市。自16世纪初始，澳门是所有来华商船的必经之地，也是西人漂

洋过海来到中国的第一个落脚点，18世纪中后期又成为在广州结束贸易的西方商人越冬与生活的集中地，因此成为18—19世纪外销画港口风景题材之一，其中尤以澳门南湾海景最具代表性。美国迪美博物馆（Peabody Essex Museum）、英国马丁·格里高里画廊(Martyn Gregory Gallery）、澳门艺术馆、广东省博物馆、广州博物馆、广州十三行博物馆等中外收藏机构都收藏了不少以南湾为中心的澳门海景图，形成了类别多样、意蕴丰富的南湾图卷。

　　早期的外销画家采用了南湾正对面的观察视角，将现实中绵延曲折的海岸线处理成笔直的线条。（图5）这样的构图方式与早年荷兰尼霍夫使团绘制的澳门图像相似，两者都采用了来自南湾对面海上的视角，由近及远，以平面化的方式将海湾、船只、前滩、建筑以及山脉、山上防御工事纳入构图序列，依次形成图像的前景、中景及远景。在中海博收藏的图像文献《中国通商图》中收录了29幅17—19世纪西方画家绘制的澳门图像，大约10幅为南湾风景。其中英国皇

图5
澳门南湾水粉画
约1770年
马丁·格里高里画廊藏[13]

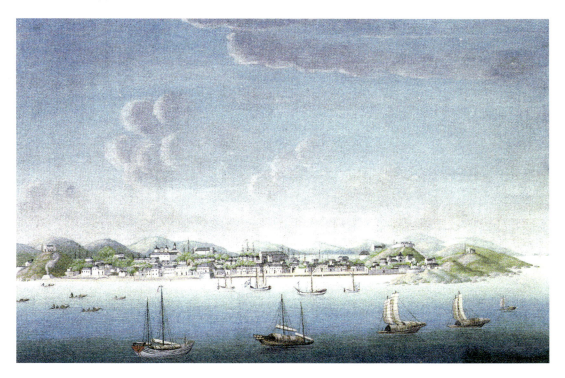

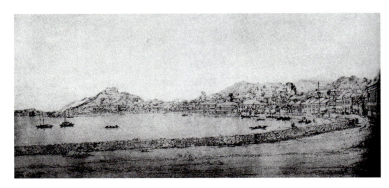

图6
从北面看市镇和大沙滩
约1824年 [14]

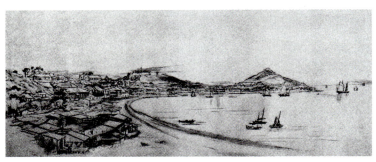

图7
从南面看市镇和大沙滩
约1824年 [15]

家海军画家义律（Capt. R. Elliot）在1824年创作了两幅澳门南湾铅笔画（图6、图7），分别选择了从澳门北面、南面看澳门南湾的角度，形成了南湾海景图的"对望"组画。1825年，英国皇家艺术学院画家乔治·钱纳利（George Chinnery）从印度加尔各答来到澳门。在他寓居澳门的二十多年中创作了大量以澳门为题材的风景画。在钱纳利绘制的南湾风景图中（图8），也选择了从北面眺望的视角，形成了南湾侧视图，将前滩、海湾水域、舟船筑以及山脉均纳入构图，一直延续至远处山脉，并描绘了山间的教堂。钱纳利的南湾海景图对后续外销画创作具有一定影响，也使从北面远眺侧视图成为南湾海景的代表性图式。除中海博所藏19世纪《澳门通商图》外，还有广州博物馆收藏的通草水彩画澳门南湾（图9）、广州十三行博物馆的通草水彩画澳门南湾（图10）等。这两幅作品均以通草茎髓切割而成的通草片为绘画介质。水彩画与油画虽属不同画种，其艺术效果亦不尽相同，但令观者似曾相识的是对澳门图景一脉相承的绘制视

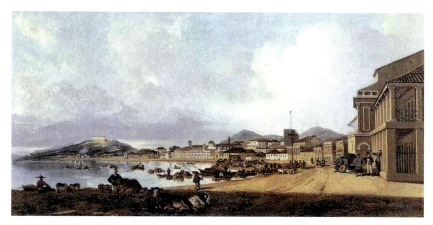

图8
从北面望澳门南湾风景
约1830年 [16]

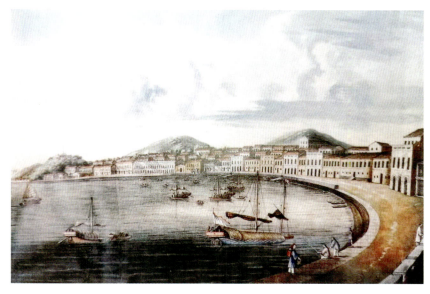

图9
澳门南湾通草水彩画
广州博物馆藏 [17]

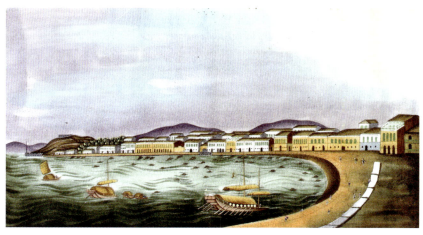

图10
通草水彩港口风景图册之
澳门南湾
广州十三行博物馆藏 [18]

角。绘者均采取了从北端眺望南湾的视角，从而突出了外港南湾的优雅弧线。图10色彩尤为明亮，港湾中海水波浪起伏鲜明，颇具动感，其间停泊的舟船类别除了常见的舢板、小艇外，还出现了极具广东地域特色的桨艇，丰富了舟船类别。

从18世纪后期到19世纪，南湾作为澳门口岸的经典风景经常出现在外销画中。这意味着从某种意义上，南湾不仅是澳门港埠图的"母题"，而且成为这一时期西人心目中的澳门意象。这一意象内涵丰富，融合了自然风光与历史场景，又汇集了东方题材与西方视野，有亲历者的个人记忆，也有观望者的集体想象，成为澳门多元文化的典型表征。

1. [清]印光任、张汝霖著，赵春晨点校：《澳门记略》，广东省高等教育出版社，1988年，第2页。
2. 屈大均：《广东新语》（上册），中华书局，1985年，第36页。
3. [英]托马斯·阿罗姆（图），乔治·N·赖特（文），秦传安译：《帝国旧影：雕版画里的晚清中国》，中央编译出版社，2014年，第33页。
4. [清]印光任、张汝霖著，赵春晨校注：《澳门记略》，广东高等教育出版，1988年，第2页。
5. 莫小也：《从地志画看澳门城市的变迁》，《南方建筑》2012年1期，第22—27页。
6. 刘爽：《"东方的里斯本"？——林斯豪滕《航海记》中的"果阿街景"新探》，载自《跨文化美术史年鉴4：走向艺术史的"艺术"》，山东美术出版社，2023年，第249—268页。
7. [清]印光任、张汝霖著，赵春晨校注：《澳门记略》，广东高等教育出版，1988年，第2页。
8. 莫小也：《从地志画看澳门城市的变迁》，《城市规划与设计》2012年1期，第22—27页。
9. 图片来源：戴龙基、杨迅凌主编：《全球地图中的澳门》（第二卷），社会科学文献出版社，2017年，第294页，该

图由西奥多拜耶·德·布里（Theodroe de Bry）于1598—1607前后所刻。
10. 图片来源：印光任、张汝霖撰、赵春晨校注《澳门记略》，广东高等教育出版，1988年，第110—111页。
11. 张廷茂：《16—18世纪中期澳门海上贸易研究》，暨南大学1997年博士学位论文，第8—17页。
12. 张廷茂：《16—18世纪中期澳门海上贸易与文化交流》，《海交史研究》2000年第1期，第1—10页。
13. 图片来源：[英]孔佩特著、于颖毅译《广州十三行：中国外销画中的外商（1700—1900）》，商务印书馆，2014年，第17页。
14. 图片来源：馆藏文献《中国通商图》，第306页。
15. 图片来源：馆藏文献《中国通商图》，第307页。
16. 图片来源：龚之允：《图像与范式：早期中西绘画交流史（1514—1885）》，商务印书馆，2014年，第302页。
17. 图片来源：中山大学历史系、广州博物馆编：《西方人眼里的中国情调》，中华书局，2001年，第157页。
18. 图片来源：广州市荔湾区艺术档案馆、十三行博物馆编：《王恒冯杰伉俪捐赠通草画》，南方出版传媒、广东人民出版社，2015年，第268页。

19 世纪佚名
广州十三行商馆玻璃画

作者：赵莉
中国航海博物馆学术研究部（藏品保管部）
副研究馆员

广州，位于南海之滨、珠江河口，古称番禺，是我国古代海上丝绸之路的重要发祥地之一，也是历史上著名的千年大港。清代中后期，在"一口通商"的制度下，广州成为中国经营欧美贸易的唯一口岸，同时得风气之先，成为中外接触的据点、东西汇流的通道。中海博收藏的一幅19世纪广州十三行商馆玻璃画（图1），描绘了广州十三行商馆的历史风貌，展现了19世纪海外贸易背景下的跨文化艺术形态。

一、馆藏19世纪广州十三行商馆玻璃画图景

中海博所藏19世纪广州十三行画作是一幅反绘玻璃画。图幅纵约42厘米、横约56.5厘米，木质画框装裱，画框外层四角镶以缠枝花卉纹饰。

这幅玻璃画呈现的是清代广州十三行商馆风景。画家以珠江河南为立足点，从正对面描绘。图像主要由航道舟船、商馆建筑以及广州城背景等构成，由此形成了画面前景、中景与远景三个层次。前景为珠江航道。一口通商时期，驶往广州进行贸易的外国商人往往是从外洋抵达澳门，经虎门、溯狮子洋而上进入黄埔港，然后通过漫长的珠江内河航道进入广州城西郊十三行商贸区。图中水波灵动的河道正是珠江航道，连接着广州城与黄埔港。从图中可见，珠江河道中船

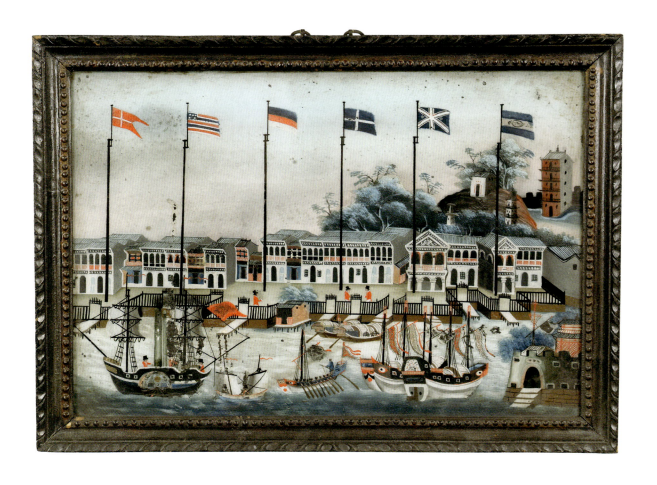

图1
19世纪佚名广州十三行商馆玻璃画
中国航海博物馆藏

只密集，帆樯高耸。水上船体大小不一，船型特点各异。画面正前方绘制的是广东地区常见的远洋海船——红头船。该船首尖尾宽，上阔下窄，两端上翘，船底为防止海生物附着吃水线下的船板而刷涂了白色石灰，船首被漆成红色，故得名"红头船"。与19世纪前期遍布中式船只的十三行商馆画作不同的是，该图中出现了帆索繁复的西式船只。五口通商前，根据清廷夷务管理制度，西洋商船不能直接航行到广州城，洋商需在距离广州20公里的黄埔港停泊，办好纳税等手续。[1]外国商人在黄埔港办好手续后，卸下船货，雇佣舢板将货物运至十三行。[2]第一次鸦片战争后，外国商船陆续开进了广州城。据此可以初步判断这幅图像反映的是五口通商后的广州商馆。在两艘中西大船之间有一艘小艇，船舷两侧坐满了桨手，似是广州城内水域上常出现的

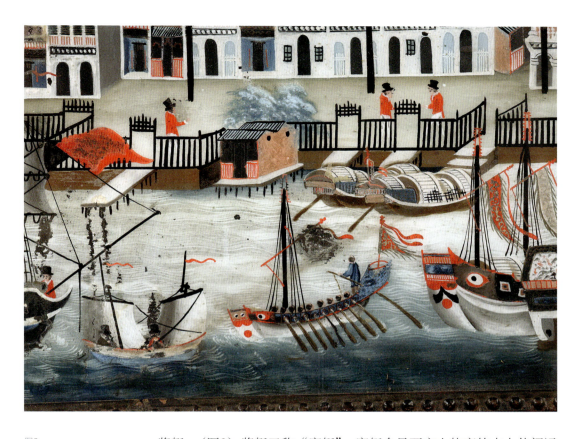

图2
广州十三行商馆玻璃画
桨艇细节图

桨艇。（图2）桨艇又称"赛艇"，赛艇会是西方人热衷的水上休闲运动项目。19世纪，在广州从事贸易的西方商人将这一水上活动带到了广州。英国东印度公司巴夏礼曾经写到"我到广州之前从未乘坐过轮渡，但现在天气允许的话，我每晚都会在一个中国男孩的教习下划船……"[3]1828年，《广州邮报》曾经报道过在黄埔举行的赛艇会活动。当时西人使用的赛艇多由中国工匠仿照西式赛艇制作而成，样式包括八桨赛艇、六桨赛艇、中艇和小艇等。图中赛艇船体较大，似为十桨，船身红头白底，具有鲜明的广东舟船特色。除此之外，水上还有诸多舢板小船，船身覆盖着竹编的半圆形船篷，为活跃在珠江航道上的短驳工具，有的用来载客，有的用来载运各种杂货。在前景正右端紧挨着广船红头的圆形城堡式建筑是海珠炮台，建于清代顺治四年（1647），在西方人文献中也被称为"荷兰蠢事"（Dutch Folly）。原因是大约在1650年荷兰使团赴京，将荷兰船只停在海珠炮台附近，

船员们未经允许强行在炮台上住了几个月,引发当地民众的不满。[4]在清代,该炮台堪称广州的地标性建筑,也是外销画中常见的广州一景。

位于图像中央位置的十三行商馆区,洋楼林立,构成了图像中景,这是外销画中广州港埠风景的构图要素。根据1846年刊登在《中国丛报》上的"广州十三行平面图"(图3),[5]这一时期十三行街区外国商馆从西向东依次为丹麦馆、西班牙馆、法国馆、美国馆、帝国馆、瑞典馆、老英国馆、新英国等。值得注意的是,该图洋楼前的旗帜样式与现实并不完全吻合,比如美国星条旗上星星的个数、条纹颜色以及法国国旗的三色条纹排列都出现了错误。有研究者指出,"造成这种错误的其中一个原因很可能是画家临摹的模板已经过时"。[6]由于画家选取了正对面的观察视角,使得商馆建筑的正立面得以清晰

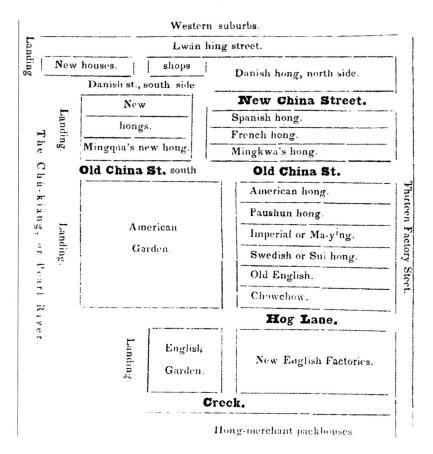

图3
1846年"广州十三行平面图"[7]

呈现。商馆建筑以西洋式样为蓝本，楼顶盖以坡顶，坡顶多为三角形、四边形等形状。楼为两层，楼上均有宽大窗户的廊台，楼下均有拱形门厅。楼群的拱券、栏杆、阳台、浮雕装饰、楼前篱笆等细节元素也体现了西式风格。图中所绘西人商馆体现外销画中的"东印度公司殖民建筑"风格。这类建筑多建在港埠濒水区域，楼体高大，廊台通透，是早期西人在印度沿海以及东南亚殖民地为适应当地闷热潮湿气候而建，后来延至中国南部沿海。在这幅玻璃画上，中国画师虽然采用了透视、明暗对比等西式绘画技法，但在建筑的描绘上又体现出传统界画的平面感，有一种中西融合的奇趣。商馆后方，画师还绘制了广州城的另外两座地标性建筑——绿树浓荫环绕的观音寺以及镇海楼。虽然现实中位于广州城北的镇海楼与位于广州西郊的十三行商馆相距甚远，图像中两者距离比例明显失调，但这在外销画中不足为奇。在创作广州港埠风景的画作时，外销画家们与其说遵循现实，不如说是沿袭外销画的构图传统，将诸多广州地标建筑以拼合的方式集中呈现，尽可能呈现广州城区的全景全貌，凸显西人耳熟能详的经典风景，契合西人纪念异域航海贸易生涯的心理诉求。

二、外销画中的先行者：玻璃画

玻璃画，又称"背画"（Reverse Glass Paintings），是以平板玻璃为基底，在玻璃背面绘制、在正面欣赏的绘画作品。最早见于15世纪意大利天主教圣像画。由于玻璃光滑不易着色，且在玻璃背面作画，要求画师以相反的方向绘制图像，技术难度较大，因而18世纪后玻璃画在欧洲就不流行了。

新航路开辟后，伴随中西海上交往，玻璃画于18世纪由耶稣会传教士传入中国。起初是由郎世宁、王致诚等传教士画家在清朝宫廷中创作，后来绘制技法被广州画师掌握，在广州十三行贸易区集中了史贝霖、林呱等一批从事玻璃画创作的画家。根据中外学者研究，广州外销玻璃画最早出现在18世纪中后期。[8]较之纸本、布本绘画创作，

玻璃画"在西方和中国都是有文献记载的最早的外销西洋绘画",[9]在中西绘画交流中具有先行者地位。从18世纪后期至19世纪早期，玻璃画以鲜明的中国风装饰特征成为第一波冲击欧洲外销画市场的画种。（图4）

外销玻璃画的题材十分广泛，主要包括人物故事、动物花卉、自然风景、建筑园林等。[10]在中国题材外，为迎合西方人的审美趣味，大量的西方版画与印刷图案被带到广州，被画师绘制于玻璃画中。画芯完成好后往往被镶入具有"中国趣味"的镜框，运上商船，漂洋过海，成为欧洲家庭中的壁炉玻璃或窗前镜。中海博收藏的这幅玻璃画是以广州西郊十三行商馆风景为题材，凝结了那一时期来华西方商人的广州记忆。

据资料记载，当时广州外销画师使用不同的方式创作玻璃画。有的借鉴了18世纪英国人在玻璃上转画版画的方法，即将版画朝下贴在涂了松节油的玻璃上，再将版画纸小心清除，将图案轮廓留在玻璃上后再填色；有的以版画为摹本，直接在玻璃上反向绘制；还有的用毛笔在玻璃一面先画出轮廓，在玻璃的另一面用特殊的钢制工具把相应部分的锡和水银除去，留出一块清晰的镜面再绘制图案，最后着色。[11]玻璃画以笔触细腻、色彩明艳而著称，使用重彩是外销玻璃画的共性。画师往往使用鲜艳的红、绿、蓝、紫、花青、墨绿、赭石等色组成画面配色，画面一般不留白。[12]在中海博所藏的这幅玻璃画中，十三行商馆建筑为浅灰色，背景为浅绿色，植物为墨绿色，从而形成远景与前景的层次关系。在西人们看来，中国画师的玻璃画设色十分成功，他们采用明亮鲜艳的颜色进行着色，使得玻璃画绽放出流光溢彩、色彩缤纷的艺术效果，引发人们对遥远异域的向往与遐思。

三、作为景观的广州十三行商馆

广州贸易时期，清政府对于西方商人在广州的活动范围有严格的规定。来华商人被允许在沿珠江边上、广州城西郊租赁商馆进行

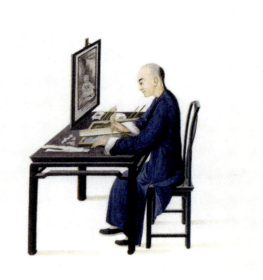

图4
中国画家仿欧洲名画印刷品而作玻璃画[13]
18世纪末
纸本水彩
维多利亚和阿尔伯特博物馆藏

贸易交易，同时可用作货物装卸储存以及日常居所，故形成十三行夷人商馆区（Foreign Factories）。早在18世纪早期西人已经在广州从事贸易，并在广州城外租借房屋，因此早期的商馆多为中式。大约从18世纪五六十年代起，为了迎合西人的习惯，承租方对几座商馆进行装修，具有西式建筑风格的商馆陆续出现。[14]至18世纪末，西式商馆发展蔚然，在广州西郊、珠江岸边成直线排列，色彩斑斓的异国旗帜迎风飘扬，商馆前珠江水道内船只拥挤，帆樯如林，航运繁忙，形成了颇具特色的十三行商馆风景。这是西人在广州生活最为熟悉的场景，也成为外销画的描绘对象，出现在玻璃画、纸本油画、水粉、水彩以及布面油画等各类画作中。根据记载，最早出现十三行商馆风景的外销画大约创作于1770年。（图5）后续以水粉、水彩画种表现的十三行商馆风景图亦丰富多样（图6），记录了不同时期的十三行商馆建筑形态和历史样貌。美国学者范·岱克（Paul A.Van Dyke）、英国学者孔佩特（Patrick Conner）对中外收藏机构的十三行商馆外销画进行了全面梳理，将图像与中外文献相结合，就图像描绘的十三行商馆时间定位、建筑样貌发展与变迁、西方商人的贸易生活等展开研究。[15]整体上，与油画、水粉、水彩等相比，

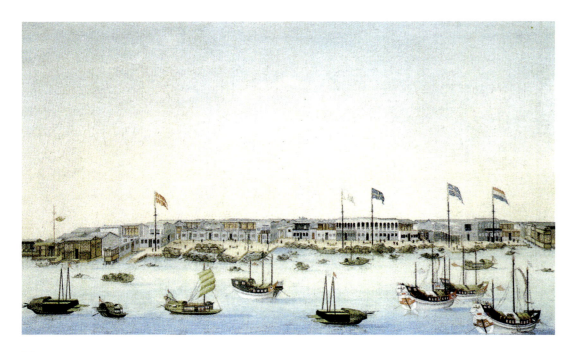

图5
广州十三行商馆布面油画
约1770年 [16]

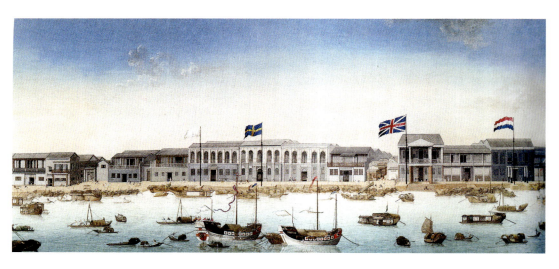

图6
广州十三行洪氏卷轴图
约1772年 [17]
香港海事博物馆藏

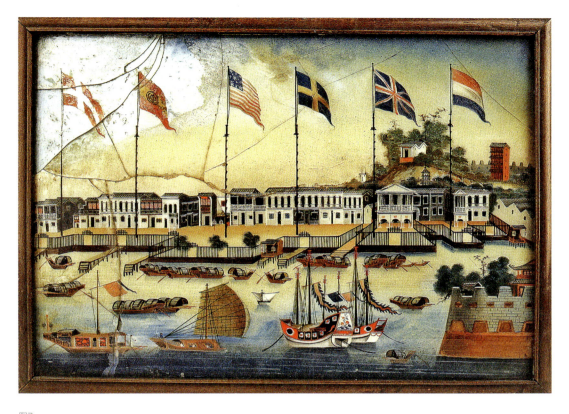

图7
18世纪末19世纪初十三行
商馆玻璃画[18]
广州博物馆藏

十三行商馆玻璃画并不多见。除了中海博收藏的这幅19世纪佚名玻璃画外，笔者所见还有广州博物馆藏"18世纪末19世纪初十三行商馆玻璃画"。（图7）

从上述图像可见，一幅典型的广州十三行商馆风景图由珠江航道、舟船、商馆建筑以及周围景观等构成，其中珠江及其水上舟船构成前景，商馆建筑位于图像中心位置呈直线排列，正对珠江，天空以及周围山脉、其他地标性建筑构成背景。两幅玻璃画构图方式基本一致，图7广州博物馆藏玻璃画的色泽更为鲜亮明艳，构图细节也有差异。比如图中的舟船样式均为中式，尚未出现西洋舟船，这与该图的绘制时间"18世纪末19世纪初"相吻合；商馆前飘扬的旗帜从左至右分别为丹麦国旗、西班牙国旗、美国国旗、瑞典国旗、英国国旗、荷兰国旗，与商馆排列顺序一一对应，且旗帜图案及条纹排列相对准确。可以说，十三行商馆不仅为现实中的广州城增添了异域风情，而

且为外销画提供了经典题材，伴随18—19世纪广州贸易而远渡重洋走向世界，塑造了这一时期中国通商口岸的"国际形象"。[19]

海洋阻隔陆地，舟楫梯航致远。广州自汉代开启海上丝绸之路的起点，谱写了跨越千年、绵亘万里的中外海上交往史。贸易繁荣，催生了人口流动、技艺传播与文化交汇。至清代中后期，广州成为中西文化交融的窗口。出自广州画家手笔的外销画，通过海外贸易流散至世界各地，以南湾为代表的澳门海景图、以十三行商馆为代表的广州港埠图不仅记录了西方商人在华贸易与生活，而且象征着遥远的东方口岸文化，凝结着异域想象的奇趣。

1. 中共广州市委宣传部，广州市文化局：《海上丝绸之路——广州文化遗产.地上史迹卷》，文物出版社，2008年，第141页。
2. 王元林、肖东陶：《明清广州琶洲塔与珠江口航道的关系》，《中国地理历史论丛》2022年第1期。
3. Stanley Lane-Poole, *The Life of Sir Harry Parks Sometime Her Majesty's Minister to China & Japan, Vol. 1—Consul in China*, London: Macmillan and Co., 1894, vol.1, P. 166.
4. 王次澄、[英]吴芳思等：《大英图书馆特藏中国清代外销画精华.第壹卷》，广东人民出版社，2011年，第63页。
5. [英]孔佩特著、于毅颖译：《广州十三行：中国外销画中的外商（1700—1900）》，商务印书馆，2014年，第171页。
6. [英]孔佩特著、于毅颖译：《广州十三行：中国外销画中的外商（1700—1900）》，商务印书馆，2014年，导论第9页。
7. 图片来源：[英]孔佩特著、于毅颖译：《广州十三行：中国外销画中的外商（1700—1900）》，商务印书馆，2014年，第171页。
8. 龚之允：《图像与范式——早期中西绘画交流史（1514—1885）》，商务印书馆，2014年，第216页。
9. 胡光华：《西方绘画东渐中国"第二途径"研究》，天津人民美术出版社，1995年，第28页。
10. 杭州工艺美术博物馆：《100件藏品中的中国外销艺术.文集》，浙江人民美术出版社，2019年，第71—76页，参见张丹：《清代中国外销玻璃画的题材和装饰特征》。
11. 江滢河：《清代洋画与广州口岸》，中华书局，2007年，第165页。
12. 杭州工艺美术博物馆：《100件藏品中的中国外销艺术.文集》，浙江人民美术出版社，2019年，第71—76页，参见张丹：《清代中国外销玻璃画的题材和装饰特征》。
13. 图片来源：龚之允：《图像与范式：早期中西绘画交流史（1514—1885）》，商务印书馆，2014年，第289页。
14. [英]孔佩特著、于毅颖译：《广州十三行：中国外销画中的外商（1700—1900）》，商务印书馆，2014年，第34-35页。
15. 参见Paul A.Van Dyke、Maria Kar-Wing Mok: *Images of the Canton Factories 1760-1822:Reading History in Art*, Hong Kong University Pres, 2015;[英]孔佩特著、于毅颖译：《广州十三行：中国外销画中的外商（1700—1900）》，商务印书馆，2014年。
16. 图片来源：孔佩特著、于毅颖译：《广州十三行：中国外销画中的外商（1700—1900）》，商务印书馆，2014年，第41页。
17. 陈丽碧、温丽娜：《白银时代——中国外销银器之来历与贸易》，香港海事馆，2017年，第52页。
18. 广州博物馆编：《海贸遗珍：18—20世纪初广州外销艺术品》，上海古籍出版社，2005年，第263页。
19. 刘爽：《从全景到街景——从里斯本东方艺术博物馆藏"十三行潘趣酒碗"看"长卷式"城市视野的形成》，《艺术设计研究》2021年第1期，第83—92页。

19 世纪佚名中式船图通草画册

作者：单丽
中国航海博物馆陈列展示部
副主任、副研究馆员

作为外销画[1]的一种，19世纪外销通草水彩画（以下简称通草画）以绘制在通草片上、色彩艳丽且内容丰富而著称。通草画涉及题材极广，涵盖港口风情、社会生活、人物肖像、节庆习俗、花鸟鱼虫、舟船型式等方方面面。在照相术未发明之前，包括通草画在内的外销画是国外了解清代中国尤其是广东地区社会风情的重要方式，并因之有了"东方明信片"之称。新世纪以来，这些飘洋过海并在"他乡"绽放异彩的通草画，开始引起国内外研究者与收藏机构的重视，并泛海而归回到故乡，以多样化展览与研究成果等形式，重回公众视野。

一、画册概貌

中海博目前收藏有19世纪中式船舶通草水彩画37幅，其中有一册自广州文物总店征集而来的19世纪佚名中式船图通草画册，[2]为褐色锦面册集（图1），册页装，内含12幅中式船景通草水彩画，为一船一画的静态船画样式，无款识。为克服通草片因膨胀、收缩而产生的断裂问题，12幅画采用了19世纪通草画常见装裱样式，即以浅蓝绿色纸带围裱，裱后画心宽14.5厘米、高20厘米，属通草水彩画中的中型画。

鉴于中海博所藏12幅通草画均无船名题具的现状，笔者参比英国维多利亚阿伯特博物院（以下简称"英维院"）[3]和英国大英图书馆（以下简称"英图"）[4]等藏有中文具名或有英文名称清单可查的

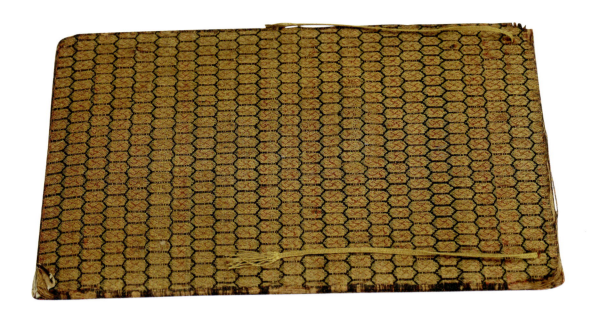

外销船舶画，初步推定本馆所藏通草水彩画的船名，分别为西瓜扁、捕盗米艇、桨艇、谷船、鸭艇、西瓜扁、乌艚、西南谷船、低仓艇、龙舟、行尾艇和大官座船。套内西瓜扁画有两张，描绘的是收帆过程及收帆完成后两种不同的船行状态，显示出船舶通草画套册虽以展现多样船型为基本导向，但并不以表现不同船型作为严格成套原则。这种情况在小型通草画中更为常见，套册内往往有多张重复船型。总体而言，中大型通草画的套内重复率较低。

图1
19世纪佚名中式船图
通草画册
中国航海博物馆藏

二、多样船型

该通草水彩画册内的船只是广州珠江洋面常见且特征明显的船型，12艘船大致可分为官船、运输船、娱乐船、生活船等四类，船型特征及用途等详见表1。

三、水域人文

广州作为五口通商之前唯一与西洋通商的口岸，商贸活动频

表1 中海博藏19世纪船舶通草水彩画船型特点表

类别	船名	船型特点
官船	大官座船	装饰华丽，船上加盖船楼。船头竖立地方官员官衔牌匾，桅旗做同样告示，如"太子少保"等。船尾装有旗幡灯笼等。
	捕盗米艇	船眼、涂饰等与洋船类似，但为内河船船尾样式。
	桨艇	双桅双帆，船中桅顶多悬挂表明官职的矩形黄旗。船桨密排，船棚由茅草覆盖，便于划桨人藏身。船尾多备有战用矛戈等。
	西瓜扁	拱形船棚，以外形像西瓜著称。身平尾翘，船头放两木锚，为两桅两帆或一桅一帆，帆为中插帆竹的布质硬帆。船中区域的上层建筑为搭建的船棚，船棚两侧架设6至8幅不等的短梯，船尾插旗幡。
运输船	谷船	与西瓜扁船型类似，但船身更为平直狭长，拱形船棚搭建至船尾，便于储货。有双柱桅杆，单侧架6副左右梯子，远多于西瓜扁梯子数量。
	西南谷船	船身平直狭长，拱形船棚搭建至船尾，便于储货。单柱桅杆，单侧架设5副左右梯子，侧支索上系有簸箕。
	乌艚	福船样式。有船眼，船身阔大如槽，船身髹乌色，舷樯上有整排白色炮眼及红色舨艨。
娱乐船	龙舟	船身狭长，龙头耸立。竖立有多个华盖、旗幡，装饰华丽。多为28人桨，划桨人分坐龙舟两侧。
	行尾艇	鞋样船型。开门敞窗、便于赏景采光。尾部往往不盖尾楼，在留足供几位桨舵手作业空间的同时，也为游客至船尾赏光留足空间。
	低仓艇	鞋样船艇，船上船屋装有华丽的彩色玻璃。船棚盖至船尾，纳人的同时有利于保护私密性。
生活船	鸭艇	空间宽大充足，可以容鸭子几百到数千不等。有广州本地内河船圆棚特征，两翼鸭圈有封顶和不封顶两种类型，甲板上往往竖立顶部倒悬挂蒲扇的长杆为识。

用途	备注
游船类型，供官员乘坐游视广州珠江等洋面。	别称"官船"。 （图2）
米艇原是东莞民船，后经征用、改造，成为官方战船，即米艇战船、捕盗米艇。	（图3）
缉查各类船舶的船只。	官称"巡船"。 （图4）
轮运洋行饷货的官方指定运输艇。	别名"官印艇"。当地另有大开尾艇，与西瓜扁船型完全相同，区别在于大开尾艇用于当地民间运输。 （图5、图6）
广州本地运输稻米。	（图7）
外地运输稻米。	是广东三水县东"西南墟"集镇的地方船。　（图8）
越洋海船，多用于海贸运输。	（图9）
民间娱乐。	（图10）
供广州十三行相关商旅游船赏景。	别称"公司小艇"。 （图11）
供风月之用。	同类船有沙姑、老矩艇、皮条开埋艇、花艇等。　（图12）
稻田边的养鸭船，鸭子屯养在船两翼夹板的鸭圈中。鸭子的主要作用是捕食沙田中以谷芽为食的蟛蜞，同时也会吃鱼虾、蚬子等其他海货，秋冬之际则以遗漏田间的稻谷为食。	别名"鸭排""（养）鸭船"。在广州周边沿海沙田地区多见。 （图13）

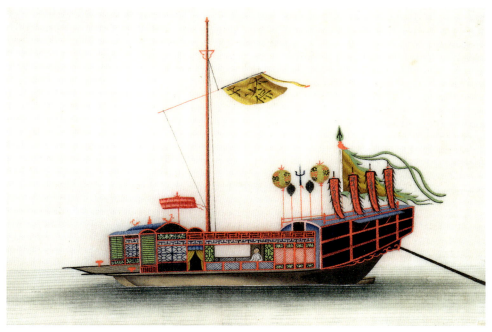

图2
大官座船通草水彩画

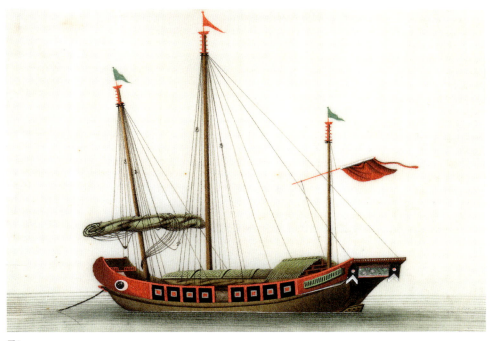

图3
捕盗米艇通草水彩画

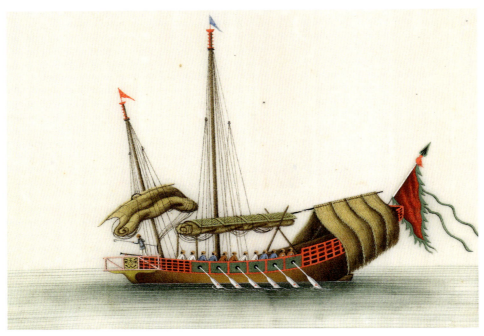

图4
桨艇通草水彩画

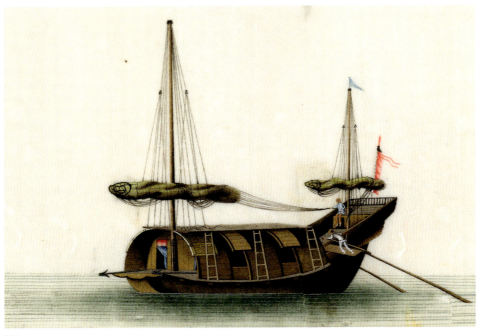

图5
西瓜扁通草水彩画

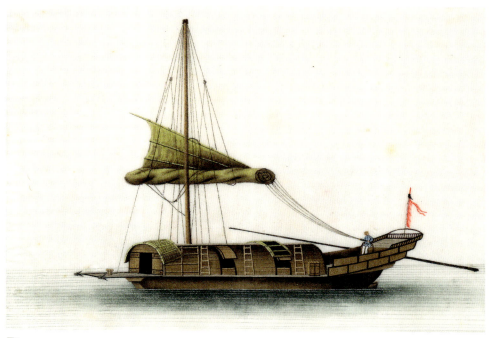

图6
西瓜扁通草水彩画

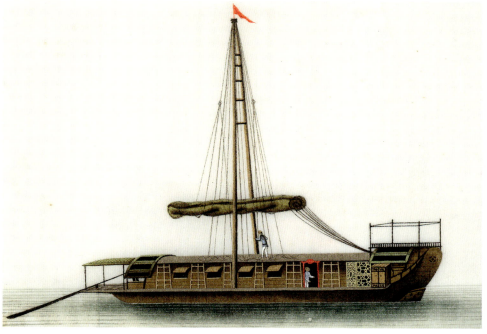

图7
谷船通草水彩画

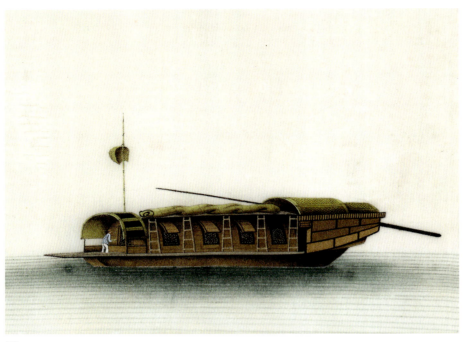

图8
西南谷船通草水彩画

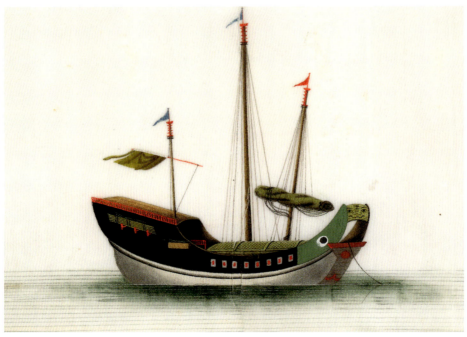

图9
乌艚通草水彩画

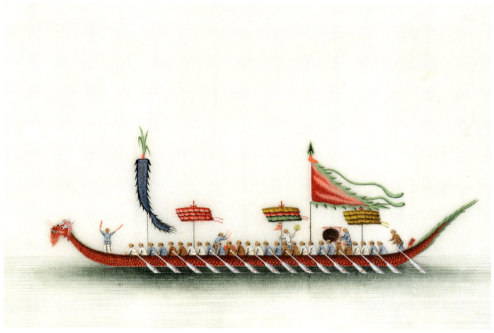

图10
龙舟通草水彩画

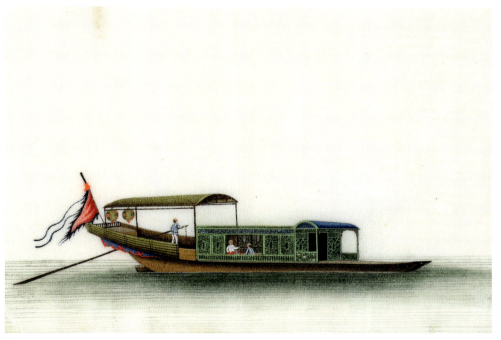

图11
行尾艇通草水彩画

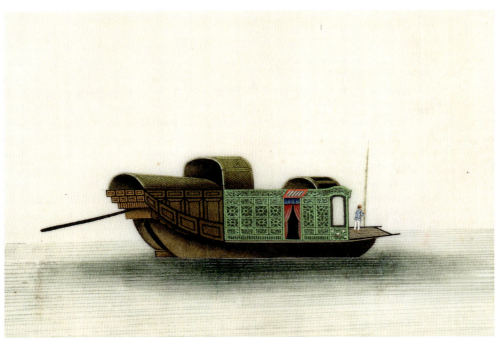

图12
低仓艇通草水彩画

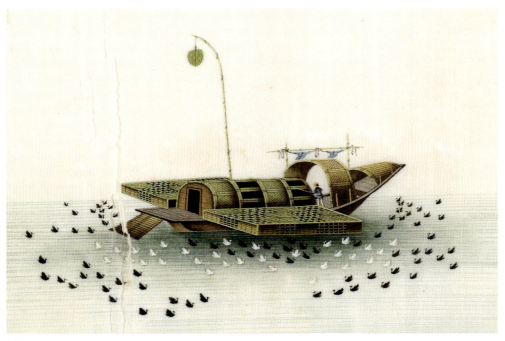

图13
鸭艇通草水彩画

繁，人、物往来密集。珠三角多水多船的地域特色与长三角类似，当地民众有悠久的水上生活传统，更有疍民这一终生生活于水上的群体，形成与陆域生活不同的水上世界。在水网密布的生态环境下，船成为当地重要的交通工具。广州珠江洋面的繁多船式引起外来画师极大的关注和兴趣，并渐成为外销画描绘的重要主题和外人了解晚清社会的中国侧面。

外销画可以分为油画、玻璃画、象牙画、线描画、水粉画和水彩画等，水彩画按材质又可分为纸质水彩画、通草水彩画、菩提叶水彩画、象牙细密画等，是18至19世纪肇起并兴盛于广州十三行地区的外销商品之一，画作内容为中国人物风情，但多借鉴西方素描、透视、阴影等绘画技巧，成图逼真，深受西方市场喜爱。关乔昌（林呱，Lamque）等画师的画作对广州外销画市场影响很大，这些有名的画师大多拥有自己的画室，并雇用画匠批量临摹用于对外销售。[6]一般而言，画作中的船型舟式画比书籍文献中的船型描述更直观具体，对于了解历史时期的船型结构有重要价值。

图14
广州十三行通草水彩画[5]

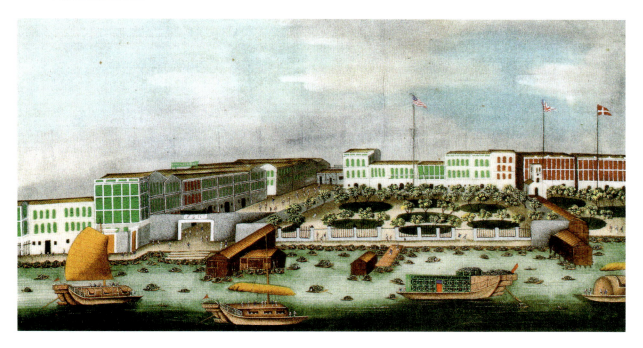

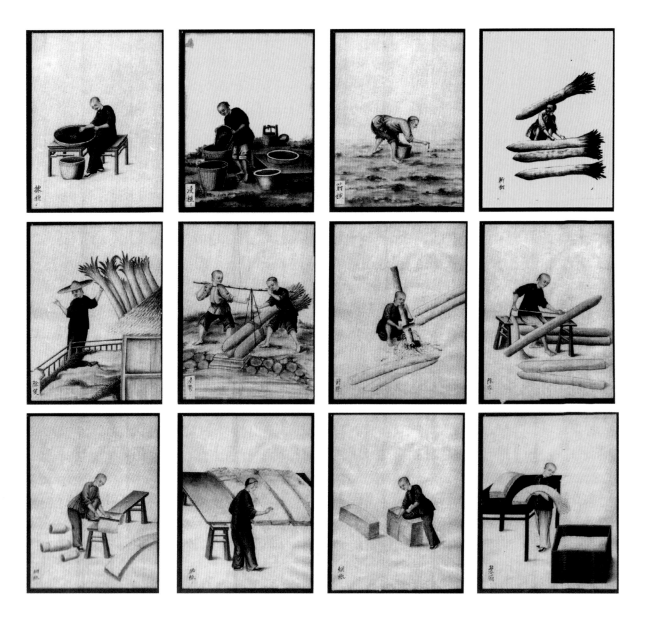

图15
通脱木种植与切割题材
通草水彩画 [7]

　　通草画作为外销水彩画的一种，是将水彩绘于通草茎髓切割而成的通草片上的画作。（图14）由于了解不多，西方人误认为这种半透明的通草片是由米制作，并称其为"米纸"（Rice paper）。受通草茎髓尺寸限制，通草片及对应的通草画往往尺寸不大。（图15）目前笔者所见19世纪通草画最大者高不超过24厘米、宽不超过39厘

米；19世纪船舶通草画图大者高不超过20厘米、宽不超过34厘米。同时由于通草画多出自画匠之手，且无作者、船名题具，其艺术价值及写实性往往受到质疑，使得学界有研究价值不高的看法。但纵然如此，我们依然可以明显感到通草水彩画绘制内容与其他材质外销水彩画有天然近缘关系，这也使得通过描绘更为形象具体且有中文名题具或有外文名录可查的外销纸质水彩画，来考察无名通草画内容成为可能。

比勘可知，中海博藏12幅19世纪船舶通草画的11种船型中，有大官座船、捕盗米艇、桨艇、西瓜扁等官船，有谷船、西南谷船、乌艚等运输船，有龙舟、行尾艇、低仓扁等娱乐船，还有鸭艇之类的生活船，基本反映了广州珠江洋面上常见且特色鲜明的船只类型。多样化的船型反映了该地丰富的水上活动和舟楫为马的生活方式。这些船只所反映的社会生活状态吸引了外国人注意，并作为中国趣味的代表被大量绘制并运销国外。正因为如此，很多通草画在国外被发现，如英国、法国、美国、荷兰、西班牙等国均有文博研究机构收藏有通草画，并在近几年引起国内外文博研究人员的重视。大量通草水彩画在近几年被中国文博机构广泛自海外征集，更有国际友人将个人收藏的通草画捐赠给中国文博机构的义举。这些19世纪漂洋过海的外销画，在海外流转两个世纪后神奇地再次回归故里，续写了跨越海洋地域、超越时代族群的新时代文化交流篇章，而相关画作的广泛收集、研究与展示，不仅可以吸引当下惯于陆路、空域交通的公众兴趣，也易于激发他们回望先辈们与当下生活迥异、但又尚未远去的海上交流历史。

1. "外销画"是1949年后美术史家开始使用的名词。18—19世纪的中国画工并没有将中国画分为内销和外销的习惯。见刘明倩:《贯通中西文化的桥梁——谈维多利亚阿伯特博物院藏广州外销画》,载英国维多利亚阿伯特博物院、广州市文化局等编:《18—19世纪羊城风物——英国维多利亚阿伯特博物院藏广州外销画》,上海古籍出版社,2003年,第6页。

2. 数据统计截止到2022年8月。

3. 详见英国维多利亚阿伯特博物院、广州市文化局等编:《18—19世纪羊城风物——英国维多利亚阿伯特博物院藏广州外销画》,第188—217页。英维院纸质船画尺寸为高32厘米、宽38厘米。

4. 详见王次澄等主编:《大英图书馆特藏中国清代外销画精华(第六卷)》,广东省出版集团、广东人民出版社,2011年。该书共收录广东船舶图83幅,其中有中文名实具或英文目录档案可考的静态船舶画41幅(另有1幅无名静态船舶画),尺寸为高41.6厘米、宽53.6厘米,见本卷第100—205页;还有41幅船舶与江岸风景图画,无名船舶对照前41幅有名图及英维院有名船舶进行了推测命名,

尺寸为高41.6厘米、宽53.6厘米,见本卷第208—295页。

5. 转引自广州市荔湾区艺术档案馆、十三行博物馆编:《王恒冯杰伉俪捐赠通草画》,广东人民出版社,2015年,第269页。

6. 陈雅新对外销画的定义与分类、重要研究论著、重要目录与画集等情况进行过细致梳理,并对戏剧主题外销画予以重点关注,详见陈雅新:《清代外销画中的戏曲史料研究》,中山大学出版社,2020年,第5—13页。

7. 伦敦凯尤镇皇家植物园藏,转引自程存洁:《十九世纪中国外销通草水彩画研究》,上海古籍出版社,2008年,第38页。该套通草画分别反映了捡种、浸种、莳种、斩树、除荛、浸胶、刮胶、除衣、切纸、晒纸、捆纸、装箱等12个流程。从画中通脱木茎髓明显过粗的情况来看,该组通草水彩画应为想象之作。程存洁对通草片制作过程进行过实地考察,一般以一年成长期的通脱木为最佳,树杆直径约3.5厘米,取茎髓,以20厘米左右为一段,切片时先用细长木棍塞进茎髓小孔,将茎髓压紧后切割,切好后用水浸湿使其平整、晒干后使用,详见该书第35—37页。

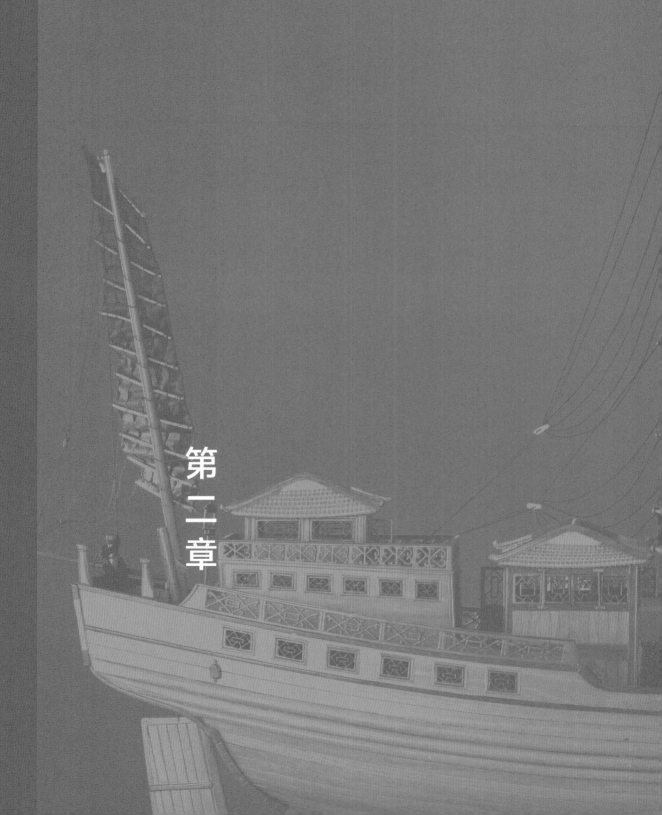

第二章

舟船致远

"舟楫之利，以济不通，致远以利天下。"在源远流长的中国古代航海史卷中，舟船是浓墨重彩的篇章。从早期的原始渡水工具到逐渐适应内河、近海及远洋航行的水上载体，中国舟船在漫长的发展演进历程中，形成了丰富多样的船型舟式、自成一体的舟船部件和独具特色的造船技术，为世界造船史乃至文明史留下了宝贵财富。无论是颇具地域特征的羊皮筏子、运盐沙船，还是宋元碇石、元明木锚、清代木舵等舟船部件，或是扬帆万里的郑和船队、素有"东方泰坦尼克号"之称的"泰兴"号商船，无不凝结着中国传统造船技术的智慧，反映了中国沿海地区斑斓多彩的舟船文化。更重要的是，中国舟船创造了帆船时代连接东西方世界的航海记忆。中国帆船一度被称为"联系世界的使者"。舟船实现了人与自然、人与世界的关联，使中国人走向世界的脚步越来越远，反映了人类探索外部世界的勇气和力量。

羊皮筏子

作者：陈婉玲
中国航海博物馆学术研究部（藏品保管部）
助理馆员

羊皮筏子是黄河沿岸的人们为了互通有无、扳筏谋生，不断积累经验创造出的独具特色的渡河工具。由多个羊皮囊组合成的羊皮筏子规模可大可小，最大可由数百只羊皮囊组成，多用于长途运物；规模较小的羊皮筏子以短途运输瓜果、渡送行人为主。中海博收藏的一具羊皮筏子（图1）长约2.90米，宽约1.84米，由木质框架和14只红褐色羊皮囊组成。木制框架呈算盘骨架状，由18根棍状木条自两端分别插入有凿眼的木条中，再配合两根同等长度的木条和绳索捆绑而成。充气羊皮囊分三列固定于木架上，第一列、第三列各5只，头部朝内；中间列4只，与第一列摆放位置相同。

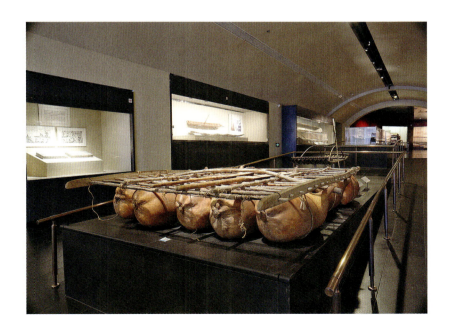

图1
羊皮筏子
中国航海博物馆藏

104

一、演变发展

早在石器时代，黄河两岸人民就开始尝试利用树枝、葫芦等物品的浮力进行涉水活动，后来尝试将牛皮、羊皮缝制成袋状，抱着皮袋涉水渡河。随着操作经验的不断丰富，人们探索出了新的制作方法，将羊皮如同脱衣服般剥下，外皮完整一体。[1]将剥下的羊皮扎紧吹气就能辅助渡河，在缝制过程的同时也简化了制作流程。

《太白阴经·济水具篇》记有"浮囊，以浑脱羊皮吹气，令满，紧缚其孔，缚于肋下，可以渡之"。[3]不仅作为船、作为救生工具，"浮囊"还曾被用来紧急传递汛情。（图2）《沅湘耆旧集（卷九十二）》内张九钺《羊报行》诗前小序有：

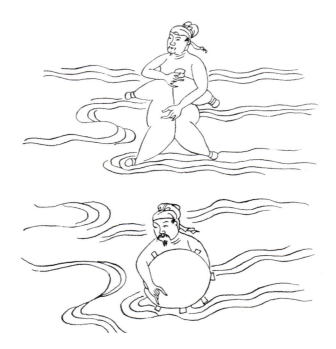

图2
浮囊[2]

用羊报先传警训，其法以大羊空其腹，密缝之，浸以麻油，令水不透。选卒勇壮者，缚羊背，食不饥丸；腰系水签数十，至河南境，缘溜掷之，流如飞，瞬息千里。讯警时，河卒操急舟于大溜流候之，拾签知水尺寸，得预备抢护，至江南营，并以舟飞，邀报卒登岸……[4]

通过这类方法能够运输的物品有限，一次只能渡送一人，且渡河方式很危险，只适用于简单渡河。

后来人们逐渐意识到了早期渡河方式的局限性和危险性，开始不断摸索并创造出了新的渡河工具——皮筏：把"浑脱"下来的若干羊皮囊、牛皮囊吹足气固定在木框上，皮囊在下、木框在上放入

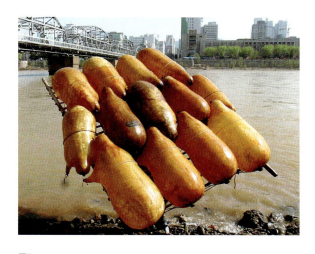

图3
投入使用的羊皮筏子[5]

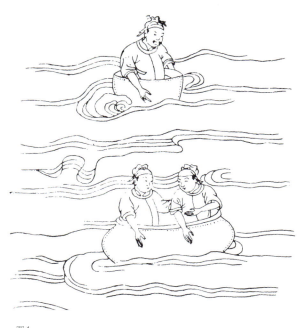

图4
皮船[7]

水中，一只皮筏便制作好了，这就是今天说的羊皮筏子、牛皮筏子。由于羊体型小、成本低，宰杀制作相对方便，皮筏便大量采用羊皮制作。（图3）相比于单只"浮囊"，羊皮筏子的浮力大、稳定性强，既可载人，又能运物，改善了当地航运条件。

在历史发展过程中，国内外均有同羊皮筏子类似的船只被创造出来。《资治通鉴·汉纪三十九》记有"邓训发湟中六千人，令长史任尚将之，缝革为船，置于箄上以渡河，掩击迷唐，大破之"。西宁市东北部的湟水为黄河上游的一级支流，湟水为阻，两山对峙，古时称之为湟中。箄，即木筏。根据描述，其形制和羊皮筏子非常相似。不同之处在于这只革船是将缝制好的皮革放置在木筏上用来渡河，也并没有将皮囊吹气。黑龙江一带也曾有一类船，是将制作好的皮革套在船形框架上，形状如盆，称之为皮船。[6]（图4）

无独有偶，国外也有类似的渡河工具——用海豹皮制成的浮筏。[8] Ciezada León和Padre Arosta都曾描述过，印第安人将海豹皮同气球一般吹气做成浮筏辅助航行，与羊皮筏子不同的是其剥皮和皮囊制作流程。当地人把海豹皮切割成需要

的尺寸，用动物肠子制作的绳将海豹皮缝制成皮囊。这样制作出
的海豹皮囊密封性不够，只好在皮囊上装上小管，不时吹气以保
证顺利完成运输。

二、制作工艺

　　因地制宜、就地取材，这是羊皮筏子能够在兰州甘肃一带盛行的
重要原因。西北地区群山险峻，水流湍急。羊皮筏子靠用划桨操纵，
相比木质舟船，其柔韧性强，行驶途中碰上两岸岩石也不易破损，即
使损坏个别皮囊，也不易整船倾翻沉水。当地畜牧业发达，羊皮、牛
皮不可胜数，制作所需的原材料得到充分保障。到民国时期，陆路交
通逐渐发展起来，骆驼、马匹也可供运输使用，羊皮筏子依旧凭借其相
对较低的运费更具优势。[9]

　　羊皮筏子的好坏关键在于羊皮囊是否完整无损，因此羊皮囊
的制作颇为讲究。有经验的筏子客通常选用阉割后的公山羊来做皮
囊，皮质紧实耐用，富有弹性。（图5）宰杀后从颈部开始剥皮，操作
时鲜少用刀，用手或撕、或拉、或扯，将完整的羊皮剥离。剥好的
羊毛需去毛、去脂，且各家工艺也有所差异。精细做法是往皮囊内
灌入热水后浸入水中，待异味散出后脱毛除垢。褪净羊皮，用钉锤

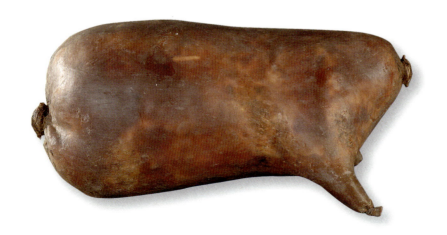

图5
制作好的羊皮囊
中国航海博物馆藏

凿眼扎紧臀部塑形，从颈部往皮囊内加入配比好的胡麻油、食盐和水，充分摇匀涮洗，再经过熟皮、二次除垢、扎口、曝晒等繁琐且精细的工序后，待皮囊光亮油润呈古铜色才算完工，制作周期半月有余。制作过程中使用的胡麻油粘黏度高，有利于皮囊的保养，而盐水能有效地保持羊皮的柔软。

更有精心者选择冬季宰羊，此时羊肥皮厚质优。[10]剥下的羊皮经过初步塑形，精心保养至春季再开始制作。吹羊皮囊时，传统的筏子客会选择用嘴吹气，尽管颇费力气、气味难闻，但人体气息富含二氧化碳的气息对防止皮囊的软化有很好的功效，也更有利于皮囊的保存。（图6）上述工作都完成后，将羊皮囊捆绑在做好的木框上，一只羊皮筏子才算是做好。

羊皮囊的摆放方式也有门道，小规模羊皮筏子通常将前后两端的羊皮囊颈部朝内，中间和前排摆放顺序相同，也有的将中间皮囊颈部依次颠倒排列，其主要目的在于保证组装出来的羊皮筏子紧凑均匀、稳定结实。不难看出，经过漫长时间摸索的筏子客已不再将羊皮筏子看作简单的谋生工具，而是精益求精，形成了独具特色而又代代相传的独到经验。

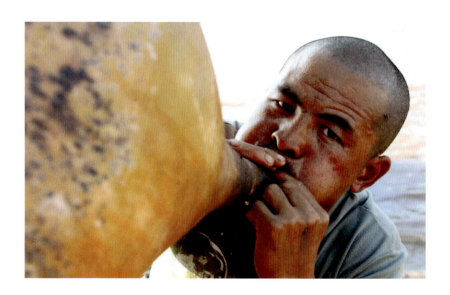

图6
吹羊皮囊[11]

三、筏客世界

说到羊皮筏子，不得不提筏子客的"花儿"。黄河流域河道状况十分复杂，尤其是峡区河道，河床多为岩石，暗礁较多，形式险峻多变。在长途运输中，筏子客不仅要有高超的扳筏技术，熟悉河道的走向，还要时刻关注乘客或所载货物的情况。面对途中的险滩骇浪和各类突发情况，更要谨慎大胆，迎风搏浪。

平安顺水而下到达目的地后，筏子不能逆水而上，还需筏子客将筏子拆卸后徒步背回。长路漫漫，经此种种，筏子客早已身心俱疲，此时漫唱一首自由随性的"花儿"最能直抒胸臆。富有浪漫色彩的"花儿"，起源于现实生活，依托于真情实感，将人民群众真实的内心情感多角度地反映出来。无论是作词还是作曲，都可即兴发挥，无需编排，所看所见所想都可以漫唱，一方面可以表达筏子客对家人的相思之情、摇桨逐浪的自豪感，另一方面也是驱除恐惧孤寂、祈求平安的情感寄托方式。这种蕴含着传统地域文化的排解方式，成为独具特色又饱含生命活力的民间艺术，称为当地的精神文化。[12]

恶劣的生存环境使得每次出门扳筏都具有很大危险性和不确定性，基于对不可控的恐惧、焦虑，筏子客还会依赖形式各异的仪式来寻求安慰。沐浴净身、焚香祈福，都是当地开筏前的民俗活动。除此之外，还衍生出带有迷信色彩的行规禁忌。筏子客十分忌讳"险""破""沉"等不祥字眼，[13]对于河道中一些险要之处只得通过创造一些行话、谚语表达出来，把事务象征化、符号化，并作为警示代代相传，成为当地民俗文化的重要组成部分。

为谋生计，扳筏送物渡客成为当地人的主要收入来源。随着扳筏队伍的不断壮大，筏子客之间为了抢夺生意时常发生冲突。为解决这一矛盾，庄子、村民形成了一些惯例，例如通过报数猜人的方式来决定生意花落谁家：等在河边的筏子客远远看见有客人来时，猛地背过身去，高声猜测客人数量，猜对者招揽这项生意。若是几位筏子客都猜对了，又恰好客人人多，那便共同渡客；客人少时，

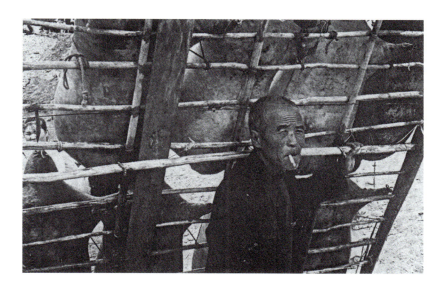

图7
筏子客[14]

就按照协商好的顺序轮流渡送客人，所得收益均分。这项不成文的规则在一定程度上约束了筏子客的行为，又适合筏子客豪爽乐天的性情，缓解了扳筏之余的疲乏困顿。（图7）

羊皮筏子的发展不仅保障了基本民生需求，带动了地方经济发展，还解决了戈壁荒原汽油运输高消耗的问题，在军事战略上也有所贡献。抗日战争时期，玉门油矿的原油缓解了油荒情况，但炼出的汽油在向外运输途中不仅费时费力，在会消耗大量汽油。筏子客利用羊皮筏子解决了这一困境：他们将2000只羊皮囊制作成5只大型筏子，组成了皮筏"水上运输队"，只用了两周左右的时间完成了从玉门至重庆的汽油运输工作。[15]这一壮举轰动整个山城，也赋予了羊皮筏子更深层次意义。（图8）

羊皮筏子作为人与自然相互磨合、适配发展的产物，在筏子客的熟练操作下灵活无畏地迎向惊涛骇浪。扳筏谋生是质朴的人们凭着惊人胆识在奔涌黄河上战胜恐惧、乘风破浪、摆脱生活困境的方式，是当地人在受限的生态环境中探索生存道路的智慧结晶。在没有条件建桥修路的年代，扳筏子是当地人解决出行、运输不可或缺的手段和方法。随着经济高速发展，以及陆路、水路建设技术的飞

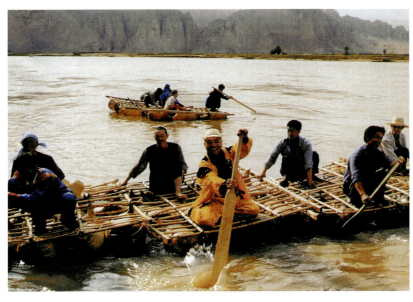

图8
众多羊皮筏子组合成的大筏[16]

跃提升，羊皮筏子早已不再用来载物谋生。在充分延续昔日民风民俗的前提下，人们将羊皮筏子列入非物质文化遗产保护项目，开发成为地方民俗旅游项目，与当地自然、文化、经济融为一体，发展成为顺应新时代背景的全新姿态，向人们展示其独有的历史底蕴和民族风情。

1. 常清民：《黄河古筏起源及其风俗流变考》，《考古与考察》2012年第10期，第21页。

2. 图片来源：凌纯声：《中国远古与太平印度两洋的帆筏戈船方舟和楼船的研究》，"中研院"民族学研究所，1970年，第34页。

3. [唐]李荃：《神机制敌太白阴经》，中国国家图书馆抄本，善本书号03679，第一册，卷四。

4. [清]邓显鹤：《沅湘耆旧集》卷九十二，清道光二十三年邓氏南邨草堂刻本，第1132页。

5. 图片来源：任世琛：《中国摄影家》，2011年第8期，第30页。

6. 凌纯声：《中国远古与太平印度两洋的帆筏戈船方舟和楼船的研究》，"中研院"民族学研究所，1970年，第36页。

7. 图片来源：凌纯声：《中国远古与太平印度两洋的帆筏戈船方舟和楼船的研究》，"中研院"民族学研究所，1970年，第36页。

8. 凌纯声：《中国远古与太平印度两洋的帆筏戈船方舟和楼船的研究》，"中研院"民族学研究所，1970年，第34页。

9. 杜培：《民国时期甘肃黄河皮筏与筏户研究》，兰州大学2011年硕士学位论文，第13页。

10. 刘目斌：《河湟筏子客生活世界的民俗内涵》，西北民族大学2005年硕士学位论文，第8页。

11. 图片来源：任世琛：《中国摄影家》2011年第8期，第31页。

12. 刘目斌：《河湟筏子客生活世界的民俗内涵》，西北民族大学2005年硕士学位论文，第22页。

13. 常清民：《黄河古筏风俗考》，《民俗研究》2003年第3期，第111—119页。

14. 图片来源：常清民：《民俗研究》2003年第3期，第116页。

15. 赵国强：《甘肃抗战实录》，甘肃文化出版社，2015年，第352页。

16. 图片来源：常清民：《中华遗产》2005年第2期，第132页。

楼船船模

作者：吴鹏
中国航海博物馆学术研究部（藏品保管部）
馆员

楼船为中国古代战船，因具有船高首宽、船起高楼等特征而得名。虽然目前尚未发现楼船的船体遗存，但历史上留下了不少关于楼船的文献与图像资料。根据不同的文献、图像记录，现代船模制作师还原了楼船模型。中海博就藏有两艘由现代船模制作师制作的楼船模型。另外，中海博还藏有一艘民国时期制作的象牙雕楼船。

一、中海博藏楼船模型的形态特征

中海博藏楼船模型主要是以陈设展示为目的所造，制作时侧重考虑船模的观赏性，所以力求还原楼船外部特征。虽不能以船模模型推测实船，但借此船模能直观地了解楼船的外貌特征。

一号楼船模型长220厘米、宽48厘米、高180厘米，为木制。（图1）船底为尖底，这样船舶吃水深，便于海上航行。此船为三桅杆式帆船。后方甲板上有两座"楼"，均为两层建筑。第一座"楼"上下两层同大，第二座"楼"则上层较小。三桅杆是典型的中式硬帆，相较西方帆船的软帆，中式硬帆在航行中更方便维修以抵抗恶劣的海上环境。

二号楼船模型长241厘米、宽96厘米、高146厘米，为木制。（图2）该模型体型较宽，而"楼"的部分位于整艘船中部，共有三层。每层设防御墙及多扇门，下面两层的门上带窗，而最上一层无窗。该船无帆，考虑到《武备志》所载的楼船图也无帆，二号楼船模型可能是以《武备志》的楼船图为依据还原而成。（图3）与《武备志》中的楼船图相比，该船省略了武器和船体上装甲的细节。一、二

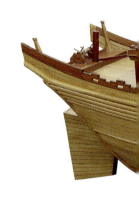

图1
一号楼船模型
中国航海博物馆藏

图2
二号楼船模型
中国航海博物馆藏

图3
《武备志》所载的楼船图[1]

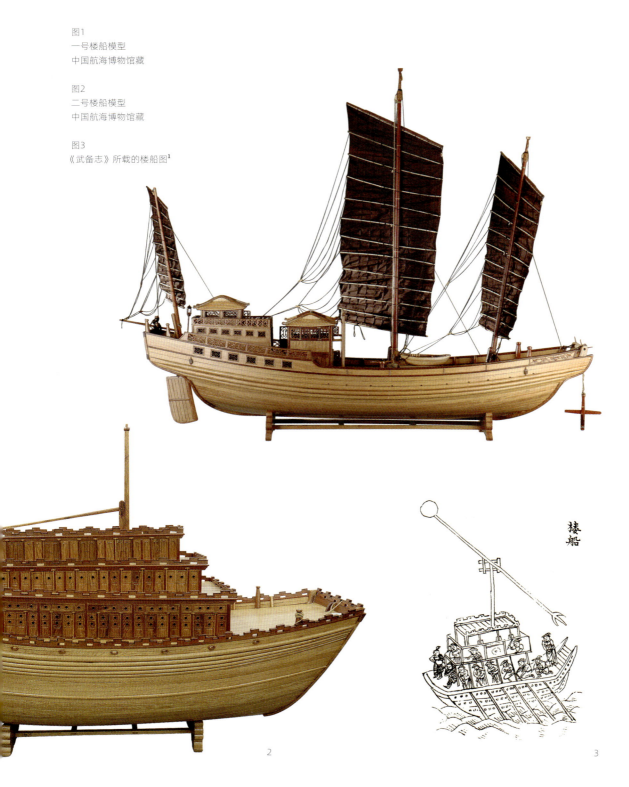

2

楼船

3

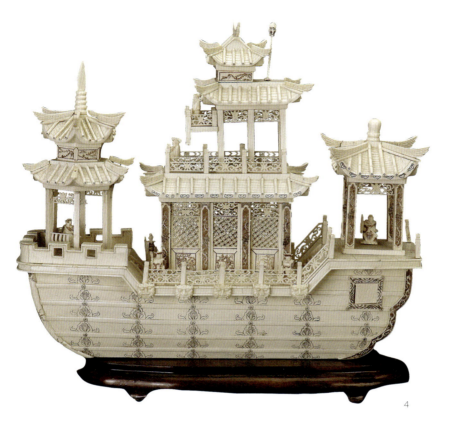

4

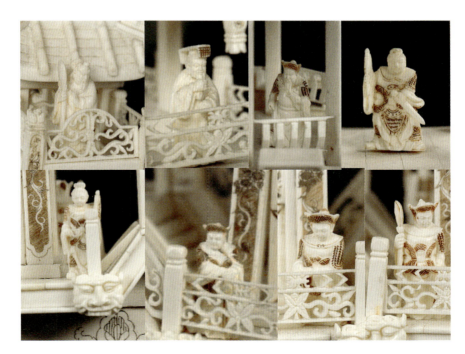

5

号楼船模型均为常熟船模制作师制作，于2010年被我馆收藏。

　　民国象牙雕楼船模型长63厘米，为象牙制。（图4）船体用象牙片拼装而成，辅以圆雕和镂雕工艺。船上亭台楼阁、人物摆件雕刻精细，细节十分到位。象牙船的表面绘有大量装饰图案，如船体有大量象征吉祥如意的宝珠纹，尽显象牙船的娇艳富丽。船头、尾分别有六角亭和四角亭，亭中分别有一戏曲武将伫立其中。六角亭中的武将，手抚长髯，与传统关公形象接近。四角亭中的武将则一手持锏，一手持旗。中间主体为双层楼阁，下层楼阁四角各有一人物，或作揖、或持令，或持长刀。上层有两名人物，有一帝王装扮人物在楼阁上远眺，在其上则是一名仙人形象。（图5）从船体结构以及船上人物神态举止可见，该楼船为水上休闲游冶之用，与《龙江船厂志》中的明代后湖楼船功能接近。

　　中海博所藏的三艘楼船模型反映了不同历史楼船的形象和功能扩展。两艘木制船模船体结构清晰明了，牙雕船模在人物、亭阁、装饰图案上更为讲究。这也充分体现了不同历史时期的船模制作艺人对楼船的认识。

二、文献中的楼船

　　一般认为楼船至晚在秦汉时期已出现，主要为军事目的而建。楼船的出现是中国军事史上的一个重要的节点。在汉代文献里，楼船是一种具有多层建筑和攻防设施的大型战船。《史记·平准书》和《史记·南越列传》分别记载了汉武帝为对付南方反叛势力而建造楼船。"是时，越欲与汉用船战逐，乃大修昆明池。列观环之，治造楼船高十余丈，旗帜加其上，甚壮。"[2] "乃下赦曰'天子微，诸侯力政，饥臣不讨贼。今吕嘉、建德等反，自立晏如，令罪人及江淮以南楼船十万师讨之。"[3] 上述文献均反映了楼船在汉代军事中的应用。汉代时期的楼船应与中海博藏的二号楼船模型和《武备志》中的楼船图相似。从军事用途角度，战船船体越高大，越是能从高处打击敌人。

《说文解字》记有："楼，为重屋也。"[4]楼船最显著的特征是"船上施楼"，即船体中建有多层建筑，其外观远远看去似楼而得名"楼船"。楼船另一个特征应该是有多层甲板。在刘熙《释名》里提到三层式楼船各部分的称谓和功能，"其上板曰'覆'，言所覆众枕也。其上约'庐'，象庐舍也。其上重室曰'飞庐'，在上故曰飞也。又在其上曰'爵室'，于中侯望之，如鸟雀之警示也。"[5]可见，楼船的三层甲板有着不同的功能。第一层为"覆"，相当于今天船上的甲板。第二层为"庐"，相当于今天的船员起居室。第三层为"爵室"，相当于今天的船桥，利用高处以探查敌情。除了三层式楼船的记录，《后汉书·公孙述传》还记载了十层式楼船："又造十层赤楼帛兰船。"[6]此外，班固也描述道："治楼船，高十余丈，旗帜加其上，甚壮。"[7]由此可见，汉代的楼船至多有十层，是一种甲板上面建有多层建筑和攻防设施、船体高大的战舰。

三、考古学上的楼船

当地上的材料无法完整地证明一个事实时，地下材料的重要性就显现出来。虽然到目前为止，没有公认的楼船遗存被发现，但楼船的形象在不同的考古材料中都有所体现。凌纯声在《中国远古与太平印度两洋的帆筏戈船方舟和楼船的研究》一书里选取了不同材料说明楼船的形象。

据郭宝钧《山彪镇与琉璃阁》载，1935年河南省汲县山彪镇战国墓地出土水陆攻战纹鉴上有战国时代战舰图的水战场景（图6）：每组十二人，分两方面，每方面各有一舟。左方舟后一人推舟，四人舟上荡桨，舟前一人下水，又手持桨护舟。右方最后一人推舟，舟上四人摇桨与左方通。舟前一人，攀对方舟舷，作进攻势。右方人皆有头巾，左方人皆露顶短头发。舟下并有鳖一个，鱼六条，顺逆浮游，象征有水。[8]凌纯声则认为该图呈现的战舰就是双层型楼船。楼船具有战船性质，结合楼船的"多层楼"特点，凌补充了对场景中士兵在楼船上作战的分

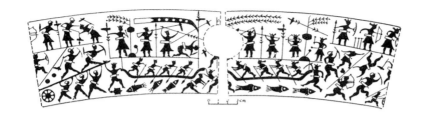

图6
水陆攻战纹鉴的水战部分[10]

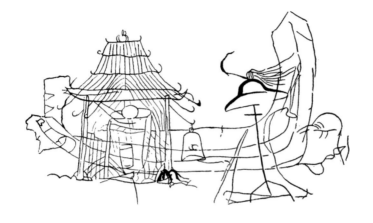

图7
汉砖上的楼船图像[13]

工："下层四人划桨。上层四人持兵器与敌交战。船上层并树有旌旗，尚有一面长期或是风帆。最后一人左手持戈，右手击鼓。右面一战船与左面相同。惟层楼与下船缺一直线连击。下面四人，两手划桨，前二人持长戈，一人射箭，一人吃双槌击鼓。"[9]笔者认为水陆攻战纹鉴水战部分的舟可能是楼船的雏形，初步具备后世描述楼船的特征。

罗香林在《百越源流与文化》一书中所介绍的汉砖上的楼船被认为是楼船图像的代表。[11]（图7）《百越源流与文化》载："余所获广州汉代城砖，亦有画绘楼船形者，虽城砖制作或全出中原所遣官吏之功令，然其工匠之技术，当受古代越族之工艺影响，以汉代中原各地全不以船形纹样为砖瓦饰纹也。唯古代越族擅于使用舟楫。故一部分苗裔归宗于中夏系统之较迟者，亦以擅于操舟著称，如浮家泛宅之蜑民，即其显例。"[12]罗香林认为虽然图像不能代表当时的造船工艺，但能证明楼船在越族文化中的影响很大。凌纯声也在《中国远古与太平印度两洋的帆筏戈船方舟和楼船的研究》一书中展示了罗香林提供的图片，来重新描绘汉砖上楼船的大致模样：船尾处有重檐叠

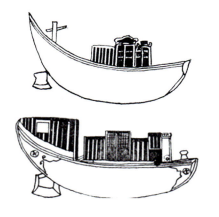

图8
后湖一号楼船[15]

阁，且有帽形帆。这些特征与中海博藏一号楼船模型的外观相符。

明清时期出版业发展繁荣，很多书籍也出现了不同类型的舟船描述以及插图。《武备志》沿用了《武经总要》中三层式楼船的说明，并补充了楼船在战斗时的优缺点。《龙江船厂志》卷二记载了明代后湖的楼船（图8）："按后湖者，古玄武湖也。自舒王建议富国……船之数为楼者一，官乘之；为平者十有二，胥役乘之。……其视六朝歌舞游嬉何如哉。"[14]可见，明代后湖的楼船有承载官员、悠闲娱乐的功能。最初用于军事的楼船逐渐为日常所用，功能变得更加丰富。这与中海博所藏民国象牙雕楼船所描绘的人们乘坐楼船休闲游嬉的场景遥相呼应。

楼船作为秦汉时期出现的战船，其显著的特点是"船上施楼"和"高大如楼"，能抵挡风浪之险，避免海水浸湿。伴随造船技术的发展与现实应用的需求，楼船的这一特点也渐渐被其他船型吸收。比如，福船和广船兼具商运和作战功能，在船体上就吸取了楼船高大的特点，[15]尤其是福船通常在尾部会安装巨大的艄楼，体现了"船上施楼"的特征。楼船是中国古代舟船发展历程中极具特色的船型之一，与同一时期的世界其他战船相比，楼船以历史悠久、船型独特、功能鲜明的特色受到世界各地舟船史、军事史爱好者的关注。

1. 图片来自：王冠倬：《中国古船图谱》，三联书店，2011年，第213页。
2. [汉]司马迁：《史记》，中华书局，2013年，第1436页。
3. [汉]司马迁：《史记》，中华书局，2013年，第2974页。
4. [汉]许慎：《说文解字》，中华书局，1963年，第120页。
5. [汉]刘熙：《释名》，中华书局，1985年，第123页。
6. [南北朝]范晔：《后汉书》，中华书局，1965年，第537页。
7. [汉]班固：《汉书》，中华书局，1962年，第1170页。
8. 郭宝钧：《山彪镇与琉璃阁》，科学出版社，1959年，第19页。
9. 凌纯声《中国远古与太平印度两洋的帆筏戈船方舟和楼船的研究》，"中研院"民族学研究所，1970年，第81页。
10. 图片来源：郭宝钧：《山彪镇与琉璃阁》，科学出版社，1959年，第21页。
11. 王冠倬《中国古船图谱》，三联书店，2000年，第66页。
12. 罗香林：《百越源流与文化》，中华丛书本，1955年，第153页。
13. 图片来自：凌纯声《中国远古与太平印度两洋的帆筏戈船方舟和楼船的研究》，"中研院"民族学研究所，1970年，第184页。
14. 李昭祥：《龙江船厂志》，江苏古籍出版社，1999年，第73页。
15. 图片来自：李昭祥《龙江船厂志》，江苏古籍出版社，1999年，第70—71页。
16. 孙占民、程林：《秦汉楼船考》，《昆明学院学报》2010年第32期，第74页。

宋元碇石

作者：朱金龙
中国航海博物馆学术研究部（藏品保管部）
馆员

中海博藏有三块长条形石柱，石柱均由灰色花岗岩凿刻而成，其中一号宋元碇石（图1）长194厘米，中段宽27厘米，厚17厘米；二号宋元碇石（图2）长201厘米，中断宽33厘米，厚16厘米；三号宋元碇石（图3）长116厘米，中断宽17厘米，厚11厘米。三块碇石均为中间宽厚，两侧渐窄，中段两侧凿有凹槽，表面附着有白色贝壳类海生物凝结物。这些石柱是什么年代制作，有什么用途呢？

显然，通过海生物凝结物可以判断石块出自海里，或许为船舶上的某些部件属具。据悉石柱出水于中国南海，但是出水的具体时间和地点均不得其详。据外形推测，这三条石柱为宋元时期我国沿海海船所用的木石结构碇锚的组成部分。木石结构碇锚（图4）是中国宋元时期航海木帆船停泊固定船舶的代表船具，由雕凿条状型"碇石"与木结构"爪"箍扎合成，通过重力作用，使得"碇石"一端和一个"木爪"触水底。

图1
一号宋元碇石
中国航海博物馆藏

图2
二号宋元碇石
中国航海博物馆藏

图3
三号宋元碇石
中国航海博物馆藏

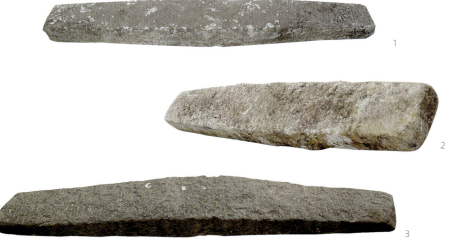

1

2

3

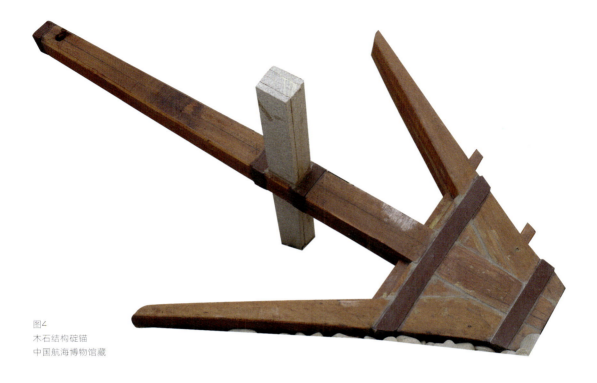

图4
木石结构碇锚
中国航海博物馆藏

一、木石结构碇锚的发展

众所周知，船舶在航行过程中需要停泊，因此，船舶的靠泊工具是舟船部件的重要构成。在源远流长的中国舟船史中，船舶靠泊工具的发展可以分为三个阶段：起先是碇，继之出现木石锚及木碇，再后则使用铁锚。[1]

船舶既要行走又要停泊，若要靠岸，早期是用绳索把船栓在岸边的木桩、巨石等物上。为了能使船舶停在水中，出现了石块制作的石锚。锚是由石锚发展而来，起初被称为碇，是将一块自然石块用植物藤索之类捆扎住，利用其自重来停泊船舶。随着时代发展，人们对石块进行人力加工，以达到系扎方便和增加与底质的附着摩擦力的目的。从石块重物沉泊到锚爪抓泥系泊，是世界航海史上离岸泊船技术发展的一般规律。[2]中国古代航船碇锚技术的发展也遵循这一规律，大约到秦汉时代，一种新型有效的古代船锚——木石锚应运问世，这

是以石块为锚体，木棍为锚爪的有机结合物。石块可以加快整锚沉底的速度，而木爪可以加强锚体对底质的抓力，更好地稳住船舶。[3] 这种木石结构的碇锚是集重力与抓泥力于一体的泊船工具，实际上是从单纯的重力沉泊的"碇石"发展到抓泥力系泊的"四爪铁锚"的中间阶段。

考古资料表明，我国秦汉时期的海舶上已经发明了这种木石结构的碇锚，广州东汉陶船模型（图5）船头悬挂的就是这样一副碇锚。该器物整体形态正视呈Y形，侧视呈十字形，主要由三个部件构成：一端的碇杆、另一端的两爪、垂直插在碇杆和两爪所在平面中部的碇担。该器物与唐宋沉船上屡屡发现的木石结构碇锚形态基本相同，后者的碇担是由厚重的条石做成，其余部分是木结构，由于碇担与两爪所在平面是垂直的，所以这样的碇锚入水后总能确保一爪和碇担一端同时落地，一爪抓入泥沙中与碇担的重量共同形成拉力。它与现代海军锚的系泊原理相同，是系泊原理非常科学的有杆锚。但是，东汉陶船模上这个碇锚两爪张口不及后世成熟碇锚的两爪张口开阔，使得东汉碇锚插入海底泥沙中的深度和形成的拉力不及后者。[4] 这种由两支木爪加一重石横杆构成的木石结构碇锚，在汉唐宋元间的相当长一段时间内是海船上主要的碇泊工具。

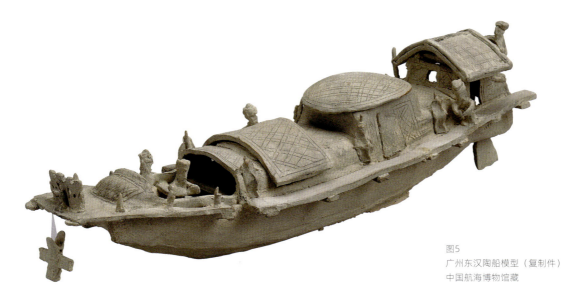

图5
广州东汉陶船模型（复制件）
中国航海博物馆藏

二、碰石的考古发现

在我国东南沿海的宋元沉船遗址中，这种木石结构碰锚已经发现很多。由于木石锚的木质部分容易腐朽，现在见到的多是其中的碰石。1975年在福建泉州法石乡晋江河滩出土一件宋代碰石，其质地为坚硬的花岗岩，长232厘米，中间最宽处29厘米，厚17厘米，两端稍窄稍薄。碰石中部的两侧各有一道凹槽，长29厘米，宽16厘米，深1厘米，此即捆扎木钩的处所。山东长岛县海底也曾出土过这种宋元碰石，形制与泉州法石乡出土者相同，只是稍微小一些。2007年"南海I号"的碰石在"整体打捞"前期清理凝结物时被打捞出水，花岗岩质，菱形，长310厘米、宽35厘米、厚15厘米，中间部位凿凹槽，重约420公斤，为距今发现的形体、重量最大的宋代碰石。中海博所藏几块碰石造型与前述碰石基本相同。

在日本、菲律宾的宋元沉船遗址中发现的碰锚也是属于这一类型。《元史》卷九十八"兵志"记载了至元十八年（1281）元军第二次攻打日本，数千艘来自江南"新附军"（南宋降军）的战舰在日本西南九州海域遇飓风沉没的事件。1974年以来，在日本九州西部的长崎县北松浦郡鹰岛海域发现了这次海战的元舰沉没地点，先后打捞出来的二十多件元舰碰锚全部都是前述"石两旁夹以二木钩"的木石结构碰锚，而无其他形式的锚具。[5]九州西北的福冈县是中国唐宋时期使团舟船及商船抵达日本的重要登陆上岸地点，1931年以来在福冈县博多湾沿海先后发现一批唐宋元时期沉船的线索，其中仅碰石就发现了40件，被称为"蒙古军船碰石"，有趣的是这些碰石也都是前述木石结构碰锚的石碰担。[6]菲律宾吕宋岛西部的"博利瑙一号"沉船发现的一件碰石几乎和法石所见一样。[7]

三、木石结构碰锚的终结

唐宋元时期，在木石碰锚盛行的同时，四爪铁锚已经开始出现

并在明代前后代替了木石碇锚。从一些历史文献看，明代早期海船上已经出现了早期的铁锚。宋应星《天工开物》卷十"锤煅锚"载："凡舟行遇风难泊，则全身系命于锚。战船、海船，有重千钧者。锤法先成四爪，以次逐节接身。"[8]宋元时期，铁锚和木锚开始混合使用，周去非《岭外代答》中提到："铁锚大者重数百斤，下有四爪。"《马可·波罗游记》中记载："波斯湾头的阿拉伯人虽久习航海，造船技术相对简陋。船只木材过于坚脆，造船时铁钉打不进去，并易震裂，连铁锚也没有，稍遇恶劣天气，即触礁沉船，酿成海难"，[9]由此可见元代已开始使用铁锚。

考古发现的明代以来船用铁锚基本都是四爪铁锚。如山东梁山宋金河明代兵船上的铁锚，整体高1.6米，上有铁环，四爪呈钩状，等距离圆周排列，锚上刻有"洪武五年造口字一千三十九号八十五斤重"铭文，据此推断当时这类锚是专业加工的商品，产量高而且十分普及。[10]江苏南京港区发现的一件明代四爪铁锚柄长达2.6米，爪长达0.85米，是迄今发现的古代最大铁锚构件。[11]另有，在福建泉州湾水域发现一件四爪铁锚，厦门大学人类博物馆亦有一件四爪铁锚，两者与宋金河明代沉船铁锚形态基本相同，与《天工开物》卷十"锤煅"插图七十一"锤锚图"上的四爪大铁锚也是相同的，都是明代遗物。泉州湾的铁锚残高2.78米，锚爪对角距离残长达到2.18米，重量758公斤，是迄今为止发现的古代最大铁锚实物。[12]

四爪铁锚是海船碇泊工具发展的全新阶段。四爪铁锚能确保二爪抓泥，是以抓泥力代替木石碇锚木爪抓力与碇石重力的合力，明显优于二木爪加横向石担的碇锚。它的出现标志着汉代以来存续了1500多年的木石结构碇锚的终结。[13]

四、锚具的使用技术

至唐宋元时期，中国海船的碇锚发展已经十分成熟，其配套设施日臻完善。据《宣和奉使高丽图经》所记，这类碇锚是系在"五百

尺"长的粗藤索上，通过"船首两颗柱，中有车轮"形态的盘车起落的。锚泊时，船只调整为顺流方向，首尾各下一个碇锚，风大浪急时，会下多个，以防走锚。

锚的系泊力大小与锚重成正比，其值大小也与水域底质有关，在单锚重量不足的情况下舟船就会配用多锚。隆庆年间，俞大猷主张去福建造船，每船配碇六门。[14]崇祯年间，《兵录》记载每船配碇三门。[15]

一般的海船，特别是大海船，锚都很大。例如郑和下西洋时宝船上的大铁锚，"非二三百人莫能举动"。[16]宋应星在《天工开物》上说："凡舟行遇风难泊，则全身系命于锚。战船海船，有重千钧者。"意思是说，每当船舶航行遇风浪难以靠岸停泊时，船和人员的安全就完全依靠锚了。大海船上这样的大铁锚不只一个，有时要配二至四个，用绞车收放。

船舶用锚主要出于以下几个目的：一是为了抛泊，固定船身，如徐兢《宣和奉使高丽图经》记载在"船未入洋，近山抛泊"时，则"放碇（锚）著水底，如维缆之属，舟乃不行"。近山抛泊，既可避风，以防风浪引起的不测，又可抓牢底质，免去走锚之虞。二是为了镇浪，稳定船身，"若风涛紧急，则加游矴，其用如大矴"。[17]这种游矴技术，可增加船体在波浪中的阻尼效能，改善船体的摇摆性，有利于航行安全。

古人在长期的船舶航行中积累了丰富的用锚经验。比如据《海道经》所载，抛锚时要注意以下几个方面：第一，注意抛锚与风向的关系，如遇"急猝暴风，奔港滩不及之时"，就必须"急抢上风，多抛铁锚，牢系绳缆"。第二，注意抛锚与水流的关系，如在"金山寺西首十余里，水紧不可抛锚"，因为水流过紧，或走锚或断缆都是很危险的。第三，注意抛锚与锚地底质的关系，如是"滩山一般"的大洪硬泥，则连铁质船锚也难以抛抓。"海中泥泞"底质较软，则须抛木碇（锚），以便增加附着力，稳住船身。[18]一般淤泥底质是最好的，岩石底质容易走锚。

　　碇石的出现以及锚的广泛应用，从根本上来看，是中国古代航海者长期的航行实践、科学观察、经验积累和大胆创新的航海智慧结晶。这些船舶属具是中国古代先进的航行技术的重要构成，对中外航海活动产生了深远的影响。

1.　王冠倬：《中国古船图谱》，三联书店，2011年，第104页。
2.　GerhardKupitan, "Ancientanchars-technology and classifycation", *UNA*, 13.1 (1984), pp.3-25.
3.　郑自海，郑宽涛：《从南京"龙江船厂"遗址新出土大铁锚浅谈古代海船碇泊工具》，载自《丝路和弦：全球化视野下的中国航海历史与文化》，上海古籍出版社，2018年，第214页。
4.　吴春明：《环中国海沉船》，江西高校出版社，2003年，第121页。
5.　鹿岛文化财调查报告书第2集：《鹿岛海底遗迹III》，长崎县鹿岛町教育委员会，1996年，第129页。
6.　森本朝子：《探寻迷宫：对博多考古学资料的观察》，《福建文博》1999年第1期，第31页。
7.　Paul Clark, EduardoConese, NormanNicolas, JeremyGreen,"Philippines Archaeological site survy, February 1988", UNA 18.3（1989）.
8.　[明]宋应星著、钟广吉注释：《天工开物》卷十，上海古籍出版社，2008年，第180—181页。
9.　陈开俊等合译：《马可·波罗游记》，福建科学技术出版社，1981年，第197—198页。
10.　刘桂芳：《山东梁山县发现的明初兵船》，《文物》1958年第2期，第51—54页。
11.　王冠倬：《中国古船》，海洋出版社，1991年版，第48页。
12.　见《海交史研究通讯》及厦门大学人类博物馆藏品。
13.　吴春明：《环中国海沉船》，江西高校出版社，2003年，第132页。
14.　[明]俞大猷：《洗海近事》卷上《呈总督军门张（隆庆二年七月十二日）》，《正气堂全集》，福建人民出版社，2007年，第816、827页。
15.　何汝宾：《兵录》卷十《福东海每船应用器械》，（明崇祯壬申五年序刊本）
16.　[明]巩珍著、向达校注：《西洋番国志》，中华书局，2006年，第6页。
17.　[宋]徐兢撰：《宣和奉使高丽图经》卷三十四，《文渊阁四库全书》史部·地理类，上海古籍出版社，2003年，第593—892页。
18.　[明]佚名：《海道经》卷一《占潮门》，《四库全书存目丛书》第221册，齐鲁书社，1995年，第196页。

元末明初两爪木锚

作者：任志宏
中国航海博物馆学术研究部（藏品保管部）
副研究馆员

中国木帆船的船锚发展演变历史悠久，根据出现的先后顺序大致可以分为碇石、木石碇、木锚、铁锚四个阶段，"但新工具的出现并不意味着旧工具的消亡，在相当长时间内，两者并存并用"。[1]元代，正处于木石碇向四爪铁锚过渡的时期，这一时期各种锚形都有相当广泛的应用。除上述二者外，当时还有一种两爪木锚也被应用于船舶定泊，中海博就收藏有两件此类两爪木锚。

一、馆藏元明两爪木锚概貌

两件木锚形制相同，均保留了锚杆和锚爪，"横杆"[2]（平衡木）已不存在，锚杆为长方形，底部固定有两根木质锚爪。

1号木锚[3]（图1）锚爪无铁制附件，左侧锚爪（图2）较为平直，侧面有棱，至爪尖而平，右侧锚爪（图3）略有弧度，且侧面平，无棱，总重约500公斤。2号木锚（图4）右侧爪尖断裂（图5），左侧锚爪尖包裹铁制附件，锈蚀严重。

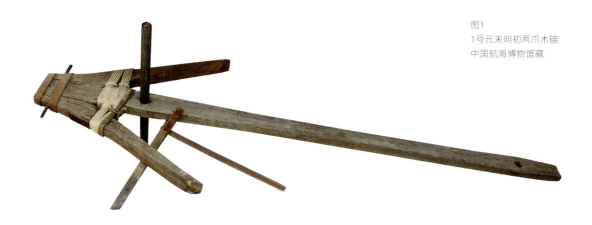

图1
1号元末明初两爪木锚
中国航海博物馆藏

图2
1号木锚左侧锚爪

图3
1号木锚右侧锚爪

图4
2号元末明初两爪木锚
中国航海博物馆藏

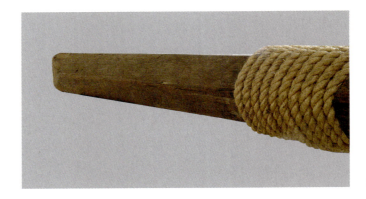

2

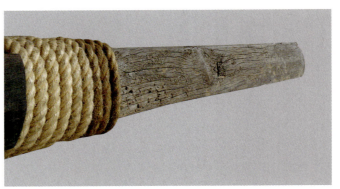

3

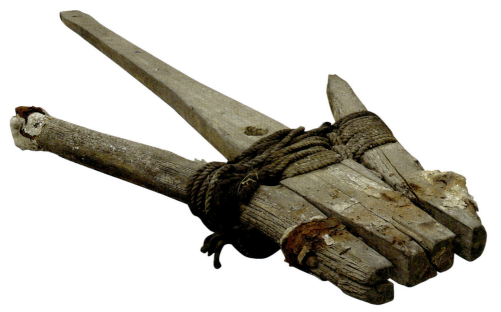

4

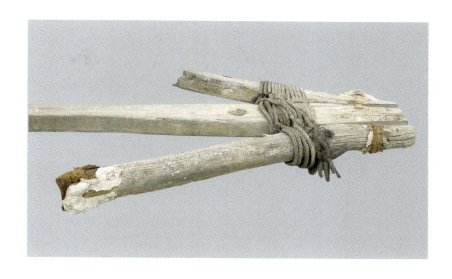

图5
2号木锚右侧锚爪尖断裂

　　二者在锚杆孔下部均缠绕麻绳（图6—7），锚杆与锚爪由一根木质插栓相连接，连接处均为距底部20厘米处，连接栓为直径4厘米圆木棍。1号木锚连接栓在两侧有露出，露出长度在20厘米左右，2号木锚连接栓左右无露出，且右侧锚爪连接栓已断裂。为进一步加强木锚整体强度、防止木材断裂，1号木锚有两道铁箍，分别位于连接栓的上下部，铁箍状态稳定。（图8）2号木锚在连接栓处同样有铁箍一道，已严重锈蚀脱落。由于两件木锚均从水中打捞获得，因此锚杆与锚爪都存在一定程度的侵蚀痕迹，特别是2号木锚，锚爪上有贝壳类等凝结物附着。总体而言，两件木锚锚杆完好，锚爪有孔洞、裂痕、碎片；相对而言1号木锚品相和保存状态更佳。

　　两件木锚尺寸相近，1号木锚稍大，全长7.45米，两根锚爪等长，均为2.47米；2号木锚全长6.38米，左侧锚爪长2.23米，右侧锚爪残长1.88米。锚杆上有两处孔洞，一处位于顶端下约70厘米处（图9），为缆孔、系捆绑缆绳之用，两件木锚缆孔直径相同，均为13厘米，且缆孔内部光滑，有摩擦使用痕迹。另一处位于底部两锚爪中间，距底端约100厘米处，系穿过固定"横杆"之用。（图10）根据测量，两件木锚的横杆孔直径为13厘米。两件木锚的锚杆顶端均有方形收口，推测可能是系缆绳所用。两件藏品锚杆均为两端略

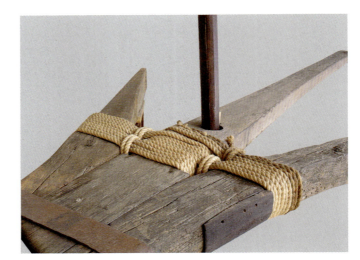

图6
1号木锚锚爪根部缠绕麻绳

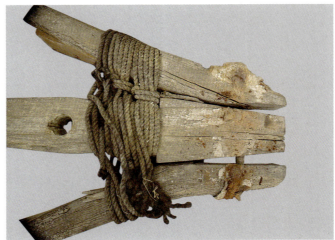

图7
2号木锚锚爪根部缠绕麻绳

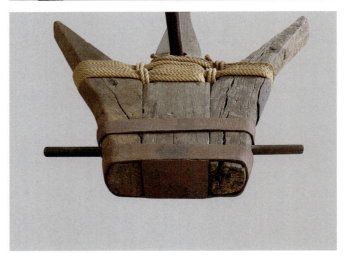

图8
1号木锚底部木制连接栓及加固铁箍

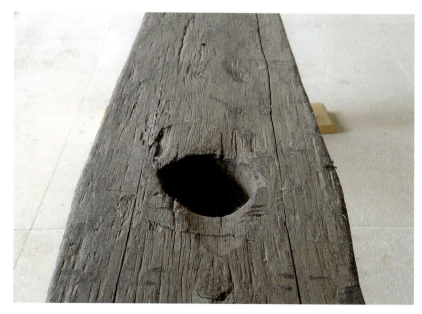

图9
1号木锚缆孔

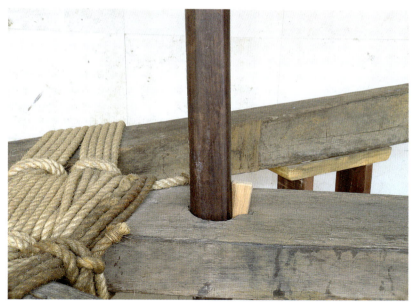

图10
1号木锚横杆孔
（横杆为复原件）

宽、中间略窄的收腰型，两端最宽处均在缆孔及横杆孔处，1号木锚缆孔处宽度为32厘米，横杆孔处宽度为34厘米。2号木锚缆孔处宽度为31厘米，横杆孔处宽度为35厘米。二者锚杆厚度基本相同，均为14.5厘米左右。

二、馆藏木锚的收藏背景

经专家鉴定中海博藏两件巨型两爪木锚为元末明初时期文物，其中1号木锚的流传经历还颇具传奇色彩。据悉，1号木锚最早是20世纪初一位南通渔民在长江吴淞口九段沙附近起锚时打捞上来。吴淞口为古吴淞江入海口，唐时吴淞江河道宽阔、水量充沛，更兼毗邻青龙镇大港，一时间各地乃至海外船舶频繁进出，可谓舳舻辐辏、帆樯林立，盛景一时无两。后因河道变化，至元中期吴淞江已经淤塞严重。上海各地及长江口附近曾多次发现各类沉船遗迹以及船上附件等遗物。该渔民将木锚捞起后，长期放置于家中，因体积太大，过于占地，不知如何处置；甚至起过将其劈掉当柴火烧的念头，虽未付诸实施，却也发现木锚木质甚为坚硬。后来，木锚辗转至江苏省金湖县一位朱姓渔民手中。2005年，"传承文明，走向世界，和平发展——纪念郑和下西洋600周年国际学术论坛"在江苏南京举行，著名船史学家武汉理工大学席龙飞教授也应邀出席。参会期间，席教授听闻附近有一件巨大的古代木质船锚，颇为意动，遂亲身前往查看。作为长期致力于中国古代舟船史研究的学者，当席教授看到这件体型巨大的双爪木锚时，立刻意识到这件木锚的重要价值，认为木锚亟需尽早得到妥善的安置和保护。经过多方联系，最后由一位古船研究爱好者接手此件木锚。2010年，经过一番努力，这件大木锚正式入藏中海博。

宋元时期船舶使用的多是木石结合的锚，元末明初则多使用木锚。根据考古发掘，国内出土了不少木石结合锚或碇石。我国沿海地区博物馆亦收藏此类锚具，比如泉州海外交通史博物馆、中海博也收藏有几件宋代碇石。而木质船锚则因其质地原因不易留传，目前国内现存的木质船锚仅有两只，一件随蓬莱古船一起出土，出土时残缺，仅有锚杆、一只锚爪和连接栓，[4]现藏山东蓬莱古船博物馆；另一件出土于晋江县深沪湾，出土时仅余锚杆，[5]现藏于泉州海外交通史博物馆。从尺寸大小或者保存的完好程度上，上述二者也都无法跟1号木锚相比。尺寸如此巨大、保存如此完整的两爪木锚，在国内实属罕

见。故这件元末明初的大型两爪木锚显得格外珍贵，它的发现填补了古代舟船史中木锚实物的空白，对于我国船舶发展史的研究具有十分重要的学术价值。

两件木锚材质均为黑褐色，木质纹理极细密，1号木锚材质为东南亚摘亚木属（Dialiumspp），这种木料质地坚硬沉重，沉性极佳，是制作木锚的理想材料，虽长年沉埋海底，久经海水侵蚀，遍体密布细孔，仍然非常坚硬，沉性不失。这两件木锚整体设计巧妙，做工细致。2号木锚的爪尖有铁制尖角，用于插入水底，增加抓地力。1号木锚的爪尖原有铁帽，锈蚀严重，后在流传过程中遗失，现在爪尖可见安装痕迹。

三、锚与船

根据船史研究，古代船只的大小与船上使用的船锚具有一定比例关系。船愈大则锚愈大，反之亦然。1974年发掘的泉州湾后渚港宋代海船沉船残长为24.2米，残宽为9.15米。根据专家的复原分析，泉州湾宋代海船实际船长约为30米左右，[6]排水量在374.4吨上下。[7]《宋会要辑稿》"卷食货"五〇中记载，宋代海鹘船"通长一十丈"，据此推断其应当为一千料海船。[8]宋代一尺合今天31.4厘米，[9]十尺一丈，故一丈为3.14米，"一十丈"为31.4米，可知宋代海鹘船长度与泉州湾宋代海船基本不相上下。同样在《宋会要辑稿》"卷食货"五〇中还有一条记载，"通长八丈三尺……记八百料"，同理换算可得"八百料船"长约为26米，略短于泉州湾宋代海船。泉州湾宋代海船"所配木碇长不过6.6米"，[10]与全长6.38米的2号木锚大小相近，而1号木锚全长7.45米，长度超出了1米多。可见使用2号木锚的船只应当与泉州湾宋代海船大小相近或略小，可能是八百或一千料船；而使用1号木锚的船只则应大于泉州湾宋代海船，大小应当超过一千料。

1975年泉州法石乡出土一件宋元碇石，从其复原图（图11）

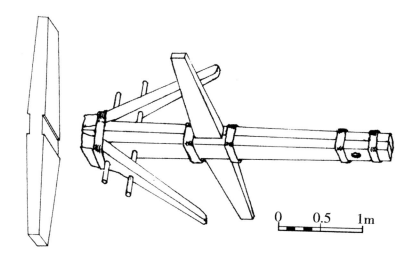

图11
泉州法石乡发现的宋元碇
石复原图[11]

可见碇杆、碇爪、连接栓、碇石、缆孔、铁箍等各部位与中海博馆藏的两爪木锚十分相似。从造型角度，很显然馆藏两爪木锚与宋元碇石之间存在联系。

李约瑟在《中国科学技术史》中将中国锚称为"锛形锚"，[12]其特点是"锚臂与锚杆在锚冠处形成一个锐角（约40°以下），而不是成直角或成圆弧形分开……中国人的横杆穿过锚杆的地方不在靠近锚环这一端，而在靠近锚冠处（当然也是和锚臂的平面成直角）。这样可以时锚倾向一侧，以确保锚臂咬住水底。另一个很大的优点是几乎不会被锚链缠住。这种锚的效能经常为欧洲航海方面的作者所称道"。[13]下图为《福建造船手稿》中绘制的锛形锚（图12），可见与中海博馆藏两件元末明初两爪木锚极为类似。

另外，中海博所藏这两件木锚，在锚底部和猫爪尖等关键部位都有铁箍或铁质附件，可以起到增强整体强度和增大抓地力的作用，对于木锚的耐用度也有一定程度的增强。

元末明初两爪木锚兼具整体质量较轻（与木石碇和铁锚相比）、抓地力大、不易被锚链缠绕且经久耐用等多种优点。这可能也正是在明代四爪铁锚已经出现的情况下木锚依然有广泛应用的重要原因。

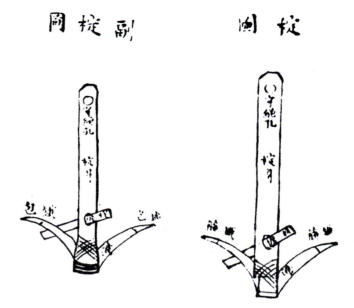

图12
锛形锚[14]

1. 王冠倬：《简谈日本平户、鹰岛现存宋元碇石》，《海交史研究》1986年第1期，第47—48页。

2. 关于该部件有多种不同称呼，因类似船锚多为木石复合锚，许多文章中习惯性将之称为"木石碇"，此处孔洞中穿过固定之木杆也被称之为"碇担"，意为"平衡木"，如郭雍发表在1986年第二期《文物》中的《泉州湾打捞到两具古代大船锚》一文中，就称为"碇担"。李约瑟在其书中称呼这一结构为"横杆"，现代海军锚中也同样称之为"横杆"。本文为便于理解称之为"横杆"，下文同。

3. 为行文方便，文中暂时将此两件木锚以1、2号命名，并非藏品正式编号，特此说明。

4. 山东省文物考古研究所，烟台市博物馆，蓬莱市文物局编：《蓬莱古船》，文物出版社，2006年，第172页。

5. 郭雍：《泉州湾打捞到两具古代大船锚》，《文物》1986第2期，第88页。

6. 席龙飞教授在其与何国卫合撰的《对泉州湾出土的宋代海船及其复原尺度的探讨》一文中认为泉州宋代海船船长为30米。泉州湾宋代海船复原小组与福建泉州造船厂在《泉州湾宋代海船复原初探》一文中则更精确的提出其船

长应为34.55米。

7. 泉州湾宋代海船复原小组、福建泉州造船厂：《泉州湾宋代海船复原初探》，《文物》1975年第10期，第30页。

8. 黄纯艳：《造船业视域下的宋代社会》，上海人民出版社，2017年，第41页。

9. 卢嘉锡总主编；丘光明、邱隆、杨平著：《中国科学技术史度量衡卷》，科学出版社，2001年，第370页。

10. 郭雍：《泉州湾打捞到两具古代大船锚》，《文物》1986第2期，第88页。

11. 图片来源：席龙飞：《中国古代造船史》，武汉大学出版社，2015年，第233页。

12. [英]李约瑟著，王玲、鲁桂珍协助：《中国科学技术史第四卷物理学及相关技术》，科学出版社，2008年，第725页。

13. [英]李约瑟著；王玲，鲁桂珍协助：《中国科学技术史第四卷物理学及相关技术》，科学出版社，2008年，第725页。

14. 图片来源：[英]李约瑟著，王玲、鲁桂珍协助：《中国科学技术史第四卷物理学及相关技术》，科学出版社，2008年，第726页。

明代宝船厂造船工具

作者：吴鹏
中国航海博物馆学术研究部（藏品保管部）
馆员

明代郑和下西洋是中国古代航海史上的重要事件。自明永乐三年（1405）至宣德八年（1433）的二十八年间，郑和率领庞大的远洋船队，航迹遍历西太平洋与印度洋的广大海岸，访问了亚非三十余国。郑和船队中船舶数量众多，船只类型齐全，体现了中国古代造船史的非凡成果。2003年发掘的南京宝船厂遗址曾经正是专门为了郑和下西洋出访各国所兴建的大型官办造船基地。中海博藏有一批宝船厂出土的造船工具。这些造船工具反映了郑和下西洋的辉煌历史。

一、中海博藏明代宝船厂造船工具概貌

馆藏宝船厂造船工具由南京市博物馆于2009年调拨至中海博。馆藏造船工具共计8件/套，包括木锤一个、T型撑头两个、耙钉三个、弯钉两个，都为宝船厂遗址出土的常见造船工具。以下是馆藏造船工具的介绍。

木锤，共一个。尺寸为长62厘米、宽35厘米、高12.5厘米。木锤的锤头为圆柱形，锤柄比锤头微长。（图1）

T型撑头，共两个。尺寸分别为长45厘米、宽12厘米、高8.5厘米；长41厘米、宽13厘米、高13厘米。撑头整体呈长方形体，四边有刀削痕迹。（图2）

耙钉，共三个。尺寸分别为长12厘米、宽1.5厘米、高2厘米；长14厘米、高2厘米、高3.5厘米；长13厘米、宽1厘米、高2.5厘米。耙钉整体从中间向两侧变细，两头向内弯曲。（图3）

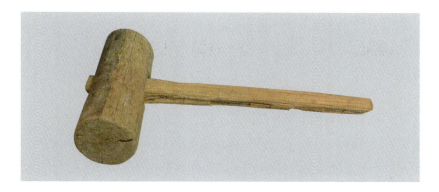

图1
宝船厂出土的木锤
中国航海博物馆藏

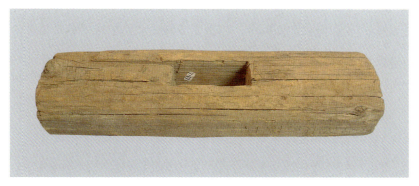

图2
宝船厂出土的T型撑头
中国航海博物馆藏

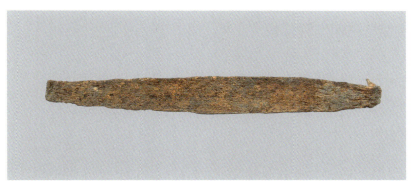

图3
宝船厂出土的耙钉
中国航海博物馆藏

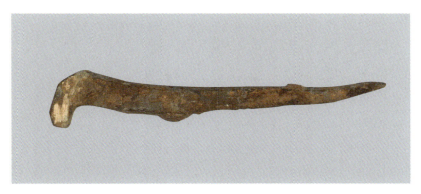

图4
宝船厂出土的弯钉
中国航海博物馆藏

弯钉，共两个。尺寸为长9.5厘米、宽0.5厘米、高0.8厘米；长9厘米、宽1厘米、高1.5厘米。弯钉头部弯曲，且头部到尾部逐渐变细。(图4)

根据《南京明宝船厂六作塘考古报告》中的材质分类方法，南京宝船厂出土的造船用具主要分为木质和铁质两大类。其中，木质造船用具包括木锤、"T"形撑、木刀、木夯、木尺、木拍等；铁质器物又分为铁质工具和铁质用具两大类，包括铁斧、铁凿、铁刀、铁冲、铁钉等。[1]中海博收藏的这组造船工具涵盖了宝船厂出土造船工具的主要类型。馆藏造船工具大致能反映造船所需工具情况，但结合宝船厂遗址的出土报告能更准确还原郑和下西洋时期的造船技术。

二、宝船厂遗址出土造船工具概况

宝船厂遗址位于南京市区西北部。遗址所在地原为长期冲击而成的河漫滩。遗址及其周围分布有较多的水道和水塘。对于宝船厂创立位置和时间，明代嘉靖《南枢志》载："南京城西北有宝船厂焉，创于永乐三年。"永乐三年（1405）正是郑和下西洋的第一年，所以该遗址应是为满足郑和多次下西洋所需要而专门兴建的造船基地。

遗址内现存三条长条形的古代船坞遗迹，被称为"作塘"。现存的三条"作塘"分别编号为四作塘、五作塘、六作塘。目前宝船厂遗址的出土文物多来自六作塘遗址。(图5)根据保存状况，六作塘塘底遗迹分为34处，由西向东依次编号，为一号至三十四号。其中八号遗迹主要出土造船工具，其平面呈长方形，可分为东西两部分。遗迹的西半部分分布有各种木构件，还有多种造船工具。西半部分被推测为是当时的仓库。八号遗迹是遗迹中面积中较大的一个，由于其位置相对较深，保存得比较完整，从造船场所到造船的工具都比较齐全。

图5
六作塘八号遗址图[2]

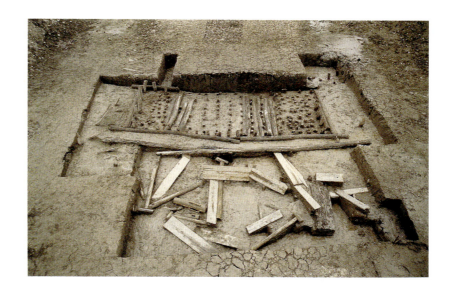

    六作塘遗址的造船工具出土时并不是按照使用位置进行分布的。另外，考古学者推测，在出土的铁质工具中，也不一定都是用来建造船只的。而且相当一部分铁质工具是当时的农用工具和生活工具。此外，还有一些后期的遗物进入塘内。所以很难准确判断各类工具的具体用途。以下根据现代造船技术的经验以及馆藏造船工具种类，挑选合适的出土工具进行介绍。

（一）木质工具

    木质工具作为宝船厂遗址考古出土量最大的一类器物，这与古代造船以木材为主的特点基本吻合。木质工具中比较具有代表性的锤打工具，这里主要介绍"T"形撑、木锤。

    "T"形撑，由顶端横置的撑头和下部纵置的撑柱两部分组合而成。（图6）撑柱皆近似为圆柱体，顶端带有突出的榫头。根据撑头形状可以分作三种类型。A型为撑头外周经四面加工，近似长方体。B型为撑头圆柱形，但上下两面皆被削为平面。C型撑头皆为圆柱体，开长方形孔。[3]

    木锤包括"T"形锤和杵形锤。（图7）"T"形锤由锤头和锤

柄两部分组合而成。又按照形态可分作三型：A型，锤头整体近似长方体，但四条边棱皆经削侵，剖面呈八边形，且锤头两端略小于中部，形如腰鼓；B型，锤头近圆柱形，长方形孔位于锤头中部。朝向柄的一面被削成平面；C型，锤头为圆柱形。其开孔形状与位置有所区别。[5]

杵形锤，由一根直木加工而成，两者器形一致。制作皆较为粗糙，器表凹凸不平。砍凿痕迹明显。前部锤头与后部锤柄皆为圆柱体，但锤头与后部锤柄皆为圆柱体，但锤头直径稍大。锤头顶面为锯除的平面，无撞击留下的痕迹。[7]

以上三种木质工具体现了捶打工具的精细分工程度。工具的精细程度可见明代造船技术已然十分成熟。

（二）铁质工具

铁钉是此次发掘中出土数量最大的一类铁质器物，共出土各式铁钉550件。铁钉多用于船板之间的连接处。南京明宝船厂六作塘遗址中发现的船钉剖面，除耙钉、环头钉外，皆为方形或长方形。

直头钉整体为一根直铁条，顶部大多数为平顶，也有小部分为坡形顶。顶端或接近顶端的部位最宽、最厚，从上至下宽度与厚度逐渐收缩，至底部呈尖状。此次出土的直头钉不仅数量较多，而且大小差别很大。[8]弯头钉为顶端头部向一侧弯去，从上至下宽度

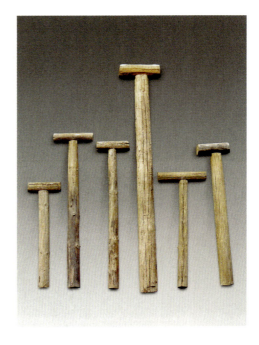

图6
"T" 形撑[4]

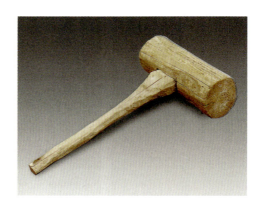

图7
木锤[6]

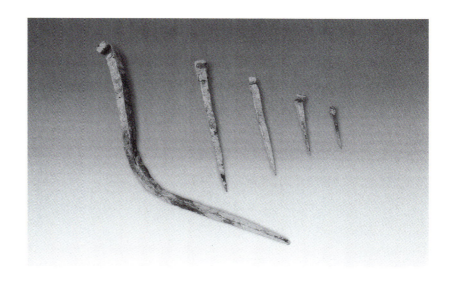

图8
弯头钉[17]

与厚度逐渐收缩，至底部呈尖状。[9]（图8）扁头钉为顶端头部直立，但被敲击成扁平状。除扁头外，从上至下宽度与厚度逐渐收缩，至底部呈尖状。[10]弯头钉使用时先在一边板料内缘拼合处的一定距离处凿出三角形钉坑，在钉内横向钻眼，垂直穿过边缝通到邻板里面。圆头钉为头部带有蘑菇状的圆形钉帽。钉脚部分与其他方钉一致，从上至下宽度与厚度逐渐收缩，至底部呈尖状。[11]锤头钉为顶部为一个有18面的多面体[12]枣核形钉为横截面为方形或长方形，两端皆呈尖头状，形似枣核。[13]枣核钉通常用在对于拼板要求不高的。[14]环头钉可分为A、B两型，A型钉的一端弯曲成环状，另一端成尖状，为钉脚。[15]B型整颗钉由一根铁条对折而成，顶端较宽、呈环状，两根钉脚皆内收，并拢在一起。[16]以上铁钉类型按照功能应该和传统的蘑菇钉相同，都是用于木料之间的连接，不同形状适用于不同部位的木料连接。

耙钉整体为一块扁平的铁片，两端逐渐收窄成尖头，将尖头弯曲成近90度，与中间部分基本保持垂直状态。宝船厂出土的耙钉应与其他出土古船耙钉功能类似，命名也沿用了"耙钉"这个名字。（图9）

铁钉部分的尺寸和造型保持较高的统一性，证明宝船厂铁钉的

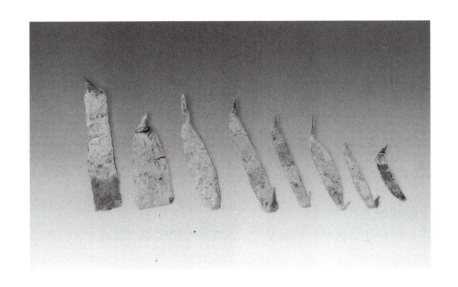

图9
耙钉[18]

制造工艺水平较高。宝船厂遗址出土的造船工具基本功能符合明代初期造船技术的需求。

三、从宝船厂出土的造船工具看古代造船工艺

根据宝船厂出土的造船工具实物，并结合史料记载及近现代木船制造工艺，可以大致推测出出土的造船工具在明代造船流程中的使用情况。根据上述宝船厂造船工具，明代郑和下西洋时期相关造船工艺可分为四个主要工艺：船舶的舱料、捻缝技术，铁钉连接技术，弯板技术和船舶建造工序及下水。[19]

首先是船舶的捻缝技术。捻缝的目的是保证木船的水密。由于热胀冷缩、日晒雨淋、碰撞等原因拼合木料之间会出现缝隙，造成渗水进水，进而危及船舶安全。作为明代著名造船厂，南京宝船厂也一定会有舱作坊。在这个程序中，可用到的工具和材料有桐油、石灰、蛎灰、竹丝、麻丝等等。上述造船材料在宝船厂遗址中有发现，且学者推测分布在这些材料附近的工具是用在捻缝工艺上的。

其次是铁钉连接技术。从目前出土古代木船看，船钉大致可以

分为以下种类：锔钉、蘑菇钉和穿心钉。锔钉，形状为中间为锔板，扁平状；两端为锔嘴和锔尾，用以插入板料内部，一般用以固定舱壁与外板、舱壁与龙骨联接定位。锔钉在这可以看成宝船厂遗址中的耙钉。蘑菇钉（铲钉）用于板与板联接，钉较长，事先需钻定位孔。穿心钉（蚂蟥钉），蓬莱船用穿心钉长约半米，中指粗细，在上下两块板板厚中间钉入。这里的蘑菇钉和穿心钉可以对标上文的直钉、弯钉和枣核钉。在这个程序里可用到各类铁钉、铁锤等工具。

再次是弯板技术。船体木板要成型安装，必然涉及板的变形技术。例如在蓬莱第二造船厂中，在大长方形水槽里面装水，将木板放入水槽内，加热槽中的水将大木板蒸煮，到一定时候木材变软，以便加工成型。在这个程序里可用到锤类工具等。

最后是船舶建造工序和下水。中国传统船舶建造法都采用整体建造法：先铺设龙骨，然后船底板、舱壁板一块块自下而上建造。在这个程序里可用到各类大型木料以支撑建造。

从目前可知的传统木船建造技术来看，造船工具在不同工序可起不同的作用。原因在于宝船厂造船工具有一定标准，不是为了某一程序单独设计。这也从侧面证明了古代中国造船技术的成熟。

四、宝船厂造船工具的意义

宝船厂造船工具的发现对于研究郑和下西洋以及中国古代船史有着重要作用。在宝船厂遗址发掘后，各类领域的学者对宝船厂遗址出土的造船工具展开研究和讨论，都对宝船厂遗址做出了极高的评价。

实物的发掘对于宝船厂遗址的确认有着决定性作用。《龙江船厂志》曾记录南京造船厂的详细位置，"洪武初，即都城西北隅空地，开厂造船。其他东抵城濠，西抵秦淮卫军民塘地，西北抵仪凤门第一厢民住官廊房基地，阔一百三十八丈；南抵留守右卫军营基地，北抵南京兵部苜蓿地及彭城张田，深三百五十四丈"。[20]这与南

京宝船厂遗址的位置吻合，而宝船厂遗址出土的造船工具更表明了南京确有一个明代造船的船厂。遗址中出土了尚未用完的由桐油和石灰揉合而成的油泥坨，这是中国古代造船独有的水密捻缝技术，而油泥坨是南京宝船厂遗址为造船基地的最有力证据。[21]

宝船厂造船工具反映了明代造船技术的情况。明代造船有统一规格和用料标准。以载重一千石的海船为例，规定用料是"杉木三百二根，杂木一百四十九根，株木二十根，榆木舵杆二根，栗木二根，橹杯三十八枝，丁线三万五千七百四十二个，杂作一百六十一个，桐油三千一十二斤八两，石灰九千三十七斤八两，舱麻一千二百五十三斤三两二钱"。[22]舱料、捻缝工序都离不开材料收集、加工和处理。在南京造船厂发现的造船工具可以有助于对明代造船工序的研究。船史专家席龙飞认为南京造船厂出土造船工具对于研究郑和船队的船只建造极为重要。无论是铁质工具，如斧、锯、凿、锉、钻、锥、刀等，或者有木质的木锤、木桨、夯、刮刀等工具，甚至有各式铁钉有长钉、短钉、枣核钉，耙钉以及长短不一的棕绳。这些是在明代造船中必不可少的工具。[23]

宝船厂造船工具的发现有利于中国传统海船造船的横向对比。在南京明宝船厂六作塘遗址中发现的船钉有一个共同特点，即铁钉剖面皆为方形或长方形（耙钉、环头钉除外）。这和民间传统船钉的截面相似，可见船钉的形态在长时间内没有发生大的变化。这在研究明代造船与近现代造船的关系时起到重要的作用。

另外，宝船厂遗址中出土的耙钉是研究传统造船技艺嬗变的重要物证。耙钉，在闽南俗称"铁钩钉"，而国内其他沿海地方有将之称为"马钉"或"耙钉"。此钉主要用于两块船板间的连接，对开裂的木板能起到紧固的作用。而根据现代造船工匠的经验，扁头钉、锤头钉、圆头钉用于甲板上层舱室等对水密要求不高的地方。[24]不同类型的船钉的用途不同，随着传统造船技艺被现代造船技术逐渐取代，船钉的制作和使用也发生了变化。所以在现代田野调查中，宝船厂出土的铁钉是调查传统造船技艺的重要参照物。

1. 南京市博物馆编著：《南京明宝船厂六作塘考古报告》，文物出版社，2006年，第49页。

2. 图片来源：南京市博物馆编：《宝船厂遗址：南京明宝船厂六作塘考古报告》，文物出版社，2006年，彩版四（IV）。

3. 南京市博物馆编：《宝船厂遗址：南京明宝船厂六作塘考古报告》，文物出版社，2006年，第50页。

4. 图片来源：南京市博物馆编：《宝船厂遗址：南京明宝船厂六作塘考古报告》，文物出版社，2006年，彩版一〇（X）。

5. 南京市博物馆编：《宝船厂遗址：南京明宝船厂六作塘考古报告》，文物出版社，2006年，第54—56页。

6. 图片来源：南京市博物馆编：《宝船厂遗址：南京明宝船厂六作塘考古报告》，文物出版社，2006年，彩版一一（X）。

7. 南京市博物馆编：《宝船厂遗址：南京明宝船厂六作塘考古报告》，文物出版社，2006年，第57页。

8. 南京市博物馆编：《宝船厂遗址：南京明宝船厂六作塘考古报告》，文物出版社，2006年，第177页。

9. 南京市博物馆编：《宝船厂遗址：南京明宝船厂六作塘考古报告》，文物出版社，2006年，第177页。

10. 南京市博物馆编：《宝船厂遗址：南京明宝船厂六作塘考古报告》，文物出版社，2006年，第179页。

11. 南京市博物馆编：《宝船厂遗址：南京明宝船厂六作塘考古报告》，文物出版社，2006年，第181页。

12. 南京市博物馆编：《宝船厂遗址：南京明宝船厂六作塘考古报告》，文物出版社，2006年，第181页。

13. 南京市博物馆编：《宝船厂遗址：南京明宝船厂六作塘考古报告》，文物出版社，2006年，第183页。

14. 何国卫：《中国木帆船》，上海交通大学出版社，2019年，第144页。

15. 南京市博物馆编：《宝船厂遗址：南京明宝船厂六作塘考古报告》，文物出版社，2006年，第181页。

16. 南京市博物馆编：《宝船厂遗址：南京明宝船厂六作塘考古报告》，文物出版社，2006年，第183页。

17. 图片来源：南京市博物馆编：《宝船厂遗址：南京明宝船厂六作塘考古报告》，文物出版社，2006年，图版三九（XXXIX），

18. 图片来源：南京市博物馆编：《宝船厂遗址：南京明宝船厂六作塘考古报告》，文物出版社，2006年，图版四二（XLII）。

19. 顿贺：《郑和下西洋船舶结构与制造工艺探讨》，《上海造船》2005年第2期，第51—52页。

20. 李昭祥：《龙江船厂志》，江苏古籍出版社，1999年，第97页。

21. 席龙飞：《南京宝船厂遗址的发掘成果》，《社会观察》2005年第7期，第26—27页。

22. 申时行：《明会典》，中华书局，1989年，第1001页。

23. 席龙飞：《南京宝船厂遗址的发掘成果》，《社会观察》2005年第7期，第26—27页。

24. 黄东伟：《中国南方传统海船船钉研究》，《文博学刊》2020年第2期，第93—94页。

清代大木舵

作者：亓玉国
中国航海博物馆藏品修复部
主任、副研究馆员

《玉篇·舟部》曰："舵，正船木也。""舵"的本义为船上控制方向的装置，是中国古代舟船构件的重要组成部分，在稳定和改变舟船方向等方面发挥着重要作用。中海博收藏了一件清代大型木质船舵（图1），对于研究中国古代舟船构件及传统造船技艺具有重要价值。

一、中海博藏清代木舵简介及研究综述

中海博藏木舵为古代木质船舶残存构件，实际使用时呈倒置带杆旗帜形状，装于船体尾部用于控制舟船行进方向。2005年一位王姓渔民在长江口牛皮礁（上海市东端横沙浅滩南部，北部距佘山岛约30公里）水域捕鱼作业时无意中勾获木舵，2008年中海博将其征集入馆收藏、展示。

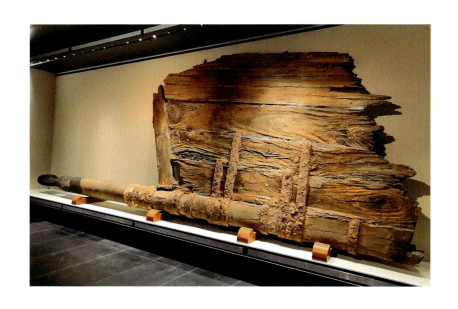

图1
清代大木舵
中国航海博物馆藏

木舵由一根圆柱形舵杆和六块方形舵叶组合而成，出水时舵叶底部与后缘局部有残损，其他外形基本完整。舵杆总高7.5米，舵杆顶部居中处有裂隙且有火烧痕迹，黑色碳化现象明显。其中裂痕自顶部居中垂下长约1.5米，火烧痕迹自上而下延至舵杆2米处。距舵杆顶端上沿高度1.09米处，有挖制方形孔，尺寸为0.25米×0.15米，舵杆末端有一直径约为0.05米的小孔。舵杆上下两端稍细，中间稍粗。故根据杆径尺寸变化，可将舵杆分为上、中、下三段。上段长1.75米，直径约为0.27米；中段长1.71米，直径为0.36米；下段长3.59米，直径为0.32米。舵杆下段由1根斜边木撑搭脑固定6片舵叶与舵杆相连，6片组合舵叶尺寸上宽2.226米，底宽1.938米。斜边木撑搭脑上缘线与舵杆成72度斜角，且木撑搭脑外围包有铸铁筋骨，舵叶内里穿有数道铁管。在舵叶上方靠近舵杆处有直径为0.11米的不规则圆孔。舵杆上共有18道宽度为100毫米的扁铁箍，部分与舵叶紧扣连接形成固定整体。

木舵自出水以来，便受到船史研究及文博领域研究人员的高度关注，相关研究人员纷纷撰文详述。2007年中国船级社武汉规范研究所教授级高级工程师何国卫先生对木舵开展详细测绘研究，结果表明木舵具有以下独特价值：[1]

（1）该木舵是典型的中国古代海船所用，属升降舵、不平衡舵。

（2）木舵舵杆粗大罕见，相比国内其他出（土）水的船舵而言，舵叶完整而又厚实。

（3）完整的勒肚孔。在舵杆前缘110毫米和距底端160毫米的位置，有一非常明显的勒肚孔。赵建群、陈铿在《明代使琉球"册封舟"考述》一文中记述："舵——安在船尾中央，并用大绳二条，一头系住舵，另一头沿船底两侧拉到船头，'谓之勒肚'"。[2]另据明代万历三十四年（1606）何汝宾《兵录》卷十记载，勒肚孔作用为"用勒肚索一条，自舵系起，从底而至船头以牵舵，使不拽出"，[3]其中所刊出"福舡图""草撇船图""冬船图"等古船图上亦都清楚地绘出勒肚索，可见勒肚在明代后期海船上已使用得非常普遍。

（4）完美的吊舵孔。在舵叶板上方靠舵杆处有直径110毫米的圆孔。木舵出水时，在此孔上方上边条靠舵杆处还有一小段棕质绳索，绳索直径约30毫米。据此确定该孔是供穿系提舵绳索的提舵孔，亦称吊舵孔。吊舵孔为舵的安装和维修提供了起舵的方便。宋代名画《清明上河图》上绘有许多船舶，很直观地展现了当时升降舵的吊舵孔、吊舵索及绞关的情况。

（5）独特的舵结构连接。一是与传统古船舵相比，本舵除在舵叶顶边和底边（复原后）各有一根边条材外，却没见到舵叶夹筋板，发现的是7根直径为30毫米的圆铁销和2根80毫米×25毫米的扁铁销，横向穿连叶板。这在连接强度上胜过横向夹筋板。另外它的穿连工艺给制作带来一定难度，反映了当时工艺技术的精湛。二是木舵体型高大厚重，连接固定结构复杂，具有独特的串连结构，工艺先进，舵杆上18道宽度为100毫米的扁铁箍分布有序，与舵叶结合紧密，扁铁箍增强舵结构连接的效果不言而喻。

综上，馆藏木舵是兼具文物价值和研究价值的出水藏品，在中国古船技术史上，尤其是船舶属具史上具有重要地位。

木舵造型独特、用材讲究、结构先进、完整度好，是迄今出土古代船舵中的珍品。虽然相关价值经专家论证已比较完备，但受限于当时研究条件，木舵依然有一些未解之谜等待进一步破解。如木舵舵杆及舵叶的材质问题，木舵本体较为精准的年代问题等，而这些问题又是非常关键的核心问题，解决与否也直接影响对木舵的进一步深化研究。2016年以来因木舵保存状态不佳，亟需修复。笔者在推进其保护修复过程中，采用了一些科学分析检测手段，进一步解决了木舵一些未解之谜，故撰文述之请教于方家。

二、基于保护修复视角下的木舵材质及病害分析

木舵出水地点在长江口牛皮礁附近，属东海近海海域。出水后先由江苏省金湖朱宝勇先生个人收藏，后入藏中海博。木舵移交前有

残缺，系自然干燥，未经脱盐。6片舵叶构件及舵叶与搭脑边撑拼接处缝隙较大，舵叶表面局部纹理增深，有收缩现象，舵叶底边残缺，后缘局部残损。舵杆上的18道扁铁箍锈蚀严重，其氧化产物已渗入木材组织中，与舵叶结合处尤为严重，近吊舵孔处有6道铁箍紧密连接，且该处有一段碳化绳索附着于铁箍之上。入馆后，大木舵作为基本陈列展品，置于中海博历史厅中展示。该厅大环境为恒温恒湿，其本体陈列柜亦为恒温恒湿展柜。木舵本为竖向使用，但鉴于展厅空间高度不足等因素，仅能调整方式采用横向放置展出，就横向空间而言，展柜大小相对合适。2014年以来，在展过程中陆续发现木舵铁箍锈蚀处脱落日益明显，又因藏品未经脱盐也导致木材出现裂缝扩大，变形收缩日益严重等现象，抢救修复迫在眉睫。为科学开展保护修复，首要工作便是确认藏品各部位的具体材质，明确病害，对症下药。

2014年工作组对木舵11处点位（图2—3）开展取样。关于木材

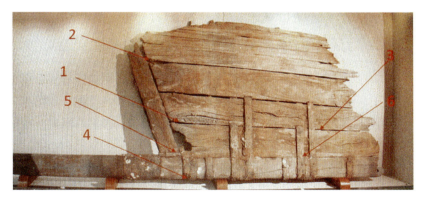

2

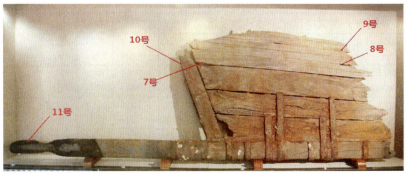

3

图2
木舵取样点1—6

图3
木舵取样点7—11

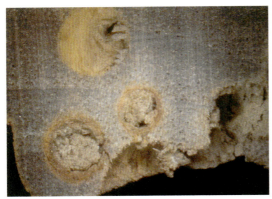

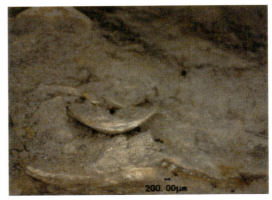

4　　　　　　　　　　　　　　　　　　　5

图4
2号取样点（樟木）
20倍超景深图

图5
3号取样点（樟木）
超景深图

相关病害情况也开展了含水率、收缩率、含盐量测定。同时，还开展了红外光谱分析、XRD分析以及微观结构分析。尤其是微观结构分析中，对病害分析较为直观，也对木材材质的确定较为明确，相关检测分析结果整理如下：

1、2号取样点（图4）取自清代大舵杆第三块舵叶板处，根据实验所获放大20倍超景深图片鉴定结果显示其材质与1号取样点（第二块舵叶）材质相同，均为樟木。且可以看到样品的试样表面附着许多矿物质，并有较大的孔洞，貌似被钻孔动物或昆虫危害。另从超景深弦切面、径切面和横切面三切面照片来看，2号样品(樟木)的试样木材组织构造基本完好。但在横切面200倍上可以看到导管细胞明显破裂变形，并充满矿物质；同样在弦切面和径切面200倍的照片上可以看到射线薄壁细胞有一定程度的降解受损。

2、3号取样点（图5）取自清代大木舵第一块舵叶板处，经鉴定，材质亦为樟木。由3号取样点的超景深图可以看到樟木样品试样附着很厚的矿机质和贝壳。通过放大分析可以看到木材细胞，但受损非常严重，并有许多矿物质充填其中。

3、9号样品（图6）取自清代大木舵第六块舵叶板处，与7号、8号材质相同均为柏木。根据柏木的木材试样超景深20倍拍的照片，可以看到部分部位木材相对较好，但有些地方受损严重。相关木材试样也开展了横切面、径切面、弦切面显微视镜分析，柏木

的横切面晚材部分细胞排列整齐，组织完好，早材部分细胞变形严重，组织严重降解受损。柏木弦切面，中间有铁骨穿透，铁锈色部分组织受损严重。径切面，可以看到薄壁细胞或射线薄壁细胞有铁锈色矿物质。根据相关试样表面降解受损形貌分析，木材上还有许多矿物质附着在降解组织上。

4、10号样品（图7）取自清代大木舵搭脑（斜边撑）处，经鉴定材质为桑木。该样品分析显示，清代大木舵搭脑部位桑木的木材降解受损严重，组织分离明显，但纤维细胞形态保持比较完整。桑木横切面图，可以看到早材导管受损变形。桑木径切面图，发现有许多裂隙，组织变形严重。

5、11号样品（图8）取自清代大木舵注舵杆处，经鉴定，材质为铁力木。超景深20倍拍的照片，可以看到11号取样点，即清代大木舵主舵杆处，材质为铁力木，该处木材试样有较大的空洞，貌似被钻孔动物或昆虫危害。铁力木试样表面形貌，有不少裂纹并附着矿物质。取样点的横切面，可以看到除边缘少部分外，组织构造完好，但有些导管里有矿物质充填。取样点的弦切面，组织结构也完好，这也说明铁力木结构较为紧密，使用不易折断，故古人一般均采用铁力木作为制作主舵杆的优选材质之一。

综合以上图片分析，经科学检验检测，结果表明：清代大木舵舵杆为铁力木，材质致密坚硬；舵叶由香樟、圆柏、桑树（搭脑）3种木材构件组成。以上结果基本验证了何国卫先生对舵杆为铁力木或紫檀木以及舵叶材质为3块杉木板和3块樟木板的推测。但搭脑边撑处与舵杆材质或其他舵叶材质不同，为桑树材质。

关于清代大木舵病害情况也可综述如下：樟木试样表面附着许多矿物质，并有较大的空洞，有船蛆或其他钻孔动物危害痕迹，有些地方附着很厚的矿物质和贝壳，木材细胞受损非常严重，导管细胞明显破裂变形。柏木试样局部受损较严重，部分细胞排列整齐，组织完好，部分细胞变形严重，薄壁细胞或射线薄壁细胞有铁锈色矿物质附着，组织降解受损。桑木材受损严重，组织分离明显，早材导管变

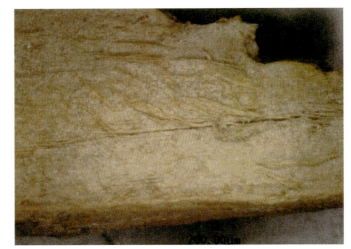

图6
9号样品（柏木）20倍超景深样片

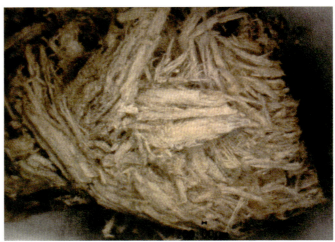

图7
10号样品(桑木)超景深20倍图

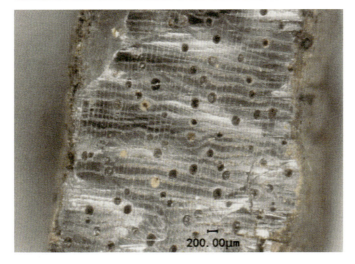

图8
11号样品（铁力木）横切面图

形，径切面显示有许多裂隙，组织变形严重，但纤维细胞形态保持尚完整。铁力木的木材试样有较大的空洞，貌似受钻孔动物或昆虫侵害。试样表面有不少裂纹并附着矿物质，横切面显示除边缘稍有损害外，组织构造完好，弦切面的细胞组织结构也完好，但部分导管显示有矿物质充填物。

木材试样分析检测说明：大木舵虽然外观较完整，表观质感尚好，但内部存在程度不同的理化和生物损害，除舵杆外，舵叶木材的细胞组织降解严重，细胞间隙、细胞腔、导管内多充盈铁的氧化物、樟木和铁力木还存在海洋动物损害现象。

三、基于保护修复视角下的木舵年代分析

关于木材具体年代的测定也一直是关注的重点。了解了木材的具体年代，也就基本能够判明木舵制作的年代，进而也能判定古木船制作的年代。确定了年代问题，很多问题就可以对照史料进行丰富研究论证。在木舵修复时工作组非常期望解决这一问题，但很遗憾当时并未联系到可以明确鉴定年代的机构，关于年代测定问题只能搁置。2020年在木舵已经修复完毕很长时间，联系上了南京大学。当时南京大学刚刚新进了一台可以鉴定年代的仪器，系国内最为新式尖端的仪器。经样品检测分析，舵叶（樟木）年代测定为1785年，误差上下不超过50年。如此确定木舵及木船的制作年代最早应不超过清雍正晚期。科学分析检测证明何国卫先生的相关研究是符合实际情况的，包括在对木舵开展研究时采用了较多的清代文献史料加以论证木舵上两个罕见的小孔即勒肚孔及吊舵孔重要价值等，关于木舵系元代或明代的猜想则在年代上有些出入。

较为遗憾的是，为最大限度保护木舵，取样部位较少，未能对舵杆（铁力木）及其他舵叶（杉木）、搭脑（桑木）处开展有效分析，进而无法准确提供所有木材的年代，这样也直接导致何国卫先生对木舵舵叶可能原仅是由3块樟木构成，后因使用需要在修船中新增

杉木加拼的猜想未能提供直接有效的验证。依据现有成果，仅有一个间接的证据似乎可以论证。那就是采用了X光扫描对舵叶内铁管穿插情况进行CT扫描拍摄。（图9）木舵本体太厚，X光虽较难完全穿透，但也拍到了一些有用的信息。通过相关图像，可以看出一些端倪。图像显示，木舵尾端内有三根铁销依次穿插，铁销与铁销之间并无直接相连。其中靠左侧一根铁销自舵杆穿出，连接了舵杆和三片舵叶。居中一根连接了第三片与五片舵叶，最右一根连接了第四片与第六片舵叶。这种连接方式并非完整的一根铁管穿越所有六片舵叶，到底是最初制作时就是如此，还是如何国卫先生说系修船后再行增补也很难界定。但从图片观察三根铁销均匀分布，造型、长短、粗细，特征较为相似相近。若三片杉木舵叶为后增加，那么势必最右侧铁销应该为最后新增，后代修船者未必能够洞察原舵叶内里铁销结构，后增加铁销不可能与前两根之间分布如此均匀。根据以上推测，还是倾向于认为原始舵叶即为六片，而非后面修船或使用后额外增补。当然以上仅是根据图片推理，后面如有机会，还是要考虑对舵叶杉木部分以及桑木部分和舵杆铁力木部分采样，送去前往检测，确定所有木材年度是否一致或接近才能将此问题准确解决。

结语

中海博藏木舵除了在古代造船技术层面具有重要的研究价值外，在其本体病害研究以及古代航道研究方面同样具有十分重要的价值。对木舵藏品开展修复，采用科学检测手段，明确了木舵材质构成，也基本确认了年代问题。事实证明：木舵不仅可以从古文献入手展开研究，还可以借助现代检测仪器从科学角度进行论证。中国古代器物建造，尤其是

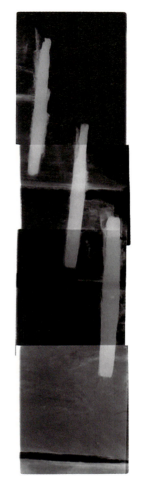

图9
清代大木舵内部结构CT图

在木材使用方面，以榫卯连接为主，少用铁销连接。商周时期青铜器及汉代以后铁器器物上有木柄，但在出土时往往已腐朽不见。故传统文物藏品修复样本多由饱水漆木器或铁器等单一材质构成，其保护修复手段相对成熟。而馆藏清代大木舵是由铁力、樟木、桑木、柏木四种不同木质材料加以铁销铁箍复合材质组合而成，修复难度较大，但也为文物保护修复提供了宝贵的研究样本。在采用各种各样科学检测手段后，修复时审慎采用了纸浆敷贴脱盐的方式，而非浸泡的方式加以解决，这也是国内首次将敷贴法运用于复合材质藏品之上。关于复合材质敷贴脱盐法效果可以长期跟踪，并为文博界提供深入研究。木舵出发现于长江口牛皮礁周边，延伸研究其出水地域问题也可进一步解释清代舟船沉没的原因。牛皮礁位于长江口外崇明横沙浅滩南部，在鸡骨礁西南侧，是上海市的唯一暗礁。根据交通运输部规划研究院2010年5月发布的《长江干线航道建设规划（2011—2015）》，"十二五"期，重点是保障长江口12.5米深水航道的畅通、稳定和安全，密切关注扁担沙、瑞丰沙的发展变化，及时实施相应工程。拟实施长江口牛皮礁炸礁工程、深水航道减淤工程等……实施牛皮礁炸礁工程，有利于保障长江口深水航道通航安全，并为进一步调整航道轴线、减少航道维护疏浚量创造条件。[4]可见该岛礁周边水域航行条件恶劣，历史上在此地周边多有沉船，因此在该水域发现木舵这一船舶构件也系正常。现在正在进行的长江口二号沉船也距离该礁不远，也发现了较为完整的木舵，沉船也已打捞出水。这从实物方面再次证明该水域航行条件不佳，多沉船，后续水下考古工作可以展开进一步勘测与研究。

1. 何国卫：《初探长江口外出土的古船木舵》，《中国航海文化之地位与使命》，上海世纪出版股份有限公司、上海书店出版社，2011年，第9—20页。
2. 赵建群、陈铿：《明代使琉球"册封舟"考述》，《福建师范大学学报（哲学社会科学版）》，1987年第2期，第85—
3. 何汝宾：《兵录》第13册，清写本，昌平坂学问所旧藏，第26页。
4. 交通运输部规划研究院：《长江干线航道建设规划（2011—2015）（送审稿）》，2010年5月，第34页，第61页。
90页。

清代运盐沙船船模

作者：顾宇辉
中国航海博物馆学术研究部（藏品保管部）
副研究馆员

沙船是中国传统航海木帆船的优秀船型之一。历史上，沙船的生产、制造及使用主要在长江下游地区，如上海、太仓、常熟、江阴、海门、南通、盐城、泰州、宁波等地，其航行遍及长江流域、南北沿海，朝鲜半岛、日本及东南亚海域。它对于国内外商品物资流通、人员交往、文化交流、渔业生产、海防建设等方面贡献良多。

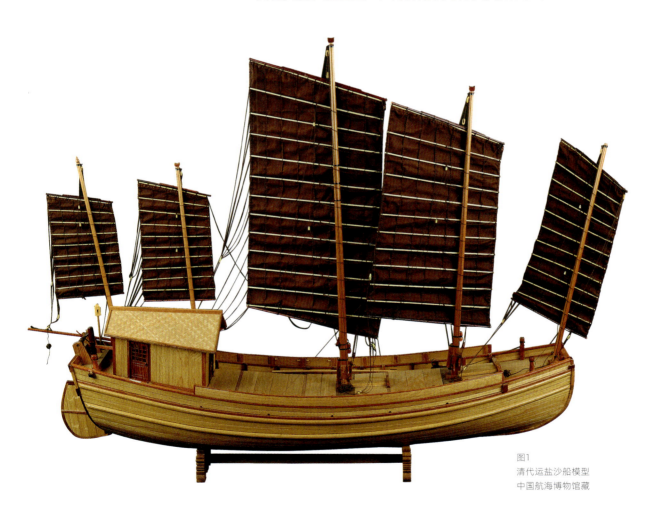

图1
清代运盐沙船模型
中国航海博物馆藏

155

一、馆藏清代运盐沙船船模构造特征

中海博收藏有系列沙船模型，其中较具代表性的是一艘运盐沙船模型。（图1）该艘运盐沙船模型，长180厘米，宽60厘米，高145厘米。船体方头、平底、五桅，船尾略高于船首。该船模系常熟市湖海古船制造厂制作，2012年由中海博收藏。

舱面上层建筑，接近船尾的舱面设亭子棚一座，主要便于船员休息和船舵操纵。舱面与船体两侧连接处留有水槽，船舯两侧水槽下各有五处水眼，波浪及雨水落至舱面即流入水槽，通过水眼流出船外。（图2）

船尾置升降舵一具。尾舵在船舶进入深水区时，舵叶可全部入水；进入浅水区时，可以向上提升。舵的升降用盘车，操纵则用滑车（俗称葫芦）。舵上开有吊舵孔，吊舵索一端系于吊舵孔，另一端系在船尾绞关木（沙船盘车上的横木）上。舵杆上端舵柄在亭子棚内，船员通过操纵装置于舵杆上端的舵柄达到转动舵叶，进而实现改变和稳定沙船航向的功效。

舱室方面，全船船舱共设15个舱室，各舱室在盐斤储藏、船工起居、炊灶、神灵祭拜、罗盘针房等功能的划分上尚不明确。各舱室间的隔舱板主要用以维系船舶的横向强度。

帆装设置方面，该沙船模型采用五桅五帆，五帆均为长方形撑杆硬帆，帆面材料为棉布制成，布帆又称"布篷"，篷弓由竹条所制。布篷呈棕褐色，实船船帆多用柳皮染制，较耐风雨侵蚀。实船篷索由黄麻或棉纱制成，亦经柳皮浸染，该船模使用的是棉线。（图3）帆体通体较高，利于航行中使风。

该模型的龙骨（又称龙筋）共有四根，主要使船坚实厚重劲直。为增加沙船的纵向强度，该船船体两侧各用两根大榍。实船沙船两侧大榍一般用成株大杉木直压到船头，以毛笔笔管状的大铁钉钉之。近代一般大型沙船船体每侧会有五根或六根大榍，也有用四根的。小型沙船多为一根或两根。从该船大榍的使用看，应为一艘中小型沙船。

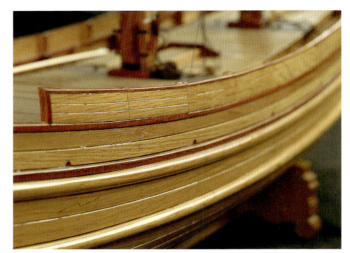

图2
清代运盐沙船模型
水眼

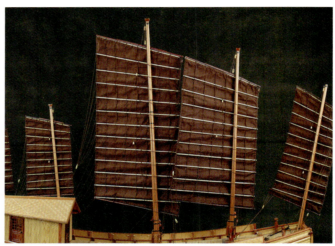

图3
清代运盐沙船模型
蓬索

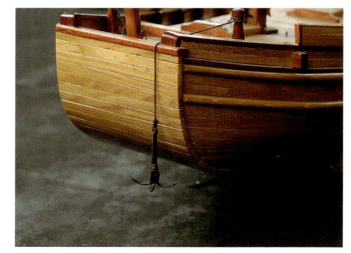

图4
清代运盐沙船模型
竹篙、铁锚

属具方面，舱面置竹篙两只，铁锚一口。竹篙每只长约30厘米，着水一端均安有铁箍及铁钩。竹篙是船工在浅水区到港或离港时辅助沙船抛泊和启碇的重要辅助工具。特别是在内河行驶时，竹篙的这种辅助功能更为沙船船工所倚重，此即民间"撑篙行船"之说的具体体现。铁锚主要用以系泊。(图4)

较为典型的沙船实船（尤其是参与沿海贸易的沙船），为便于操作艄蓬，造船工匠会在其船尾设"出艄"；为弥补因船型构造特征所造成的沙船在侧风、逆风行驶时发生偏移和横漂的不足，工匠亦会在船上增设披水板、太平篮等装置。该船模制造时并未设置"出艄""披水板""太平篮"等装置。但该船模总体上仍能较好地反映"沙船型式"的特征。

二、清末民初沙船参与盐运的史实

历史上沙船参与南北洋货物的运输较多，上海开埠后，其又参与较多的各类洋货运输。盐斤运输上，它主要参与的是浙西、两淮盐业的运输，活动的主要区域是长江下游及其支流和长江口南北洋面。其参与的盐斤运输一方面是盐斤的走私活动，这里大规模的盐运均由官方指定的运盐船进行运输，沙船参与的官方盐运较为有限。沙船参与的具有较大规模的盐斤运输则是清末民初时的淮盐运输。

民国之初，沙船曾是短期内参与淮盐运输的重要船型。根据《中国盐政实录》记载，"前济南场出场盐斤，分为河、海两种方式运输。海运系雇用沙船。分为三种：宁波沙船、盐城沙船和南通沙船。该类沙船大小容量有三百包至四千包不等，在近坨码头受载，由海至圩，途中时有危险。河运亦用帆船，由洋桥走□，□五□河、东门河至大伊山转入盐河西□西壩。由淮阴雇用漕船运赴十二圩。复因欧战告终，轮船吨价廉宜，轮运由圩直运口岸，一律改雇轮船承运，且立有常年保险，□沙漕两船迅速，尤为称便多矣。"[1]该史料表明济南场设立后其盐斤运往十二圩的路线，海运所用沙船系场商向

船商雇用而来，沙船来源地主要有宁波、盐城及南通等地。沙船参与淮盐运输路线是从淮北各盐场出海口经苏北沿海、入长江口，然后溯江而上至十二圩。该类沙船的容量300包至4000包不等。1915年之前，淮北盐场以400斤为一引，每引分为四包，[2]即每包100斤。依此计算，淮北运盐沙船容量在30000斤至400000斤之间。另据林振翰《盐政词典》载作为淮北运盐之一的沙船，其"约可装盐一千余包"，[3]即可装盐100000斤。

第一次世界大战期间，在华欧洲海轮多返回所属国，济南盐场大德、大源、公济等七场商公司筹议雇用通利等六家海运公司的沙船、钓船等航海木帆船，经由海道将盐斤运到十二圩。1919年，日本商船乘虚进入淮盐运输市场。鉴于木帆船运盐过程中存在安全隐患、遭风遇盗、盗卖盐斤等弊端，政府内部有主张取消木帆船海运盐斤的主张。因利益攸关，通利等公司向北京政府呈文，认为停运帆船，即"媚外殃民，罪无可逭。"财政总长兼盐务署督办李思浩在呈大总统的公文中对该案进行了较为详细的叙述："中国运盐向无航海之例，有之，自两淮济南场始。当开办之初，本以轮船为限。至民国六年五月，因欧战方殷，轮只异常缺乏，圩岸空虚，亟待接济。据两淮盐运使刘文揆参照丙午水灾，北盐缺产，借运东盐，雇用海船装运成案，拟以外海沙钓等船暂代轮艘，以便南北各商将存场盐引赶紧设法源源启运，免误配销。当时即经该运使特别声明系于无可设法之中作权宜变通之请。一俟圩栈存盐充裕，轮艘有处可雇，即当饬令停止，仍照原章办理。"[4]

该公牍所载内容，有助于我们进一步了解海船承担淮盐运输的史实。公牍出自财政部盐务署公文，于淮盐运输史实方面似较可信。首先，经由海道的盐斤运输以济南盐场为滥觞。济南盐场设立于1907年，亦即从海路运输盐斤至十二圩应是1907年之后发生情事。但此时海道运盐使用的是轮船，而非木帆船。正式采用沙船、钓船等外海木帆商船作为淮盐海道运输工具，则是在1917年5月。由济南盐场运盐到十二圩，"向准轮帆并用"。但这里的"轮帆"航道不同，

轮船走海路入江到圩；帆船则是指走内河运圩。后因淮北盐河运输不便，遂完全由轮船走海路运输。第一次世界大战，原来处在中国沿海的欧洲商轮多数返回欧洲，淮盐海道轮船运输出现"雇轮为难"，且"洋商利此时机，吨价益腾贵"。淮北盐河一带原有帆船仅可供三处盐场装运，再装载济南盐场盐斤远远不敷使用。河运除船只问题外，盐河淤塞已久，每年需要汛期溯流而上，但仅能在5月至9月间行船。此数月之间赶运最多占全年运量的二成，近八成需要轮船。帆船船只尚可向市场招徕，但河流淤塞及汛期有限则难以突破。而十二圩总栈存盐告急，盐务总署令饬场商催促趱运。在此情形之下，济南大德、大阜、公济、大源、大有晋、裕通、庆日新等场商公司呈请盐务总署，拟用外海沙船入江后雇轮托运。盐务总署基于现实考量，原则核准了该方案。盐务管理机关及场商均认为采用外海沙船走海道运盐乃权宜之计。即沙船、钓船等外海商船正式参与淮盐运输的时间在1917年5月以后。1918年，江苏省省长齐耀琳曾"准财政部来咨，扬子栈办江北滁盐三十万包，系用沙钓船装运，经过各关卡，一律验照放行"。[5]这一史实也是沙船参与参与淮盐运输的佐证。其次，1917年5月，盐务署雇用沙船运输盐斤所参照的史实是光绪三十二年（1906年）夏秋之际江淮发生的水灾救灾实践（时人称之为"丙午成案"）。[6]这里虽仅言系援照丙午雇用海船装运盐斤成案，并未言明雇用何种海船。但是以1917年所采用的商船类型、淮盐运输的海道及长江航道适合航行的海船类型综合判断，参与丙午水灾中淮盐运输的应是沙船、钓船等外海商船。因此，1906年，沙船即参与了淮盐海道运输。

三、沙船运盐过程中的海事案件

沙船参与淮南盐斤运输之后，"叠次失事，据已经报署者，综计约有百数十起，淹没盐斤四万四千九百余包，减免税款十余万元"，"国税场产损失至巨，且沙船行驶迟缓，动经累月始克抵

圩"。盐务署淮南稽核分所报称部分沙船有"迟至六月以上者"。济南盐场大德公司曾因沙船由海面入江至十二圩途中，行驶迟延，用轮船在长江拖带。[7]同时，沙船等木帆船运盐途中舞弊"显所难免"。至1920年时，轮船增多，盐务署拟停止沙钓等船运输，改由轮船承运。且此时轮船运价也在下调，从运输安全和经济方面考虑，盐务署决定取消将淮盐改用沙钓运输的暂行办法，并于1919年5月6日饬令两淮盐运使遵照执行。后经两淮盐运使多次呈电恳请予以展缓执行，后定于1919年年底为止。所有场商与沙船公司订立运输合同在1919年5月31日以前仍为有效期。后续据南通通利等六家转运公司向盐运署呈电显示，该类公司以"先前垫资尚存十数万，非两月所能扣清，肯予维持"。盐务署自难同意。同时指出运商雇轮运盐"向皆听其自由，官厅例不干涉，其为日轮与否，无从过问。尤无指定必雇日本轮船之事"。[8]

对于盐务署力主杜绝帆船运盐的政策，船商通利、公济、和丰、同运、裕济、泰丰六家海运公司声称：各公司"罗致帆船千余艘，垫发修造费数十万，招雇水手数万名，分别向七盐场公司订约承运"。[9]前期投入甚巨，事实上各家转运公司难以短期内停止运输。故大德等公司数次向北京盐务署请求运输合同延期。但盐务署发文坚认："该沙船自有别业可营，非专为运盐而设。"

纵观案情，盐务署认为沙船、钓船参与淮盐海运乃系轮船缺乏、圩栈存盐空虚时的权宜之计。轮船运输供应数量满足盐务运输后，帆船运输自然取消；为解决场盐运输，各场商与各运商签署转运合同。由于合同内容和具体时间不详，因此难以判定双方合同至1920年时是否尚在有效期内，如已到合同期限，继续雇用或解雇均为各盐场场商与商船公司之间的商务事宜，似乎北京盐务总署不应直接干涉。但是，从盐务稽核及保障盐税征收视角而言，使用沙船等木帆船运输在经济和安全效率方面，又极易滋生出较多问题。从政府盐务监管角度，盐务署要求停用沙钓等船运盐似在情理之中。问题的焦点在盐务总署要求两淮盐运停用沙钓的同时（1919年五六月后），

日本商轮，纷纷承揽盐运。这就成为商船公司后续指摘盐务署官员的痛点。

此期，相较于采用轮船运输，使用沙船、钓船等海船大规模地参与淮盐运输，其安全性和经济性均是不可回避的问题。梳理有关史实，期间沙船运盐过程中出现的各类淹消及各类海事案件都在昭示盐运署官员所言"并非全虚"。

1918年4月，淮北济南盐场场商公济公司所雇沙船金达利号在长江镇江上游江面与某公司下水轮船发生碰撞，并被轮船撞沉。该沙船水手落水后，轮船及时被救捞，幸未发生人员伤亡。案件发生后，公济公司禀报两淮盐运署，盐务稽核所派员查勘，并咨请镇江海关监督查明肇事船只，厘定赔偿责任。[10]1918年9月，淮北济南盐场大源公司运盐沙船金永发号在灵甸港遭风沉没。[11]1919年，该公司雇用的杨大发沙船装运盐斤运十二圩，途径灵甸港海面亦遇风，损失盐斤数百包。海损发生后，该沙船即报港栈派员勘验，并由大源公司禀清两淮盐运署备案，同时向盐务稽核所、十二圩扬子栈通报。[12]1919年3月，淮北济南盐场场商公济公司所雇吴合兴沙船，装载该场盐斤，航海运往十二圩，驶经八圩港时被万利轮船公司的商轮撞坏，损失大批盐斤。该海事案件发生后，公济公司据情报请两淮盐运使派员勘查肇事情形，并向镇江海关交涉，勒令万利公司赔偿损失。[13]沙船承运两淮盐斤运输途中淹没损消，是否免除运输保单上所列责任，1919年，盐务署所属扬州、海门两稽核所曾将发生盐斤淹没损消沙船情况奏报该署，盐务署根据奏报情况，分别核准"完全豁免名单、豁免损失数目一半及不准豁免"[14]三类（详见表1）。1917—1920年间，北京政府盐务署总务处第二科曾通过《盐务汇览》对这一时期沙船参与淮盐运输的海事案件进行公布（见表2）。该类史料将有利于我们了解这一时期沙船参与淮盐运输的部分史实。

表1 沙船承运两淮盐斤运输途中淹没损消责任免除情况一览表

场商名称	沙船船名	所领免税单号数	损失淮盐包数
核准完全豁免者名单			
大源	金永发	292号	85包
大源	金永顺	293号	352包
大源	金泰昌	295号	247号
大德	金源祥	407号	41包
大源	金万兴	294号	1050包
裕通	金泰昌	433号	1000包
大阜	马顺利	729号	28包
大德	吴复祥	1002号	49包
大源	刘炳煌	1352号	131包
大源	金安兰	1211号	251包
大源	同泰	1401号	198包
大德	李顺兴	1725号	142包
大源	陆发顺	1704号	116包
大阜	黄长发	1821号	25包
大德	李复兴	1278号	13包
大德	郁得利	1776号	38包
大阜	金永泰	738号	23包
核准豁免损失数目一半者			
大有晋	金同兴	1271号	53包
不准豁免者			
大德	金福兴	404号	392包
裕通	金宝兴	1039号	52包
裕通	金汇丰	1122号	150包
公济	金福盛	1685号	32包
大德	金福顺	1616号	60包
大阜	金复盛	726号	110包

表2 1917—1920年淮北济南场场商部分沙船海事案件略表

场商名称	沙船船名	所领免税单号数	损失状况	盐务署处理情况	资料出处
不详	不详	1387号	短缺212包	按每包赔税四元五角	《盐政汇览》1917年，25号，第40页
不详	徐长利	不详	被轮船撞沉	核准免照保单赔税	《盐政汇览》1920年，38号，第36页
不详	荔降兴	不详	淹消盐斤	核准免税	《盐政汇览》1919年，27号，65页
不详	郑聚兴等四船	不详	淹销盐斤	核准免税	《盐政汇览》1919年，25号，57页
不详	吴义兴	不详	在海遭风抛弃盐包	核准免税	《盐政汇览》1919年，25号，38页
不详	顾合兴	不详	遇险，损失盐斤333包	核准免照保单赔税	《盐政汇览》1919年，25号，43页
不详	金顺发等3船	不详	三船抛弃盐斤	从宽一律免税	《盐政汇览》1919年，25号，50页
不详	祁德发	不详	遭风，损失盐斤89包	核准免税	《盐政汇览》1919年，25号，55页

裕通	王长顺、程彩兴	不详	抛弃盐斤	令准注销	《盐政汇览》1918年，16号，36页
大源	寇全发、董兴盛	不详	抛弃盐斤	核准由账内注销	《盐政汇览》1918年，16号，30页
裕通	王长顺、程彩兴	不详	抛弃盐斤	核准由账内注销	《盐政汇览》1918年，16号，30页
裕通	张万利	不详	抛弃盐斤	核准由账内注销	《盐政汇览》1918年，16号，31页
不详	蔡顺兴、金恒利	不详	抛弃盐斤	核准照数注销	《盐政汇览》1918年，16号，31页
不详	石永利	不详	淹消盐斤236包	核准免税	《盐政汇览》1919年，25号，48页
不详	公同顺	不详	淹消盐斤	核准免税	《盐政汇览》1919年，25号
不详	金达利	不详	被轮船撞沉	应负责任，准予豁免	《盐政汇览》1918年，20号，26页
大阜	不详	不详	运盐沙船行经阜宁县黄河尖海面，被海盗劫掠，沙船舵工2人，淹毙水手1名。	经大阜公司呈请两淮盐运署缉追盗匪。两淮盐运使司长咨饬庙湾场知事及驻扎该地的缉私营协助缉拿凶犯	《申报》1917年11月19日，16081号

与沙船参与漕粮海运相类似，盐务署对沙船参与盐斤运输，因遭风、搁浅、船舶碰撞等发生的各类淹消事实进行查证后，会按照不同类型进行核销。上列两表应该仅是沙船发生淹消的部分案例，全部发生的规模和数量，似应更大。

大德等公司雇用沙船海运盐斤实行后，即将《航运条例》《遇险办法》等一并呈报两淮盐运使。盐运使司总务科将该条例和办法转呈北京盐务署备案，并要求各场商公司在正式起运时，须呈报十二圩盐务稽核所和海关与总场长查照。运盐沙船一旦在外海遇险时，需要呈报两淮盐运使司；如在长江遇险则可向长江巡稽局呈报办理。[15]后续北京盐务总署对淮北海运沙船淹消办法、查勘沙船失事办法、不准沙船舱面装盐、沙船遇险的呈报地点、沙船发生淹消的查勘条件等方面下发多项训令、指令。[16]为加强对运盐沙船运输进程的监管和保护，减少运输过程中的淹消和各类海事案件发生，场商公司曾呈请沿途地方政府进行保护。运盐沙船由海入江须于崇明县所属的小黑沙海口经过。此处经常有海匪出没，同时为及时了解沙船载运行程，1918年，济南场大德等制盐公司向江苏省政府呈请在该处设立通信机关，并请指派巡防力量保护。接到该公函后，江苏省省长接受各公司建议，遂饬令崇明县知事会同小黑沙一带巡防各营加以保护。[17]

鉴于济南场盐引雇用沙船海运以后，"频遭风险"，盐务署认为"沙船不适于用，既损失盐斤，复碍及税收"，于是饬令场商限于当年10月底取消沙船运盐。但因大德等公司因各沙船运盐"亏欠款项甚巨"，呈请盐务署暂缓取消。[18]从后续淮盐运输实际看，沙船并未从淮盐运输市场上消失。

直至1923年后的一段时期内，从济南盐场运往十二圩的盐斤形成了由沙船、华商轮船及日本商轮分装的局面。中国政府与民间从1919年"五四运动"至1921年间多次发起对日经济绝交运动。期间，淮盐运输亦改装沙船运输，事过之后，场商鉴于日轮运费便宜，又渐次雇用日轮承运。1923年3月，日本强租中国东北的旅顺、大连期满，中国人民要求收回"旅大"，日本政府以"二十一条"为依

据，拒绝归还。此时，民众曾建议淮盐场商各公司弃用日轮，改用本国沙船运输，开展对日经济绝交。[19]

第一次世界大战结束后，鉴于轮船运费低廉，从盐场直运行销口岸的呼声提高，且轮船投有保险，因此，改由轮船运输应是大势所趋。1933年，国民政府实行新盐法，对两淮行盐实行"取消额引极验货给票之制"，采用自由缴税行盐，淮盐不再由十二圩集散、中转。至此，淮盐运输中轮运逐步增加，沙船、钓船、漕船、淮船、江船等木帆船的运量逐年减少。

从相关史实考察我们可以基本判定，运盐沙船并非专门为运输盐斤而设计的一类船舶，它更多的是商船或渔船类的沙船。抛开专门从事走私活动的沙船，货运和捕鱼应是该类沙船的主业。因此，运盐沙船模型所反映的实船，更多是间歇性地参与盐斤运输活动。

1. 盐务署盐务稽核总所编：《中国盐政实录（上）》，上海汉文正楷印书局，1933年，第32页。
2. 参见林振翰：《淮盐纪要》沿革·划一斤重，商务印书馆，1928年，第9页。
3. 林振翰：《盐政辞典（寅集）》，商务印书馆，1928年，第82页。
4. 《呈盐务署呈为济南到圩盐引拟用外海沙船入江后雇轮托运由》，《淮鹾月报》1917年第38期，第21—23页。
5. 《令财政厅：准财政部电扬子栈续办江滁北盐三十万包一体遵照查验放行》，《江苏省公报》1918年第1469期，第5页。
6. 王丽娜：《光绪朝江皖丙午赈案研究》，中国人民大学博士学位论文，2008年。
7. 《运盐用轮拖带》，《申报》1918年1月15日，16137号。
8. 《呈：财政总长兼盐务署督办李思浩呈大总统为沙船停运盐斤事属循案办理据实声复文》，《政府公报》1920年第1482期，第8—9页；《财政总长兼盐务署督办李思浩呈大总统为沙船停运盐斤事属循案办理据实声复文》，《盐鹾月报》1920年第72期，第8—11页。
9. 《国内要闻二·运盐六公司之呼吁》，《申报》1920年3月7日，16896号。
10. 《地方通信·扬州》，《申报》1918年9月24日，16382号。
11. 《地方通信·镇江》，《申报》1919年1月19日，16498号。
12. 《轮船撞沉盐船》，《申报》1918年4月14日，16249号。
13. 《要闻·扬州》，《申报》1919年3月29日，16560号。
14. 《咨淮北副咨复淮扬分所咨复沙船淹消各案加注商船各名及损失盐数分别免除保单责任由（第五百七十八号）》，《淮鹾月报》1919年第58期，第31—34页。
15. 《呈报海运条例》，《申报》1917年8月10日，15980号。
16. 《盐政汇览》1917年10号，47页；1918年18号，98页；1918年24号，70页；1919年，27号，67页；1918年19号，66页；1918年24号，65页。
17. 《公函江苏省长据济南场制盐公司大德等呈为装盐沙船经过小黑沙设立机关转请分饬保护由（第五十三号）：《淮鹾月报》1918年第46期，第28—29页。
18. 《地方通信·扬州》，《申报》1919年8月7日，16752号。
19. 《扬州：改用沙船装盐》，《申报》1923年4月7日，17999号。

清代"泰兴"号复原船模

作者：叶冲
中国航海博物馆学术研究部（藏品保管）
副主任、副研究馆员

在中国古代航海史上，有一艘至今仍沉睡于南海地区的沉船，被西方人称为"东方的'泰坦尼克'"（Titanic of the East）。它的沉没可能是木帆船时代遇难人数最多的一次事故，遇难人数甚至超过了近代大名鼎鼎的"泰坦尼克"号，它就是清道光二年（1822）一月，从厦门港出发，扬帆远航巴达维亚（Batavia，今印尼雅加达）的"泰兴"号（Tek Sing），它的长度超过50米，甚至接近60米，是清代中国海外贸易商船中一艘名副其实的巨型木帆船。为纪念"泰兴"号沉没200周年，2021年8月至2022年1月，中海博举办了"远帆归航：'泰兴'号沉船出水文物特展"，在馆内、馆外展出了国内外首次研制的"泰兴"号基础级船模（图1）、专业级船模。（图2）

一、馆藏清代"泰兴"号复原船模概况

2020年、2021年，中海博馆先后完成了清代"泰兴"号基础级（图3）、专业级复原船模的研制。这两艘船模由中海博联合福建省"东山海船钉造技艺"非遗传承人孔炳煌，根据中海博牵头研究、制订、发布的《中式木帆船模型建造考证指南》《定制船模评定标准》两个船模标准（图4），联合研制而成，即：研究、考证与绘图工作由中海博船模研制中心牵头完成，船模建造工作由孔炳煌负责完成。

这两艘复原船模的相关参数及基本信息比较接近，以清代"泰兴"号专业级船模为例，内容如下：

原型船：清代"泰兴"号（Tek Sing）

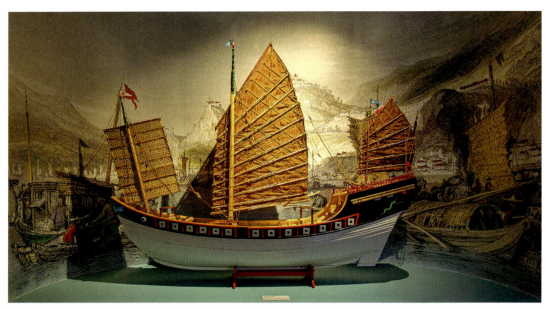

图1
"远帆归航"特展中展出的清代"泰兴"号基础级复原船模
中国航海博物馆藏

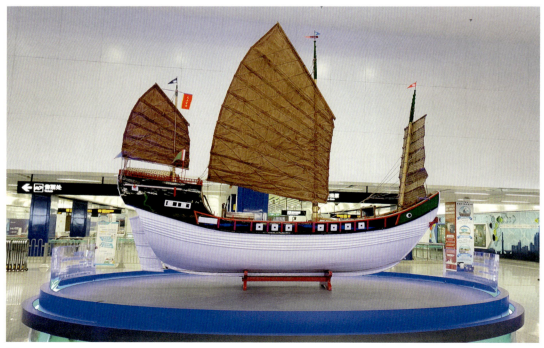

图2
2021年底在上海滴水湖地铁站展出的清代"泰兴"号专业级复原船模
中国航海博物馆藏

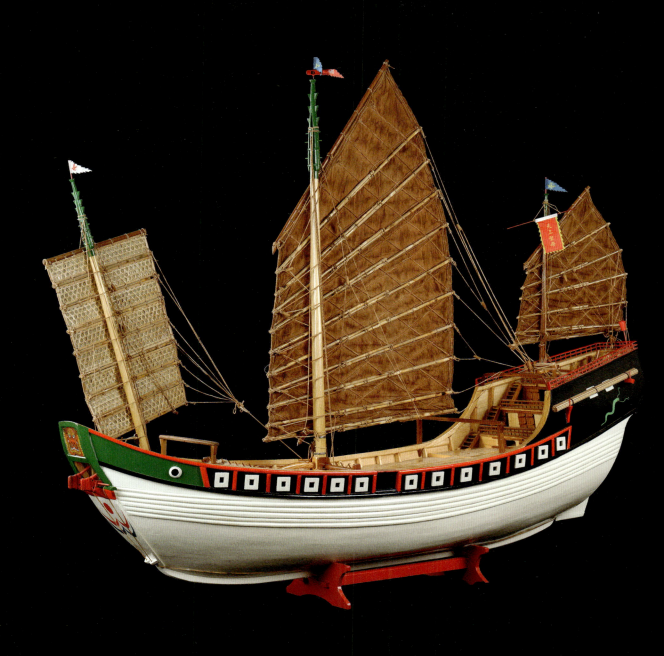

图3
清代"泰兴"号基础级复原船模
中国航海博物馆藏

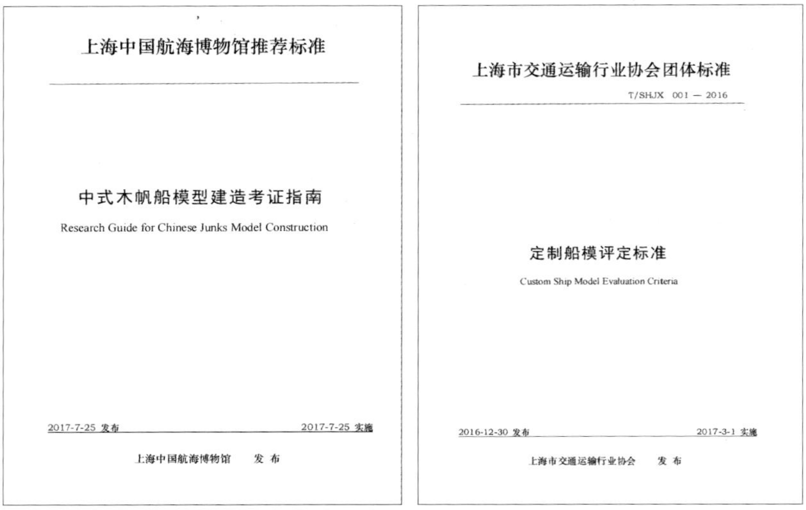
上海中国航海博物馆推荐标准

中式木帆船模型建造考证指南

Research Guide for Chinese Junks Model Construction

2017-7-25 发布 2017-7-25 实施

上海中国航海博物馆 发 布

上海市交通运输行业协会团体标准

T/SHJX 001 — 2016

定制船模评定标准

Custom Ship Model Evaluation Criteria

2016-12-30 发布 2017-3-1 实施

上海市交通运输行业协会 发 布

图4
中国航海博物馆牵头研究、制订的船模标准

船模级别：专业级

船模类型：结构船模

船模比例：1：25

船模长度：2.4米

考证机构：中国航海博物馆

学术顾问：何国卫、顿贺、沈毅敏

建造者：孔炳煌、倪皓

建造主材：松木、香樟木、柚木

研制时间：2021年

根据《中式木帆船模型建造考证指南》“学术依据的分级要求”（图5），这两艘船模的研制级别分别为基础级与专业级船模。专业级船模对学术依据的要求高于基础级船模，但低于研究级船模。相比基础级船模，专业级船模在图纸的绘制（图6）、考证说明资料的提供等方面的要求也更高。“泰兴”号沉船仅打捞了部分的船货和部分的船上构件属具，其残存的船体仍沉睡于海底，有关船体结构等第一手资料缺乏，这就为沉船的复原考证工作带来了一定的难度。为此，中海博牵头组织专业团队，先易后难，先通过基础级船模的研究与验证，逐步深化对“泰兴”号沉船的研究与复原工作。

图5
《中式木帆船船模建造考证指南》
明确的研制船模学术依据分级要求表

类型	名称		分级要求		
			基础级	专业级	研究级
技术图纸	6.1.1 线型图		○	○	○
	6.1.2 总布置图		○	○	○
	6.1.3 结构图	6.1.3.1 基本结构图	△	○	○
		6.1.3.2 典型横剖面图或舱壁结构图	（典型横剖面图）		
		6.1.3.3 首尾结构图	/	△	○
		6.1.3.4 典型节点结构图	/	△	○
		6.1.3.5 构件连接图	/	△	○
		6.1.3.6 外板展开图	/	△	△
	6.1.4 帆装索具图（原型船若有帆装）		△	○	○
	6.1.5 其他工属具图		/	△	△
	6.1.6 三维效果图		/	△	△
技术说明文件	6.2.1 原型船的历史、技术、文化等综合简介		○	○	○
	6.2.2 原型船的修造材料说明		/	△	○
	6.2.3 原型船的结构工艺说明		/	△	○
	6.2.4 原型船的工属具说明		△	○	○
	6.2.5 原型船的涂装绘饰说明		△	○	○
	6.2.6 原型船的主要航行性能说明		/	/	△
参考资料	6.3 参考资料		△	○	○

注：○必须提供；△选择提供；/不需提供

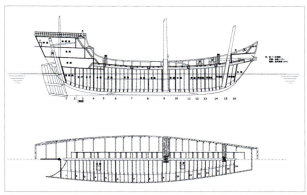

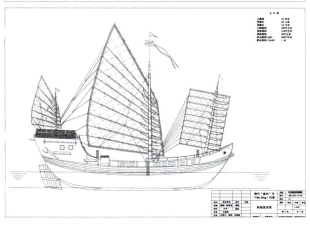

图6
"泰兴"号专业级船模的部分绘制图纸[1]

二、清代"泰兴"号商船及其船型特征

　　"泰兴"号是清代前中期厦门港出洋从事海外贸易的"洋船"，其目的地主要是南洋，载重多在500吨以上，最大号的载重可达1500吨。经中海博复原研究，"泰兴"号载重量1000吨，排水量1430吨，总长59.1米，龙骨长43.1米，型宽12.9米，型深6.6米，吃水4.9米，吃水4.95米，属于清代厦门港"洋船"中的大型船只，也是闽南典型的福船型远洋商船。(图7)

　　从中国古船的遗址残存情况看，"泰兴"号在水下残骸堆的长度达50米。除"泰兴"号外，目前，国内外发现或发掘的出土、出水的中国古代沉船的残骸长度为9至41米，复原长度为15至41米。因此，"泰兴"号也是至今中外考古机构、商业打捞者等考古发掘或打捞发现的最大的中国古沉船。

　　从船型特征看，"泰兴"号属尖底海船，具有典型的福船特征。

　　据清代道光《厦门志》，福建出洋的洋船"用绿油漆饰，红色钩字"，又"俗谓之绿头船"，南洋华侨也称之为"青头船"。因

图7
西人绘画中的福船型远洋商船（最右侧的大船）[2]

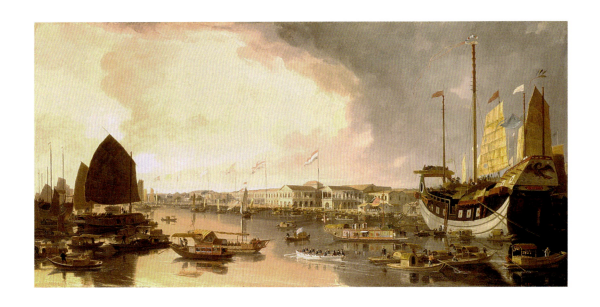

图8
清代外销画对福船型大
型商船首部的描绘[3]

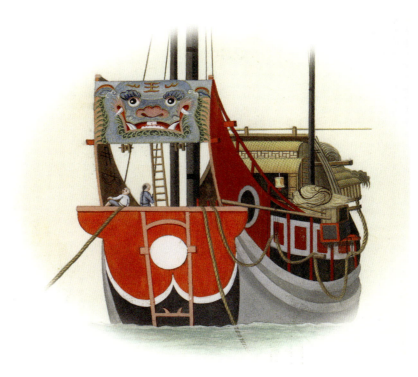

此，"泰兴"号的船首两侧、三根桅杆顶端装饰件，均涂绿色。

清代前中期，厦门港是中国沿海最优良的深水海港之一，其港口在高低潮位的落差最大能达18英尺（约5.5米），潮水的运动侵蚀了港内许多巨石的基底，厦门港大型商船的型深通常比邻近的漳州、东山等港的海船要大。故"泰兴"号的型深与吃水均较大，宽与吃水的比值较小。

据民国时期英国人夏士德（G.R.G.Worcester）《中国主要海洋帆船的分类（长江以南）》对厦门大型商船的描述及相关绘画资料，"泰兴"号的船首陡峭且引人注目地悬空。（图8）"泰兴"号的首楼设两层甲板，下层甲板与船首兽面板的底部齐平，该层甲板上置绞关、祭拜台等；上层甲板距船首兽面板的顶部约为1.5米，该层甲板主要作为船员瞭望等通道，较狭窄。

"泰兴"号的尾楼设置四层甲板，形成三层空间：第一层空间，供奉妈祖，设置针房及供船老大等居住；第二层、第三层空

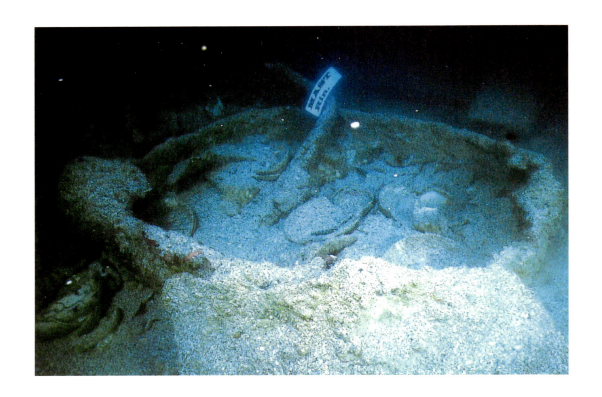

图9
"泰兴"号沉船直径达1米
的桅杆铁箍[4]

间，其前面的开阔甲板上有固定房屋建筑，后面的封闭空间亦设房间，均作为客商住房；第三层空间的上层甲板平台，供掌舵、操舵等用。

"泰兴"号采用三段龙骨，主船体采用横舱壁与肋骨混合制的结构，船舷两侧设有数道粗壮的大棉（北方称"檑"）。设置有15个水密舱，参考"南海一号"等沉船，水密舱内设有可拆卸的纵向隔断。另，该船型深达6.6米，故在舱内也设置一层活动式的甲板，通过纵向隔断、活动甲板，以实现舱位的灵活划分。舷墙采用外飘式，以扩大甲板面积。主甲板之上，设有数道明梁和舷墙肋骨，水仙门两侧的舷墙肋骨为一体式，舷墙其他部位采用底肋骨、边肋骨两段式连接的肋骨结构。在主甲板明梁、舷墙肋骨之上，铺设活动的平甲板。

"泰兴"号的前桅为篾帆，主桅、尾桅均为布帆，其中，主桅杆的直径达到1米。（图9）舵为二级可调，舵杆后倾约15°左右，设

勒肚索。桤四副，其中，主桤二副，副桤二副，均为木桤。全船绞车包括勒肚索绞车、收放主副桤的绞车、前帆绞车、主帆绞车、尾楼升降舵的绞车。船体两侧设若干舷伸平台，用于航行测深、放置修船材料、扩展的操作与活动平台等。

三、"泰兴"号的最后航程

　　原型船"泰兴"号（Tek Sing）[5]于清道光二年（1822）一月乘东北季风，从厦门港出发，扬帆远航巴达维亚（Batavia，今印尼雅加达），但在航行至印尼北部加斯帕岛（Gaspar Island）附近海域时，不幸触礁沉没。"泰兴"号沉没177年后（即1999年），英国人迈克·哈彻（Michael Hatcher）领衔的一家澳大利亚海洋公司，搜寻到"泰兴"号沉船位置并对船货进行商业性打捞（图10）并在德国拍卖，此举震惊世界。

　　据报道（图11），1822年的最后一次航行，"泰兴"号搭载了1600名乘客。加上一大批船员，船上载人总数可能超过1800人，甚至接近2000人。据幸存者回忆，"泰兴"号沉船当时搭载的乘客，年龄从6岁至70岁不等，包括男人、妇女和老人、小孩等。这些乘客包括两类：一类是商人及其助手，人数可能为150至200人。清嘉庆九年（1804），一艘不到1000吨的帆船，常由100多个小商小贩合资购置；1000吨以上的帆船，合资建造的小商小贩达200至300人，且各拥有自己的舱位。另一类是移民或劳工，可能有1400至1450人。1802年，巴达维亚总督把小型厦门船入境限额增至400人，大船增至600人。1804年，厦门商人李昆和将3船乘客并作2船驶往巴城，其中一艘"荣发"号中国帆船，搭载乘客998人。有学者研究，到18世纪末，在东南亚的中国帆船仍是搭客1200至1600人的巨舶。"泰兴"号沉没时，一艘计划前往中国广东贩售鸦片的英国商船途经"泰兴"号沉没海域，搭救了190余人，自行获救的另有十几人。因此，"泰兴"号的沉没，可能是木

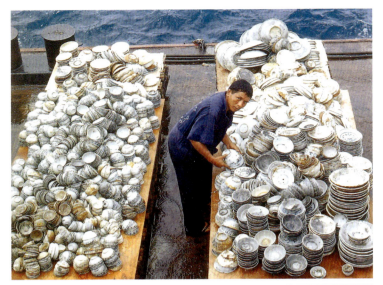

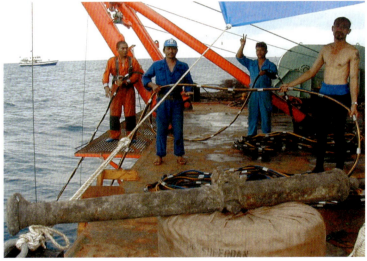

图10
迈克·哈彻团队对"泰兴"号沉船文物的打捞[6]

MELANCHOLY LOSS A CHINESE JUNK.—*The Calcutta Gazette* of the 30th May, gives a painfully interesting account, in the shape of Extracts from the log book of the English ship, Indian, commanded by Lieutenant James Pearl, R. N.—Part of the crew and passengers were saved by the Indian, and landed at Pontiana, Island of Borneo. The number of persons saved was 140.—" We were enabled now to ascertain (says the log of Baba Chy, the person brought off this evening), that the people were passengers on board the Teck Necum, a Canton Junk, of eight or nine hundred tons, which had left Amoy, in China, twenty-three days before, bound to Batavia, having, besides the cargo and crew, 1600 passengers, from the age of 70 to six years, which the evening before had struck against some rocks, to windward of the Island, supposed by us to be the Belvedors Shoals, about 12 miles N. N. W. from Gaspar Island."

图11
1822年东南亚报纸对
"泰兴"号沉船的报道[7]

帆船时代遇难人数最多的一次海上沉船事故，"泰兴"号的遇难人数近1600甚至是1800人，已经超过了近代大名鼎鼎的"泰坦尼克"号，"泰兴"号因此被西方人称为"东方的'泰坦尼克'"。

据19世纪荷兰东印度公司的资料记载：一艘载重约500吨的中国帆船，需要船员90名；一艘载重800吨的中国帆船，需要船员130名。"泰兴"号载重1000吨，其船员应超过130人，可能有150至200人。据道光《厦门志》记载：厦门港出洋船只的船员，一般配船主一名，财副一名（司货物钱财），总赶一名（分理事件），火长一正、一副（掌船中更漏及使船针路），亚班、舵工各一正、一副，大缭、二缭各一（管船中缭索），一椗、二椗各一（司椗），一迁、二迁、三迁各一（司桅索），司舢板船一正、一副（司舢板及头缭），押工一名（修理船中器物），择库一名（清理船舱），香工一名（朝夕焚香楮祭神），总铺一名（又司伙食），水手数十名。因此，属厦门洋船的"泰兴"号，其主要成员应包括：船主、财副、总杆、火长、亚班、舵工、大缭、二缭、一椗、二椗、一迁、二迁、三迁、押工、择库、香工、司舢板船、总铺、水手等。

1822年最后一次航行，"泰兴"号的舱内装载了大量的精美瓷器、丝绸及其他奢侈品，以及炊具、汤匙、紫砂壶、油灯、花盆、花瓶、发夹、墨垫、辫子、斧头等生活用品和一些笨重的大件物品（如石磨盘、墓碑等）。其中，花岗岩墓碑有些未经加工，有些刻上了名字，可能是年纪较大的移民劳工携带了来自故乡的墓碑。这些墓碑多为自己制作，或者为巴达维亚当地较富裕的华人家族订制。除在舱内装满物品以外，如同厦门港其他远航的船只一样，"泰兴"号还将一捆捆的藤条和其他不受海水影响的轻货（如雨伞等）绑在船舷两边，不浪费一点有用的空间。在武备方面，像"泰兴"号这样的大船，按规定，当时只允许携带两门炮，八支小型枪，十支剑，十套弓箭和大约十八公斤的火药。而1999年，迈克·哈彻至少捞出了七门大炮。当时铤而走险下南洋的中国帆船，

突破朝廷禁令而多载武备，主要出于自身防卫的目的。因为当时除东南亚当地的海盗以外，至少自17世纪以来，英国、荷兰等在东南亚出现的航海家，几乎没有一个不曾抢劫过中国帆船。

1.　图片来源：中国航海博物馆船模研制中心。

2.　图片来源："The European Factories, Canton (1806)"，William Daniell (R.A.)，http://yris.yira.org/essays/3307。

3.　图片来源：王次澄等编著：《大英图书馆特藏中国清代外销画精萃 第6卷》，广州人民出版社，2011年，第106页。

4.　图片来源：Nigel Pickford and Michael Hatcher.*The Legacy of the Tek Sing: China's Titanic-Its Tragedy and Its Treasure*. Cambridge: Granta Editions, 2000:107.

5.　Tek Sing也译作"的惺"号，其他资料也写作True Star（"真星"号），还有学者考证指出该船的船名英文拼音应为Teek Seeun，按厦门方言，应译作"得顺"号。

6.　图片来源：Nigel pickford and Michael Hatcher. *The Legacy of the Tek Sing: China's Titanic-Its Tragedy and Its Treasure*. Cambridge: Granta Editions, 2000:109-113。

7.　图片来源："INDIA."*Morning Chronicle*,3 Dec.1822. British Library Newspapers,http://gale.com.

第三章

梯航万里

传统中国拥有悠久灿烂的航海技术。包括罗盘、针路簿等在内的各类导航器具与航海指南，长期为中国帆船航海所用。凭借先进的造船与航海技术，中国船舶曾梯山航海，远行万里，创造了古代航海的辉煌篇章。郑和下西洋之后的明清时代，中国的航海事业总体上呈现下降趋势。借由航海而开展的中外政治、经济、文化、外交等方面的交流亦趋于保守。1792年，由英国派出的乔治·马戛尔尼使团的中国之旅，既是工业革命前期，西方世界试图和中国建立贸易和外交关系的尝试，也是中国在传统盛世时期对外交往的历史写照。随后中国各类航海活动仍以既有的方式前行，从江浙到津沽的跨区域漕粮海运沿着传统路径缓慢进行即为明证。到了近代，伴随沿海各口开埠通商，中国在航海领域亦出现些许新的变化。购买、制造轮船，成立航运公司，以发行股票的形式向社会募集资金即是这种显著变化之一。

清正鸿源航海罗盘

作者：单丽
中国航海博物馆陈列展示部
副主任、副研究馆员

中海博收藏有一个清代木质航海罗盘（图1），是2014年自漳州私人藏家郭榕飞先生处征集而来。罗盘为红褐色，长10厘米，宽10厘米，高6厘米，木质带盖，盖中央刻"正鸿源"字样，似为罗盘制作坊名。罗盘中央天池磁针缺失，盘身开裂。盘上采用十二地支、十天干中的八天干和八卦中代表四维的"乾、坤、艮、巽"组成一圈24方位指向，顺时针方向分别为子、癸、丑、艮、寅、甲、卯、乙、辰、巽、巳、丙、午、丁、未、坤、申、庚、酉、辛、戌、乾、亥、壬，为典型的航海罗盘样式。

一、罗盘流变

宋元时期是中国古代海上丝绸之路发展的繁盛时期。至迟在北宋时期，一个重要的导航器具被广泛应用于航海，这就是航海罗盘。航海罗盘在古代被称为指南针、浮针和罗盘等，是由一根指南的针和中央挖空的刻度盘所组成。

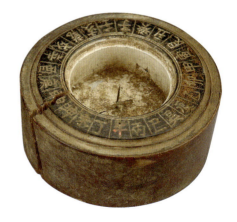

图1
清代正鸿源航海罗盘
中国航海博物馆藏

航海罗盘脱胎于堪舆罗盘，也就是风水（地理）先生用于占卜的风水罗盘，而更早的占卜器具则是栻盘。（图2）栻盘由圆形天盘和方形地盘组成，象征天圆地方。早期栻盘多为木质，"枫木为天，

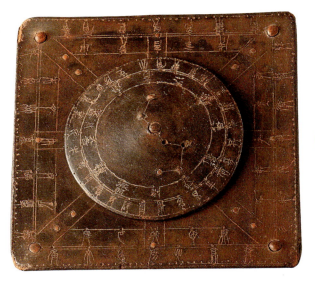

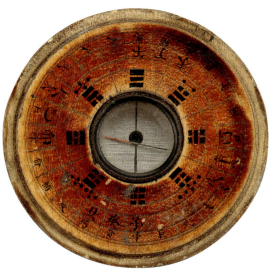

2　　　　　　　　　　　　　　　　　　　　　　　3

枣心为地"，天盘与地盘之间由转轴连接，使用时天盘转动，因此被称为"旋式"。从甘肃武威、安徽阜阳及朝鲜乐浪古墓等出土的栻盘来看，天盘外圈有十二月神与二十八宿，内圈为北斗七星连珠式样，斗星之间有细线相连，其中第五星为转轴，斗柄可随天盘旋转指向地盘上的各种卦象，用于占卜。[1]

　　后来这种栻盘被新发明所改造，天盘被改成指南针，地盘被挖空浮针并保持卦象外型，栻盘就变成了堪舆罗盘。中海博藏有一枚清代堪舆罗盘（图3），木质带盖，高2厘米，口径6.5厘米，为简易堪舆罗盘形制。该罗盘中央天池上有玻璃盖，中有转轴针一个，轴上部另有单头红色直针，似为磁针校准针；玻璃外圈为金属环圈镶嵌，再外圈为木质刻度盘。木质刻度盘多处磕损、漆剥落，有使用痕迹。木质刻度盘有自内而外的四层黑色字图，与常规内观型八卦图不同，字画方向为外在观看型，最内第一层逆时针方向分别为☰（乾）、☱（兑）、☲（离）、☳（震）、☷（坤）、☶（艮）、☵（坎）、☴（巽），第二层在☱（兑）、☳（震）、☶（艮）、☴（巽）对应下方分别点有4、8、6、2个黑点不等；第三层在兑离符号之间楷书"卯乙辰"，振坤符号间楷书"子癸丑"。艮坎符号间楷书"酉辛

图2
汉代漆栻盘
甘肃省博物馆藏[2]

图3
清代堪舆罗盘
中国航海博物馆藏

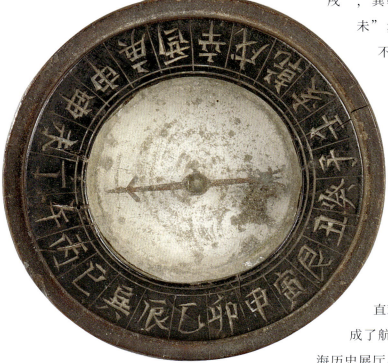

图4
清代航海罗盘
中国航海博物馆藏

戍"，巽乾符号之间楷书"午丁未"；第四层为24字，模糊不可辨，当为常规罗盘的24向。

堪舆罗盘卦象繁复，比较适合做玄学风水方面的阐释，但航海导航讲求实用，所以堪舆罗盘简化之后，仅保留一圈由天干、地支和八卦四维组成的针位，便于直观导航，堪舆罗盘就衍化成了航海罗盘。中海博一楼航海历史展厅展有航海罗盘（图4），从中可见二者的鲜明差别。

二、航海罗盘

航海罗盘采用的是堪舆罗盘中最简易、最基本的一种布局，即24方位布局；而堪舆罗盘则因堪舆需要，另外添加诸多卦象要素。航海罗盘的24方位，分别采用的是十二地支（子、丑、寅、卯、辰、巳、午、未、申、酉、戌、亥）和十天干中的八天干（甲、乙、丙、丁、庚、辛、壬、癸），以及八卦中的四维（乾、坤、艮、巽）来表示，天干、地支与四维均衡排列，其中子、午为正南正北，卯、酉为正东正西。方位指示而言，上述24字中的单字表示的方位，称为"单（丹）针"，共计24单针，每单位可以精确至15°；以相邻两字表示的针位称为"缝针"共计24缝针，每单位可以精确至7.5°。（图5）这样，一个简易的罗盘就可以指示48个方位了。

中海博所藏罗盘正是这种形制的航海罗盘。

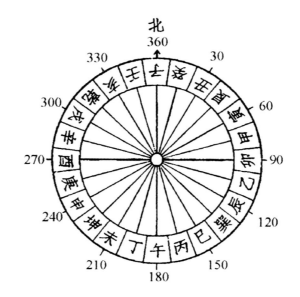

　　航海罗盘有水罗盘和旱罗盘之分，早期的航海罗盘都是水罗盘，它是指在承针器中装水、将针浮于水面上用于指南的罗盘，宋元明时期用的就是这种水罗盘，所以史书会有"浮针于水"的记载。据刘义杰先生研究，航海罗盘至南宋中叶臻于成熟，此时专掌航海罗盘的航海技术人员出现，即"火长"；而"火长"称谓的由来，则与堪舆术中的五行阴阳八卦理论相关。[4]海上航行中，尤其是风雨晦暝之时，"火长"常用航海罗盘指示方向，同时假以谙熟内心的"海道针经"来协助航海。但使用水罗盘终归不便，于是水罗盘中的浮针被改成支轴撑针来指南，旱罗盘出现。旱罗盘自明代嘉靖朝传入后，逐渐取代水浮式罗盘，至清代已罕见水罗盘的使用了。

图5
针盘示意图 [3]

　　一般而言，人员配备比较齐全的官船或相对大型的民船多设有"舟师"这一专业技术人员，用于观星察象，指导航海；在航海罗盘用于航海之后，火长作为罗盘专掌人员而出现，而由于此时的航海已由沿岸航行转为远洋航海，远洋航行成行且史册留名的又多为官船，因此从史料记载来看，航海中多有火长出现，且有番火长加入进来。值得一提的是，对航行于沿岸的诸多小型民船而言，并非全部都有火长专职人员的配备，看针观象的工作多由船老大完成，而航海罗盘也多在船老大亭中放置。[5]

　　巩珍在论说火长职责时，曾提及"乃以针经、图式付与领执，专一料理"；[6]《顺风相送》中亦提及行船"其正路全屏周公之法，罗经、针簿为准"。[7]除此之外，程顺则的《指南广义》中也有相关记载，作者在提及面对航海难境时，"乃取曩者封舟掌舵之人所遗针本及图画，细为玩索"。[8]有学者据此认为，这说明在航海过程中，

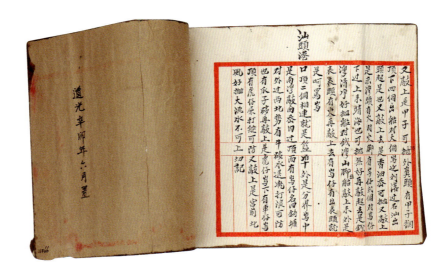

图6
清道光辛卯针路簿
中国航海博物馆藏

火长需执掌针经图式，用以导航。但实际上，航海罗盘的作用并不如部分史料所言说的那么重要。王振铎先生在20世纪40年代曾对浙江、福建等地进行过田野调查，并提及"帆舟之生命，系于老大，其余，则仅为协助工具也"。[9]当然，这一方面可能跟王先生调查的区域多为以沿岸路标为导航方法的近海航行有关。与远洋航海不同，这种近海地文导航的方式不需过多依仗航海罗盘的使用。或许这也是史料中提及航海罗盘使用时，多指出其用于"阴晦"之时的原因。但另一方面，我们不得不正视的是，无论是针经图式还是航海罗盘，其对航海只能说存在辅助的功能，航海中最重要的，依然是船老大灵活不拘的航海经验，这是航海经验传承最主要和最直接的方式。

三、罗盘、针经与图式

航海罗盘作为为航海保驾护航的辅助工具之一，使航路得以相对固定，航行区域也得以扩展，并因之产生了诸多"海道针经"与山形水势图以留存航海经验，这对航海经验的累积、后世航海技术的发展乃至航海人才的培育至关重要。

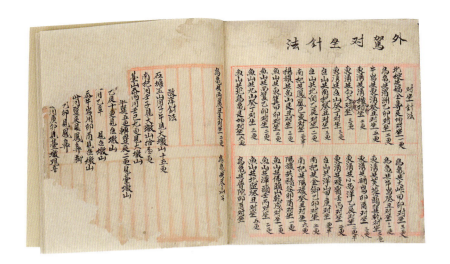

图7
民国中国沿海针路簿抄本
中国航海博物馆藏

　　船老大及火长所熟知的海道线路，通过罗盘针位与更数结合的方式被记述下来，海域岙口的航海环境也被细致描绘，这类文本被称为"海道针经""针路簿""更路簿"等，可简称"针簿"。"针簿"是航海技术经验传承的书面化结果，是航海之人航海记忆外在物化的方式之一。除此之外，船老大的航海经验也可外化为可传唱的航海歌诀，以此来配合完善传承的过程。[10]

　　就海道针经的存世形态而言，既有海南地区使用的更路簿等原始针经，也有《顺风相送》《指南正法》等编纂加工后的非原始针经，其内容一般包括针路、宗教仪轨、航海常识、山形水势等。[11]不同水域、不同航海人群往往留存不同版本的针经，使针经呈现异源杂流的态势。[12]中海博收藏有清道光年间针路簿（图6）和民国针路簿（图7—8）共两本，针路部分采用不同记载格式，分别记载了自舟山至海南，包括福建往来澎台的针路以及泉州到台州的针路。

　　与文字针经匹配的是山形水势图，最为著名的莫过于章巽先生搜集的"古航海图"。中海博收藏有20世纪章巽《古航海图考释》手稿，共114页。"古航海图"共有69幅，北起辽东湾，南达广东洋面，包括我国大陆边缘大部分近岸航线。（图9）图中有山形水势、岛屿暗礁、港湾城镇、罗盘针位等，注记为方言土语，章巽先生对各图

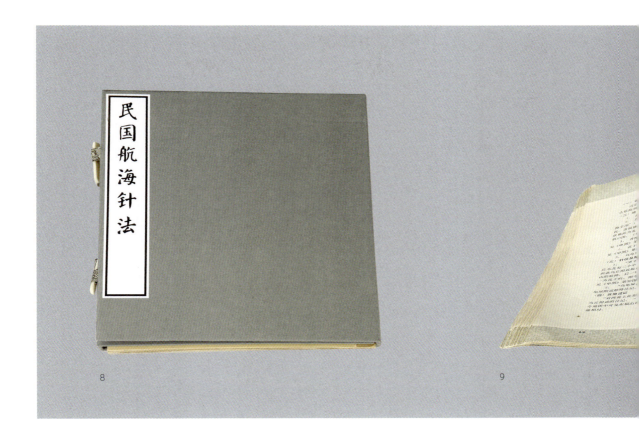

8 9

图8
民国中国沿海针路簿抄本
中国航海博物馆藏

图9
章巽《古航海图考释》
中国航海博物馆藏

进行了细致考释。图、文相佐，正可为初涉航海之人识别航海针路、获得航海经验提供助力。除此之外，新进发现的耶鲁大学图书馆藏《清代东南洋航海图》，作为章巽"航海图"的同系扩展版，丰富了山形水势图所覆盖的区域，成为清前期暹罗湾至中国东南海城弥足珍贵的专用航海图。[13]无论是章巽先生收集并考释的"古航海图"，还是耶鲁大学收藏的中国"东西洋航海图"，其实就是我国航海家创作的具有我国典型特征的导航图，也就是"山形水势图"。

就目前发现的针路簿及山形水势图来看，福建泉州、漳州以及南澳地区往往被着墨甚多，似乎暗示出作者的地域来源，并体现出对应区域时空属性明显的航海技术水平与航运传统。它们是传统航海技术教育的重要组成部分，在保存航海经验的同时，也为后辈船员、舵工乃至优秀火长的长成提供了尽可能全面的理论基础。

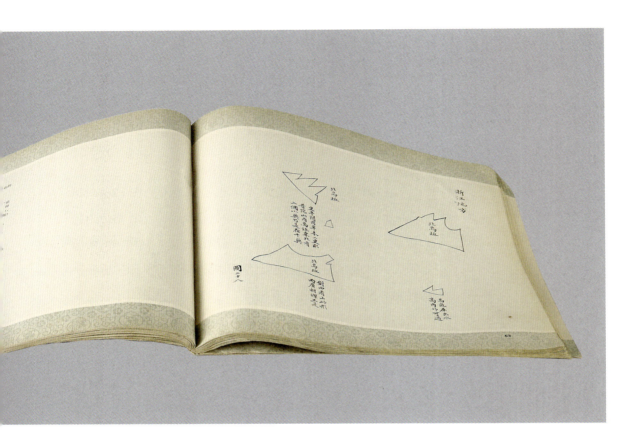

1. 详见王振铎：《司南指南针与罗经盘——中国古代有关静磁学识之发现及发明》（上），《考古学报》1948年总第3期，第213—218页。

2. 图片来源：甘肃省博物馆官网（http://www.gansumuseum.com/dc/show-580.html）。

3. 图片来源：向达校注：《两种海道针经》针盘图，中华书局，1982年版。

4. 刘义杰：《"火长"辩证》，《海交史研究》2013年第1期；中国航海博物馆编著：《海帆远影——中国古代航海知识读本》，上海人民出版社、上海书店出版社，2018年，第122—123页。

5. 李强整理注释：《王振铎关于传统造船及航海技术的调查笔记》，《中国科技史杂志》2007年第2期，第150—151页。

6. 巩珍：《西洋朝贡典录》之《西洋番国志自序》，中华书局，2000年，第6页。

7. 向达校注：《两种海道针经》，中华书局，2000年，第21页。

8. 程顺则：《指南广义》自叙，仲原善忠文库版。

9. 李强整理注释：《王振铎关于传统造船及航海技术的调查笔记》，《中国科技史杂志》，2007年第2期，第151页。

10. 笔者并非认为所有航海经验的传承均需要针经及山歌协同完成，而是以此说明针经和山歌的在航海经验传承中各自的作用；除此之外，亦可能有其他不为我们所知的载体，成为航海经验传承的多样方式。详见单丽：《异源杂流：海道针经的撰述与流传》，《海交史研究》2019年第4期，第117—126页。

11. 刘义杰：《海道针经述论》，载《国家航海（第十四辑）》，上海古籍出版社，2016年，第59—62页。

12. 单丽：《异源杂流：海道针经的撰述与流传》，《海交史研究》2019年第4期，第122页。

13. 耶鲁大学所藏山形水势图，共有122幅。详见钱江、陈佳荣：《牛津藏〈明代东西洋航海图〉姐妹作——耶鲁藏〈清代东南杨航海图〉推介》，《海交史研究》2013年第2期，第1—101页。

清道光辛卯针路簿

作者：单丽
中国航海博物馆陈列展示部
副主任、副研究馆员

中海博藏有一本清道光辛卯年针路簿（图1），[1]是2010年自福建私人收藏家蔡其呈处征集而来。针路簿为包被装，长27厘米，宽24厘米，酱黑色封皮，残损。内中册页为红线竖排格，共70页，左册页夹缝处下缘印"德春"红章。针路簿内容为手写楷体，约2万字，撰述了宁波至海南的国内航路经行、部分航线的山形水势，以及潮水、风向、节气等内容，为传统针经书写格式，封底墨书"道光辛卯年六月置"字样。

一、针簿内容概要

按所载内容来分，该针路簿共包括三大部分：针路、山形水势和天文水文等行船注意要素。

针路采用"用某某针，某某更，取某某地"的格式来记载航线，内容主要是舟山往南至海南包括往来澎台的航路（图2），分别是：福建沿海的放洋针路，包括"永宁磁头放淡水洋""大队门放淡水洋""崇武放鹿港洋""深沪石峻放南风洋"等针路；放洋后往台澎地区的针路，包括"北风往澎湖针路""南风往台澎针路"；南风台湾回唐针路；福

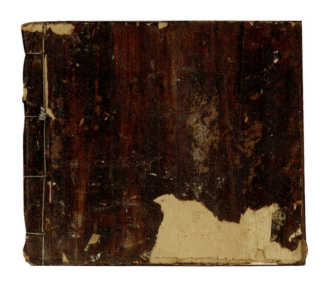

图1
清道光辛卯针路簿
中国航海博物馆藏

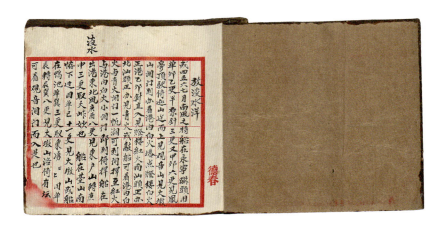

图2
清道光辛卯针路簿针路记载

建不同起始点往台湾针路；太武往南针路；海南回厦门针路；太武山往广东针路；舟山到泉州的"落头对倚针路"[2]，以上共10页内容。除此之外，另有抄录于针路簿最后的"广东对倚针路"，自汕头宫前起、香港止，1页半内容，有明显留白漏抄痕迹。

针路之后为航船行经岙口的山形水势，包括打水深度、海底底质、岸边岙口礁石情况、周边山石岛屿、对看山石标志、航线倚靠避让、风向抛船与调整航向注意事项等。针路簿并未悉数梳理上述所有航线的山形水势，而是选择性描述了厦门—宁波、香港—汕头的山形水势，其中前者从详，后者从简，且两段山形水势并未归于一处，后者置于针路簿最后。厦门—宁波段包括草港、北掟、北矴、厦门、金门、后蒲、金山港、磁头、石峻、深沪、佛塘、永宁、宫仔前、伍堡、祥芝、大队、泉州、日湖、对门、獭堀、崇武、大岞、粪箕、剑屿、小岞、湄洲、蚵壳埕、铁钉、洋隔门、平海、南镇屿、鹭鸶、南日、西寨岙口、虎仔屿、小日头、鼠尾、野马、门扇后、分流屿、东南外五屿、东北外观音岙、万安城、墓仔口、吉吊、火烧港、分流屿、猿昆水、海山、石牌洋、矽西、古屿岙、松下岙、东西鹤、牛鼻弄、赤屿、鹭岙、虎仔屿、梅花头、白犬岙、福洲、五虎门、南塘岙、北塘、定海头、鸡母岙、黄岐岙、顶四屿、瓮屿后、北掷头、东西落、隘山、芙蓉山、大金、福建鼻、三沙五岙、烽火门、大洋山、

七都港、南关、北关、草屿、金乡大鱼岙、盐田岙、内凤、鸡髻凤、内硬岙尾、三盘岙、小叠湾、坎门湾、莲花浦、茹蕻湾、桂湾、三算门、浮蕻鲎屿、陆儿湾、吊枋、鲎壳湾、马蹄鼻、纲仔湾、竹扫湾、水山湾、东基、嗳呵鼻、白带门、牛头门、顶蚊屿、潭头湾、茶盘洋、劳伤屿、石浦、顶急水门口、金牌门、涂龙湾、公婆蕻、猪脚屿、蜈蚣湾、大、足闺、马垵、牛鼻瑹、中窆、奇头、洲山湾、老虎山、火烧港、金唐洋等128处山形水势情况，共49页内容。香港—汕头的山形水势共2页内容编排于针经最后部分。（图3）

行船需注意的诸要素有宁波、平阳两地水流（潮汐情况）、日月出入宫位长短（二十四节气对应的日夜长短和端月、花月、相月、梅月共4个月的日月升落方位）、占雾法、占日法（气象辨别）、恶风光兆（风象辨别）、四时雷电（四季的雷电风雨气象辨别）、观星望斗法、八面风的定三方针法、占己卯风（四季己卯风预兆）、占甲子雨（四季甲子雨预兆）、占丙寅晴（四季丙寅晴日征兆，针经抄写者误写作"丙寅晴占"）、占天云（早晚看天象预测天气，针经抄录者误将同类内容分为"占天"和"占天云"两部分）、迎风（风云迹象）、占风（风雨迹象）、占红虹（雨后彩虹迹象）、分月祭祀神祇（有端月、相月、梅月、蒲月、荔月、瓜月、桂月、菊月、阳月、葭月、腊月等11个月情况），约4页内容。（图4）

二、针簿评析

道光针路簿封底"道光辛卯年六月置"显示该针路簿完成于1831年。从针路簿中部分航线针位或更数位置留白缺字，乃至"落广东对倚针路"多处文字、语句留白缺字的情况来看，该针路簿显然并非船老大等航海之人自记版，也非船老大口述、他人代记版，[3]而是以某本针路簿为底本的传抄本；留白原因当是抄录者不识原字或针路簿所抄底本本身缺字所致，这也意味着针经在传抄过程中产生错讹的可能性很大。该针路簿的突出特点即针路与山形水势并非按顺序排

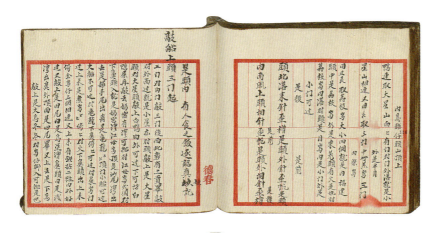

图3
道光辛卯针路簿汕头港
山形水势记载

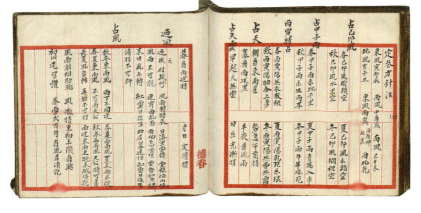

图4
清道光辛卯针路簿行船
注意要素记载

布，而是分隔抄于针路簿前后两处成为两部分，当然这更可能是底本本身的问题，也意味着道光针路簿的底本不是原始海道针经而更可能是传抄本。这一版本来源不仅决定了使用该针路簿不能照本宣科、直接将其用于导航实践，也提示我们对该针路簿的航路复原研究要谨慎推进。

　　道光针路簿的书写用字较为随意，"一"有"壹""乙"等多种写法，"屿"有"峔""嶼"等不同写法，岙有"澳"的不同写法，且有区域化用某一异体字的特点，如宁德海域多用"澳"，福州以南多用"岙"。这一方面反映了航海之人注重实用不重书写的特点，但更可能反映了针路簿底本航路的多元版本来源，同音同意字在各地有不同的选字取向，从而出现汇总多段针路的针经在地域性用字上的特

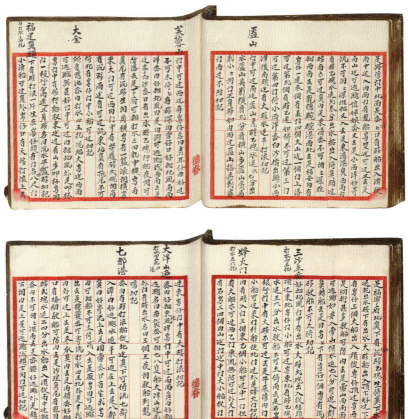

图5
清道光针路簿"匜山""大洋山"记载

点。道光针路簿底本航路来源的多元化还可在"洋山"条山形水势叙述中得到印证。

中海博另收藏有一本民国年见针路簿（图6），其航线记载方式不同于道光针路簿"用某某针，某某更，取某某地"格式，而是采用"某地共某地为某（针）对"的书写方式，记载了泉州到台州的山形水势。两部针路簿相比，其地名条选取有重合部分，但各有详略，且遣词造句大多不同，如匜山条（图5—6），反映出两部针经并非同源版本针经。然而对比两版针经对"大洋山"条的记载（图5—6），书写内容几乎完全一致，不同之处在于民国针路簿记载更为细致，足可印证针经的文字来源乃至版本的多元化。

在道光针路簿的针路及山形水势记载中，福建各舁的记载既多

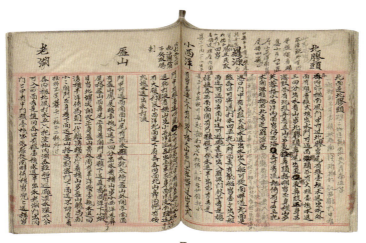

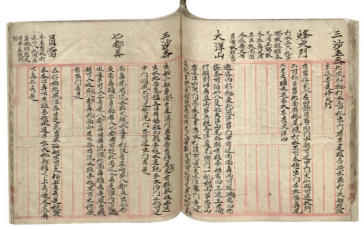

图6
民国中国沿海针路簿抄本"盛山""大洋山"记载

且详，反映出原针经作者或针经所记航海经验来源人群很可能是福建人，因而对福建沿海一带极为熟悉；舟山至泉州针路部分，舟山写为"周山"，不符合舟山地方文献对舟山名称的记载，可见书写针经之人对浙江地区并不熟悉，故而取用同音别字。"日月出入宫位长短"部分对各节气日夜长短记录中，"惊蛰"用"京直"二字来代替，符合闽南语发音特点，据此推测针经母本之一应来自闽南地区。

　　就道光针路簿的抄录者而言，前述不同海域的针路、山形水势分置针路簿两端的情况已反映出该针路簿的抄录者不能归类同质内容、学识不高且不懂航海的状况，而仅是简单抄录针路簿内容。这一状况在天文、水文行船注意事项部分体现得更为突出："占己卯风""占

甲子雨"后面紧接"丙午晴占"，显见"丙午晴占"应为"占丙午晴"；"迎风""占风"部分疑似混杂，如"迎风"部分的"清明不可许"不同于该部分"迎风对风竹"等其他内容行文格式，但与"占风"部分"端午记所风"等常带时节的记叙方式相似；同时"占风"部分仅记至八月，似有遗漏嫌疑；分月祭祀神祇部分仅有11个月数据，虽大至按月份前后顺序排布，但并不严格，如相月应为农历七月但排在第二位，漏记农历三月及相应祭祀神祇，相月之后仍有表示农历七月的"瓜月"。当然，以上问题或许是针经抄录者所依据的抄录底本本身存在的问题，但也确实反映出抄录者不懂航海、悉数抄录原讹误文句的特点。

三、小结

道光针路簿多处缺字、语义不通、记叙混乱的特点反映出针经为下游版本的传抄本，抄录者不懂航海且学识不高，这可能是海道针经的撰述的最常见状态之一。上述情况决定了针经抄录者完成了对航海知识的记录，而这类针路簿多不为火长、船老大等人所用，更不能直接用于导航；对于针路簿研究而言，也不能直接用更数、针位对应换算的方法来复原海道，而应在分析针路簿版本源流基础上谨慎推进。

比较而言，该针路簿最有价值的部分或许在于对道光时期山形水势的描述，这些详细记载是我们了解历史时期航海水域环境的重要史料。

---

1. 道光辛卯年为道光十一年，即1831年，以下简称"道光针路簿"。针路簿有针经、航海针经、海道针经等各种称谓，主要指突出针位与更数结合为记载特点的航路指南手册，不同于海南地区记更为主的更路簿。笔者对针经称谓、定位、作者等问题进行过简单梳理，详见单丽：《异源杂流——海道针经的撰述与流传》，《海交史研究》2018

年第2期，第117—126页。
2. 应为"落奇头对倚针路"，奇头指舟山崎头，该航路是自舟山至泉州海域的沿岸航线。
3. 关于针路簿撰述的几种形式，笔者进行过梳理，详见单丽：《异源杂流——海道针经的撰述与流传》，《海交史研究》2018年第2期，第117—126页。

1798 年《英国马戛尔尼使团中国内地及沿海航行纪实》及图册

作者：赵莉
中国航海博物馆学术研究部（藏品保管部）
副研究馆员

15世纪初大航海时代拉开帷幕。伴随新航路开辟、西方国家海上力量崛起，欧洲海外拓殖不断东进。为在中国获得更大的商业利益，英王乔治三世以为乾隆皇帝祝寿之名，于1792年派出了以马戛尔尼勋爵为首的访华使团，打算与清政府就扩展通商口岸、驻派驻京使节等进行协议商谈。使团规模庞大，在华历时七个月，行迹涉及中国自南向北诸多沿海省市，包括今广东、浙江、江西、江苏、山东、河北数省。这一中英海上交往史中的重大事件，在中英政治史、经济史、社会史以及文化交流史上都具有特殊意义。使团成员回国后相继出版了多种图文并茂的出使纪实，对当时的欧洲世界影响深远。中海博收藏的1798年《英国马戛尔尼使团中国内地及沿海航行纪实》及图册（图1）正是其中之一。

一、1798年《英国马戛尔尼使团中国内地及沿海航行纪实》及图册概况

中海博收藏的这组文献共计五册，包括四卷使团在中国内地及沿海的航海游记文集和一本图集，为1798年在法国巴黎出版的法语版。文集开本为三十二开本，图册为十六开本，五册均为硬装封面，封面为金褐色织红蓝纹饰，书脊为皮质，印有烫金字样，书册扉页为缠枝花纹底图，装帧精美，纸张整洁，保存完好。

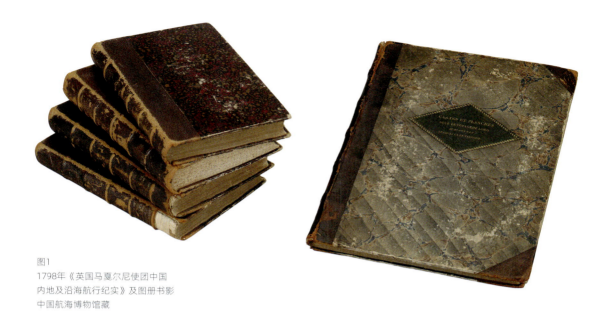

图1
1798年《英国马戛尔尼使团中国
内地及沿海航行纪实》及图册书影
中国航海博物馆藏

　　该套文献的文集部分是根据使团副使乔治·斯当东（George Staunton）1797年在英国出版的《大英帝国使团前往中国纪实》（*An Authentic Account of an Embassy from the King of Great Britain to the Emperor of China*）翻译而成。[1]英文版原著包括两本文集和一本画册。是书为记录使团之行的权威之作，全面记录了马戛尔尼使团自1792年12月从英国朴茨茅斯起锚前往远东访问中国至1794年9月返回英国的整个出使历程，是一本集出使纪实、异域行纪、航海日志、考察报告、博物学志等于一体的综合文本。文本以历时的叙事手法，事无巨细记录了使团出访的历程，为"马戛尔尼使团访华"这一历史事件留下了重要的一手资料。同时，又以为大英帝国海外拓殖搜集异域情报为使命，详细记录了在华期间所见所闻，既包括中国的地形地貌、沿海岛屿、山川河流、运河沿岸城市乡村及植被物产等自然形态，又包括中国的政治制度、军事武备、社会结构、商业贸易、生产生活、风俗民情等。该书是继18世纪末欧洲人士亲历中国后撰写的又一重要文本，构建了不同于此前欧洲人心目中的中国形象，对改变欧洲人的中国观产生深远影响。全书篇幅宏大，笔调

流畅，信息涵盖面广，出版后受到广泛关注，收获多方好评。因此在出版后仅两年，不同西语版本接踵而至，行销欧美。据统计，在1797—1832年间，该书共有15种版本在英美上市。[2]

　　中海博收藏的"1798年《英国马戛尔尼使团中国内地及沿海航行纪实》及图册"即为上述译本之一，译者为Par J. Caster。书中，译者还针对相关内容作了注释说明。每卷卷首刊印1幅雕刻铜版画，均为使团特使马戛尔尼勋爵的半身肖像（图2），第4卷卷末附地图3张，分别绘有马戛尔尼使团乘船自英国往返中国之航海线路图，马戛尔尼使团在中国乘船经水路活动之路线图及日程，每日航行所行水路里程、停留地等均有记录，堪称一部中国早期的沿海及内陆航海全书。

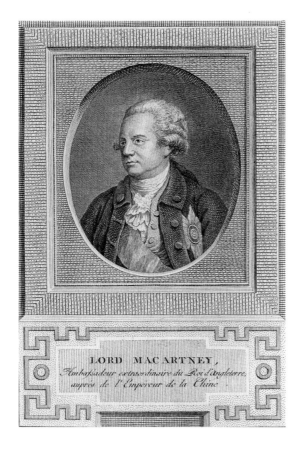

图2
馆藏文集扉页中的马戛尔尼勋爵半身肖像

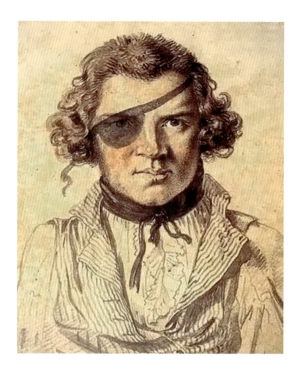

图3
威廉·亚历山大自画像[4]

二、马戛尔尼使团的图像记忆

在马戛尔尼使团回国后出版的大量书籍中，与文字纪实同样重要的是图像。在马戛尼勋爵率领的庞大使团队伍中，有两位专职画家：托马斯·希基（Thomas Hickey）和威廉·亚历山大（William Alexander, 图3）。希基是官方所聘使团画家，而亚历山大是作为他的助手，以制图员身份加入了使团，出使中国时年仅25岁。虽然关于亚历山大的历史记载很少，在斯当东所著《大英帝国使团前往中国纪实》中甚至连他的名字都没提及，[3]但由于他勤奋刻苦，在整个出使过程中绘画不辍，沿途实地频繁写生，留下了大量速写与素描。回国后他根据这些速写素描创作了关于中国的系列水彩画，部分画作被制作成版画。亚历山大的画作（以下简称"亚氏画作"）累计共达3000余幅。目前这些画作多为英美所藏，其中英国的大英图书馆、大英博物馆和耶鲁大学英国艺术中心为主要收藏机构。

亚氏画作数量巨大，内容题材丰富，涵盖了中国自然地理、人文风光、政治军事、社会生产生活、人物服饰、民俗风情、宗教仪式、文化艺术以及历史事件等。作为一种极具现场感的叙事方式，一种具象的语言符号，相关画作往往能表达出文字记录无法呈现的信息与含义。[5]

亚氏画作图像信息丰富，其功能也多元。首先是纪实功能，作为与文字相辅相成的视觉文献，这些图像形象记录了马戛尼尔使团的出使历程以及在华期间的所见所闻，建构了马戛尔尼使团的远东之行视觉记忆；其次是异域考察与情报功能，这在涉及中国政治军事、自然地理等方面的图像中体现尤为明显。比如亚历山大在画作

中刻画了当时清朝士兵、武器和哨所，在说明文字中也进一步说明了"士兵服装臃肿，不利于行动""中国军队纪律松弛""尽管已经有手艺精湛的匠人做出了与西方相媲美的毛瑟枪，但中国政府仍在使用这种笨重的武器"，[6]从而向英国政府提供了一个外强中干、不堪一击的中国军队形象，[7]对于19世纪中英关系发展和转折具有特殊意义。在纪实与情报功能之外，大量涉及社会生产、日常生活、风俗民情、文化宗教等内容的图像具有鲜明的民族风俗志功能。在18世纪末中西直接交流依然困难的情况下，这些出自亲历中国者之手的图像尤为宝贵，为欧洲人了解中国提供了一手直观材料，更新了此前欧洲人对中国的认识，还成为此后西方人创作东方图像提供了素材。如1843年伦敦出版了著名的铜版画集《中国：那个古代帝国的风景、建筑和社会习俗》（*China: The Scenery, Architecture, and Social Habits of That Ancient Empire,* 图4），从未来过中国的

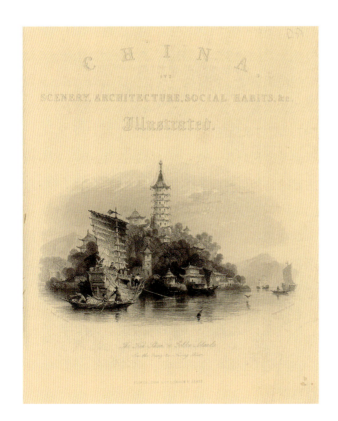

图4
《中国：那个古代帝国的风景、建筑和社会习俗》
书影
中国航海博物馆藏

英国雕版画家汤姆斯·阿罗姆（Thomoson Allom）就是以亚历山大的画作为原型，创作了一系列关于晚清中国的图像，在欧洲世界引发关注热潮。

三、纪实与艺术视野下的异域呈现：版画图像

中海博所藏马戛尔尼使团画册收录的画作均为版画。不同于油画、水彩等直接描绘的绘画，版画是一种间接性的绘画艺术。它是利用媒材性质，通过雕刻、腐蚀、照相感光等方法制作而成，并借助印刷媒介将图像转印到纸张、织物、金属、玻璃、合成材料等承印物上。[8]自15世纪雕版技术发明以来，版画经过数世纪的发展，至17—18世纪时已经在欧洲形成了繁盛的市场。版画作为文字的辅助，使得书籍内容更加丰富、直观，更具有说服力与吸引力；尤其关于"遥远边地的异域风光、风土人情、相貌特征，版画不仅能提供鲜活的视觉形象，而且以精密的线条和丰富的明暗色调使画面充满异域情调，令读者在画面背后产生无尽的想象"。[9]因此，在18—19世纪西人撰写的中国书籍中配以版画插图是一种传统。这就使得版画插图逐渐成为出版物中不可或缺的构成要件，同时也成为出版业市场竞争中的核心力之一。早在1797年斯当东出版《大英帝国使团前往中国纪实》一书时，英国皇家学会主席约瑟芬·班克斯（Joseph Banks）就曾积极参与到图书插图主题的选择与商定工作中。

中海博藏马戛尔尼使团图册中收录的41幅版画，均以威廉·亚历山大的画为原图刻制而成。虽然数量不多，但涉及面广，以点带面记录了使团成员航海东来的出访见闻。具体而言，这些版画主要涵盖了以下几方面内容：

1、**政治军事**：包括中国皇帝肖像、中国皇帝的宝座、军事哨所、中国长城视图等；

2、**社会生产**：包括蜜蜂养殖与蜂蜡生产、渔网捕鱼、推车、碾米法、鸬鹚捕鱼、链式水泵等；

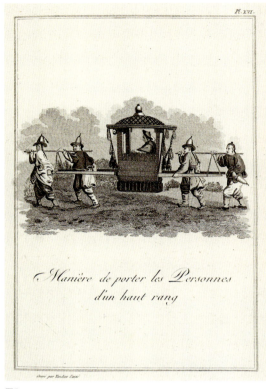

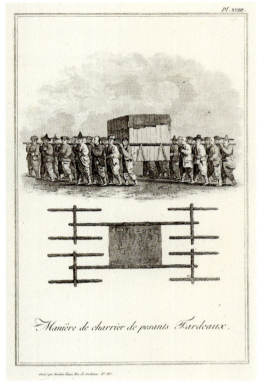

图5
官员坐轿

图6
仪仗队

　　3、中国建筑、工具与技术： 中国指南针、小艇、轿子、抬轿仪
仗队、中国桥等；

　　4、传统文化与宗教： 华夏民族人文先祖伏羲肖像、被大禹划分
的中国九州图、中国神像、中国文人肖像、中国皇权象征物特贤龙像
等、狮子雕像、神龟雕像、中国戏剧表演等；

　　5、风俗与民情： 中国主仆、中国女人小脚等；

　　6、自然地理与博物： 如特里斯坦—阿库纳群岛中最大的岛屿、
猴面包树、仙人掌及昆虫、坚硬的泥土岩石等。

　　这些图像取材于威廉·亚历山大在出使行程中的亲历见闻，具有
比较强烈的"现场叙述"特征，比如两幅关于中国人出行的图像，其中
一幅是四位轿夫抬着官员轿子（图5），步履匆匆地赶路，与其形成对
比的是另一幅出行图。（图6）图中众多轿夫合力抬起一顶装饰华美的

轿子，其间密密匝匝的人群形成了阵容庞大的仪仗队，烘托出庄重热闹的氛围，虽然轿身四周门帘低垂，但从仪仗队阵势可判断轿中所坐的官员品级之高。这是绘者对中国人在路上的一种速写。如果说"抬轿出行图"中的现场叙述是关于事件的具象记录，那么沿途关于中国舟船以及中国人操舟驾船的图像则具有域外知识与民俗风情考察的意味。

事实上，舟船是亚氏画作中的重要内容追忆。根据游记文集以及附录航行图可知，马戛尔尼使团船队在中国的航行路线如下：经舟山群岛，穿过黄海驶向天津，沿白河往北京方向航行，在热河受到乾隆皇帝接见。返回时沿京杭大运河南下，从通州出发，途经天津、沧州、清州、镇江、南京、苏州等地，抵达杭州后再从舟山至广州、澳门，由此出洋，回国。其行迹所至涉及中国沿海及大运河流域省市。在以水运为主流交通方式的18世纪，舟船是这些地方人们重要的出行工具，甚至是人们赖以为计的生活工具。对于乘船在中国水域航行的英国使团而言，舟船频繁进入他们的视野，为他们了解中国沿海地区人们的水上生活与舟船技术提供了直观客体，也是他们在视觉层面构建中国印象的重要物象之一。中海博图册中共收录了5幅与舟船相关的图像，分别是南大西洋特里斯坦—达库尼亚群岛（Tristan da Cunha）附近的西方商船，中国多桨船（图7）、鱼鹰捕鱼船（图8）、撒网渔船（图9）、舟船过桥（图10）等。这些舟船集交通、居住、生产、休闲、娱乐等功能于一体，不仅体现了当时中国各地极具特色的舟船制造技艺，而且凝结着不同区域人们的生产生活经验，生动反映了沿海运河流域人们的水上交通与风俗民情画卷。比如图像中的多桨船，该类舟船多航行于运河，船型比较独特，船身类似传统龙舟，但船上却具有帆索、桅杆等舟船属具，其船艏高翘、船桨众多，船艏船尾精细雕刻的纹饰令人印象深刻。位于舟船两侧的划手们正奋力划桨，船上旗幡迎风飞扬，生动展现了运河水上航运场景。再如西人眼中饶有趣味的水鸟捕鱼船，图中两个中国人正抬着一艘船体硕大、略显笨拙的舟船，船中挤满了昂首阔立的捕鱼高手——鱼鹰。鱼鹰捕鱼是中国东南沿海、长江以及运河流域常见的捕鱼方式，

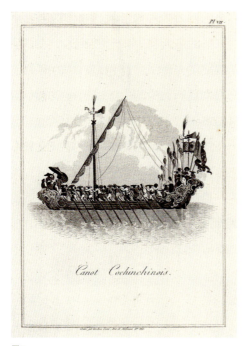

图7
多桨船

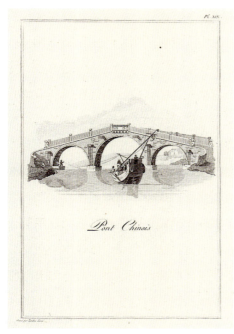

图8
鱼鹰捕鱼船

图9
舟船过闸

图10
撒网渔船

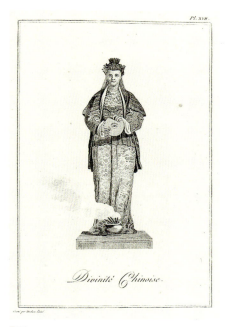

Pl. XVII.

Divinité Chinoise.

图11
中国女神像

常被远道而来的西方人视为奇观。除马戛尔尼使团外，元代来华的意大利传教士鄂多立克、17世纪访华的荷兰尼霍夫使团、19世纪访华的阿美士德使团、开埠初期到访中国的英国植物学家罗伯特·福琼（Robert Fortune）等都以文字和图像记录过沿途所见鱼鹰捕鱼的场景。马戛尔使团中的萧博士将这种奇特的捕鱼鸟鉴定为"塘鸟"，"喉部白色，身体白底下面有褐点，圆尾巴，黄色嘴"。副使斯当东也用生动的文字记录了山东运流域河鱼鹰捕鱼的场景：

> 船主做一信号，它们马上飞到水里去捉鱼。我们非常惊奇地看到在它们很小的嘴里衔着很大的一条鱼。它们被训练得真是好，用不着在它们的喉部用线或圈套着，它们把全部捕货品交给主任，自己不吃一条，除非主人为了奖励或饲养，做信号叫它们吃一两条。[10]

辅助鱼鹰捕鱼的船只广泛出现在运河沿岸的湖泊中，成为当地渔民赖以生存的生产工具，构成了运河沿岸别具一格的水上生活图景。

在18世纪末，威廉·亚历山大以素描、水彩等西方绘画技法，描绘中国的人物、风景、生活，形成了影响深远的中国图像系列。这些融合了中国内容与西方技法的图像，体现出中西交汇的特色，反映了大航海时代以来中西方海上交流的史实。有意味的是，当这些原本散落在中国各地的物象与风景经西人画笔绘制而出现在世人面前时，已非纯然自足的中国风物，而是经过西人

视觉的吸收与改造，成为"他者"视野下的异域形象。最能体现这一特点的是人物图像。比如中海博馆藏图册中，亚历山大绘制的中国武馆、雷神、中国女神（图11）等人物形象，其服饰装束为中国式样，但人物的五官面相却体现出凹眼凸鼻的西人特征。纵观18—19世纪西人绘制的中国图像中，这样的现象比较普遍。有学者分析这可能是由于画家草图或速写等无法提供者更为精准的中国人五官细节所导致。这种现象与18—19世纪广州外销画形成了呼应。中国画家接受了西方的透视、结构与光影知识，但仍然有意无意地保留了中国绘画特有的视觉习惯与处理手法，[11]比如在十三行港口风景画中商馆建筑表现出传统界画的平面感。时空交错，物象置换。这种特殊历史背景下的绘画创作无意间形成了18—19世纪中西海上文化交流中的形态与况味，也成为今人遥望历史的一道风景。

1. 该书全名为 An Authentic Account of an Embassy form the King of Great Britain to the Emperor of China : including cursory observations made, and information obtained in travelling through that ancient empire ,and a small part of Chinese Tartary . 国内较早的翻译版本为1916刘半农所译《1793乾隆英使觐见记》。1963年香港学者叶笃义根据美国Compbell公司版本将此书翻译成中文《英使谒见乾隆纪实》，由商务印书馆出版，后续多有再版。目前国内关于马戛尔尼使团访华研究多采用叶笃义中译本。

2. 陈姝妤：《马戛尔尼使团绘制的中国图像在英美的收藏现状述考》，《故宫博物院院刊》2022年第1期，第45—49页，转132页。

3. 刘潞、[英]吴芳思：《帝国掠影——英国使团画家笔下的中国》，中华书局、中国人民大学出版社，2007年，第2页。

4. 陈璐：《威廉·亚历山大笔下的中国图像》，《艺术百家》2014年第2期，第188页。

5. 钟珍萍、葛桂录：《互文·图像·数据与中国形象构建——以英国马戛尔尼使团著作作为中心》，《福建师范大学学报（哲学社会科学版）》2021年第2期，第144—154页。

6. 威廉·亚历山大著、赵省伟、邱丽媛编译：《中国衣冠举止图解》，北京理工大学出版社，2016年，第52—62、120页。

7. 钟珍萍、葛桂录：《互文·图像·数据与中国形象构建——亦英国马戛尔尼使团著作为中心》，《福建师范大学学报（哲学社会科学版）》2021年第2期，第144—154页。

8. 李仲：《版画——"印"出来的艺术》，《美术宝》2017年10月13日。

9. 陈琦：《图像的力量》，载自沈弘编译：《遗失在西方的中国史：〈伦敦新闻画报〉记录的晚清（1842—1873）》，北京时代华文书局，2014年，序言，第4页。

10. [英]斯当东著、叶笃义译：《英使谒见乾隆纪实》，上海书店出版社，2005年，第414页。

11. 龚之允：《图像与范式——早期中国绘画交流史（1514—1885）》，商务印书馆，2014年，总序。

清咸丰三年刊《浙江海运全案初编》

作者：顾宇辉
中国航海博物馆学术研究部（藏品保管部）
副研究馆员

中国历史上的漕运主要是通过水道将漕粮运往京师或其他特定区域。在运输方式上，主要有河运和海运，水路不畅时辅以陆运。漕运肇始于秦汉之际，隋唐时期，大运河开通，漕粮主要通过运河转运。元朝因大运河年久失修，着手发展海运。元代的漕运以海运为主、河运为辅。明代的海运多发生在初期，中期和末期也有过短暂试行。

清代前期一直实行漕粮河运制度。嘉庆年间（1796—1820），河道淤阻，河漕弊政渐多，漕运困难，河漕和海运之争不断，多次议行海运皆未果。道光六年，由江苏巡抚陶澍等人主持，清代的第一次漕粮海运开始。该次海运是河运阻塞后的权宜之计，一旦运河通航，仍会继续河运。嘉道年间（1796—1850）因漕运积弊和航道阻塞，清廷屡兴漕粮海运议论。道光二十七年（1847）户部奏请江苏改行海运。咸丰二年（1852），浙江巡抚黄宗汉奏请朝廷浙江改行海运。咸丰三年（1853），浙江施行漕粮海运。咸丰二年的漕粮海运管理和实施参酌江苏海运章程，由上海放洋运津。至此，漕粮由海道运输代替运河运输成为晚清江浙漕运的常态。在漕粮海运实施过程中，江浙两省官方均编纂过海运全案。该类官修海运全案为我们认识和了解这一时期漕粮海运实态及经济社会状况提供了弥足珍贵的文献史料。

一、馆藏《浙江海运全案初编》概况

中海博藏《浙江海运全案初编》，清黄宗汉修、椿寿等编纂，咸丰三年（1853）浙江粮道库刻本，黄纸线装十册，纸本。（图1）刻印清晰，原书部分册内有脱页、脱线、破损，现已修复。扉页刻"板存浙江粮道库"字样。第二册内夹带古籍著录信息表一片（残片），信息表蓝色印刷，内容为"湖北省文史研究馆、类别、书号、书名、总号、册数"等。著录信息系用黑色软笔楷体书写，"类别栏"填写"史、地理"，"书号栏"填写"25"，"书名栏"填写"浙江海运全案初编"，"册数栏"填写为"10"。该书系2012年由中海博通过杭州西泠印社拍卖公司购得。

江苏省和浙江省是有清一代全国漕粮海运的主要承担者，两省皆有官修海运全案。《浙江海运全案》前后刊刻两种：黄宗汉修、椿寿等纂《浙江海运全案初编》十卷、续编四卷；马新贻修、蒋益沣等纂《浙江海运全案重编》初编八卷、续编四卷新编八卷。前者是清咸丰三至四年（1853—1854）浙江粮道库刻本，后者是清同治六年（1867）粮储道库刻本。根据《浙江海运全案重编》卷前有马新贻序文所载："追至同治初年，《初编》《续编》其板已毁，因并刻之，统命曰《浙江海运全案重编》"。是故，两书的初编和续编有重复部分。摒除重复内容，《浙江海运全案》初编和续编有部分内容未收入《浙江海运全案重编》中，如初编卷九《实运米册》、卷十《派装船册》等，本馆所藏为前者。

该书由时任浙江巡抚黄宗汉、浙江布政使司布政使椿寿等人编纂。成书于清咸丰三年，它是对咸丰三年浙江所承办的该省咸丰二年的漕粮海运活动纪实文书。[1]全书共分十卷，卷一、卷二为谕旨奏疏上下两编；卷三、卷四为咨文移覆上下两编；卷五为浙江省海运局文案；卷六为浙江海运沪局文案；卷七为浙江海运津局文案；卷八为雇船事宜；卷九为实运米册；卷十为漕粮派装船册和海船图式。从征漕的地域看，全书涵盖杭嘉湖三府二十二个有漕州县。其

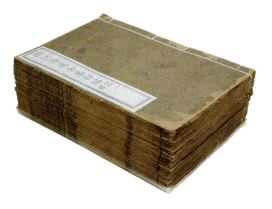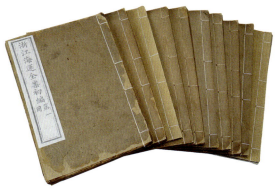

图1
清咸丰三年刊
《浙江海运全案初编》书影
中国航海博物馆藏

所涉及的海运办事机构有浙江海运总局、沪局及津局等。牵涉的地方官员则有浙江、江苏、山东、直隶、天津、奉天等省的地方督抚、沿海水师兵弁，海关道、户部坐粮厅、验米大臣等。关于办理漕粮海运的事务环节，大致如下：有漕各州县将各自额定漕粮先行用船运到上海黄浦，再将漕粮转驳到封雇的海船之上，海船行驶到崇明十滧候风放洋，越洋抵津交卸漕粮，再赴关东采办豆货，回南抵沪后办理二次漕运。下文结合当时的历史背景，就《浙江海运全案初编》各卷内容分别做一简要叙述。

二、中海博藏《浙江海运全案初编》各卷内容

卷一、卷二为谕旨奏疏（上、下），主要是浙江地方为创办漕粮海运事宜与朝廷之间的公文往来。因浙省漕粮在上海口岸放洋，因此也涉及部分两江总督、江苏巡抚与中央之间的公文往来内容。公文涉及奏章、上谕（谕旨）等。例如：浙江巡抚黄宗汉咸丰二年九月"奏为旧漕玩误势将误及新漕亟筹变通办法试行海运""奏为来岁新漕试行海运须预为封雇沙船请饬下两江督臣江苏抚臣委员帮通办理""浙省办理海运筹议章程""浙漕办理海运续议章程"及上谕训示。两江总督陆建瀛、江苏巡抚杨文定"奏为浙省漕粮

试行海运现在委员帮通赶办"、户部"奏为来岁南粮海运续议章程四条"，以及两江总督陆建瀛、户部有关办理海运漕米官员选任的奏章及批复、直隶总督派员会同天津道在津设局办理漕粮交兑、查验、驳运事宜等。

卷三、卷四主要涉及商船放洋运漕过程中沿海水师护送漕船、商船进入天津口后的盘验、沙船携带器械收发、漕粮在天津、通州两地的驳船运费银两的解送。商船兑交漕粮后，浙江巡抚与户部、山东巡抚、直隶总督、山海关监督、奉天府尹之间在天津挖泥压载、赴关东装载豆货、有关关东地方豆货的准备、各口催促商船回南、商船载货关税缴纳等事宜的公函。

以沙船所在二成货物的税捐问题为例，咸丰三年起运咸丰二年漕粮，每船准其八成载米，二成载货。由海关查明免税放行，但不得超过二成之数。其自关东运豆回南，仍照例输税；并声明装米千石，准其带货二百石，论石而不论价。如有二成以外之货，在天津销售，则在天津纳税；在关东销售，则在关东纳税。

再如沿海水师兵船的巡防护送、弹压稽查等事。为防海上盗贼侵扰，浙江巡抚要求定海镇统带兵船在江浙交界会同江苏水师共同巡护漕船。同时咨商山东、直隶等省一体防护。此时参与沿海漕船防护的水师机构主要有直隶天津镇、山东登州镇、浙江水师提督、江南水师提督、浙江定海镇、江南苏松镇等。各水师镇营遴委将弁在所辖洋面防护漕船。

卷五：省局文案。包括浙江巡抚黄宗汉、浙江布政使椿寿（署浙江布政使司麟桂）、浙江督粮道周起滨、杭嘉湖道晏端书、杭捕同知缪梓及有漕各州县官员围绕雇用民船转运咸丰二年漕粮、浙漕创始办理海运、漕粮催征、银米预筹支放、招雇上海沙船（山东卫船、宁波蛋船及三不像船）、将粮米驳运放洋、抵达天津、交付通州仓廒等事宜。上述事宜均在参酌江苏海运章程的基础上略作变通。

浙江海运省局设置方面，咸丰二年十月二十三日，浙省先在省城杭州设立浙江海运总局，由浙江布政司刊颁钤记。议定总局、上海

分局及天津分局局员组成。招募沙船、公文以省局为流转中心（一切关涉海运公文均须详禀省局）。局员酌用钤记，以昭信用。参酌江苏海运章程同时指派专员根据浙省办理实际情况，进行章程调整变通。勘察杭嘉湖三属州县所征漕米数量。预备漕粮交兑所需的一切款项。各局委员、员役薪水经费。"经书"（文秘）甄选等。

再如在上海另设分局，委员经收银米，绅董雇用斛手、兑交沙船等事。每装米一尺，即铺黄裱纸一层（船舱内铺席子为透气，漕米用麻袋盛装），每船装足后上加灰印，庶免沿途偷漏使水。

卷六：沪局设局。咸丰元年（1851）年底，浙江海运省局委任杭州中防同知仲孙樊、候补运副祝维则、候补通判李曾裕赴上海设立海运沪局。咸丰二年十二月初三日在江苏上海县小南门外薛家滨商船会馆设立浙江海运上海总局。该局委员拟定沪局章程17款，涵盖内外局设立及局内人员委派、制订上海总局章程、具体涉及局员指派、海船指泊、会同江苏省封雇沙船、海船兑装编号次序、海船标识和验米样袋制作、漕粮转驳量具校准、斛手雇用、海船进口和载重信息与有漕各府县的沟通和联络及浦江兑粮秩序维护等内容。

卷七：津局文案。为办理漕粮的收兑，浙江地方派员赴天津设局办理相关事务。所派官员设立津局后主要与直隶仓场所属的坐粮厅及天津道等会同办理有关漕粮抵津后交卸、驳船雇用、商船余米的收购、经费的支放等。

卷八：雇船事宜。为办理咸丰二年漕粮运输，浙江官府面临两个问题，首先是督促有漕各州县催促征漕；其次是要设局办理海运事宜。因浙江海运漕粮运赴天津，仍应由驳船赴江苏上海县转载沙船等海船在海口放洋。沙船雇用是棘手问题。时上海沙船计有1000余艘。咸丰元年江苏苏松常镇太四府一州办理海运漕米140余万石，需使用沙船800余只，每船约装船1200余石。咸丰二年，浙江杭嘉湖全额漕米计95万余石。因该年杭嘉湖遇有灾害，漕米额数按七成计算共有60余万石，需要沙船600只左右。

赴沪设局办理漕米兑运事宜，浙江主要仿照江苏做法也在上海

设立内外两局。江苏海运在上海设立内外两局，内局主要经理收支银米，稽查用款等财务事项；外局延请上海本地殷实公正绅董（沙船号商占多数）督饬照料，预备各种物品，及漕粮由各地开往上海的驳船转载沙船、雇用豆行斛手、分装派兑漕粮、发放沙船水脚等事宜。

浙江首先寻求在浙任职的江苏籍官员和在上海经商的浙籍殷实绅董调查上海办理漕运情形。因两者均较熟悉江苏上海的海运状况与地方情势。

由于江苏河船小敷应用，浙江根据道光六年上海办理海运有宁波蛋船、三不像船及山东沿海卫船装载的成案，浙江巡抚饬令宁波海关将该口蛋船、三不像商船全数封雇；同时咨明山东巡抚转饬该省沿海卫船赴上海装运浙省漕粮。后经江浙两省会商议决首批漕米江苏专用沙船运输；浙江先用蛋船、三不像船运输，待蛋船、三不像船不敷使用后，再雇用沙船、卫船。

卷九：实运米册。该册主要统计杭嘉湖三府咸丰二年额定起运交仓漕粮正耗米数、白粮正耗米数、所给丁耗项下支销漕粮耗食米数、商船耗米数、经纪耗米数、天津官私驳船食米数。

卷十：浙江漕粮派装船册和海图船式。咸丰二年，杭州府（仁和县、钱塘县、海宁州、富阳县、余杭县、临安县、新城县、於潜县、昌化县）、嘉兴府（嘉兴县、秀水县、嘉善县、海盐县、平湖县、石门县、桐乡县）、湖州府（归安县、乌程县、长兴县、德清县、武康县、安吉县）共派装沙船、卫船、宁船共计414只。嘉兴府派装漕船只数占总船数的五成有余；湖州府次之，占二成七；余下船只则为杭州府派装。另外，尚有湖州府加派运输咸丰元年的旧白粮（注：应是咸丰元年该府应完未完的漕粮）船10只。海图船式方面，主要是各类海船从上海县黄浦江口至天津东关外的海道针路、海运图、天津上园图、拦江沙图、海河图、黄浦江图、吴淞江图、沙卫宁等海船的停泊与行驶图（图2、图3、图4、图5）、考定沙蛋三不像等船船式、具承揽式、风报潮信等。

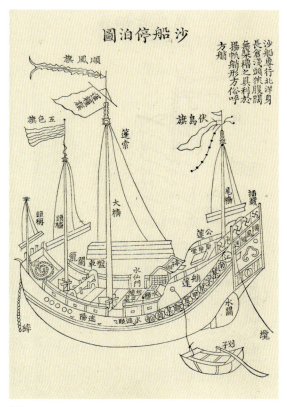

图2
沙船停泊图

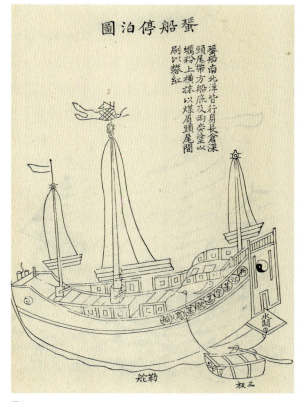

图3
蛋船停泊图

三、《浙江海运全案初编》的文献价值

《浙江海运全案初编》全书内容丰富，涉及清代漕粮征收、兑运和交仓、漕运官制和漕制、漕运办理机构的设置与运作、米价、粮价、海关课税、运粮海船、海运航线、运途的防护等众多历史信息，具有重要的文献价值。首先，它是反映清代漕粮海运的重要官修文献史料。《浙江海运全案初编》与《江苏海运全案》《大清会典》《东华录》《清实录》等共同构成了清代漕粮海运的官修文献体系。该类文献与《朱批奏折》《军机处录副奏折》《上谕档》等涉及漕粮海运

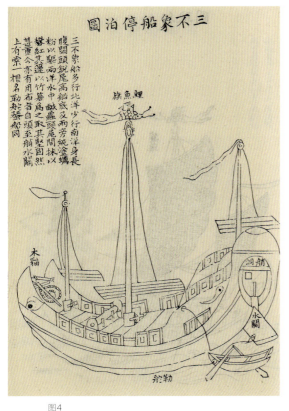

图4
三不像船停泊图

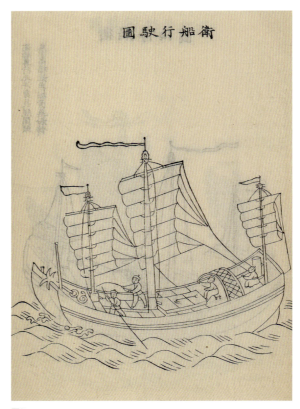

图5
卫船行驶图

较多的官方档案和大量的地方志、清人文集、笔记及其他资料一起构筑起整个清代漕粮海运的主体研究资料；其次，《浙江海运全案初编》为了解道光末年咸丰初年政治经济社会提供了重要观测面向。漕粮海运是当时中国社会中的重要事件，既是经济问题亦是军事政治问题。此期推行漕粮海运，直接的目的就是为了节省费用。伴随海运的推行，王朝传统的实物地租进一步货币化，这是观测清代赋役制度变迁的重要窗口，也是此期商品经济进一步发展的呈现。此期的漕粮海运之所以能够取代河运，一个最直接的因素就是此时太平天国军事

行动业已占领武昌，清廷为之震动。待咸丰三年初，也即是浙江漕粮海运开始起运之际，太平军占领南京。此时，围绕漕粮的河运抑或海运，海运办理过程中江浙、山东、直隶、天津、奉天及户部、兵部、礼部等军政大员间的频繁互动，在较大程度上反映了各类政治力量围绕漕运的利弊得失所开展的较量、斗争、妥协及合作。再次，《浙江海运全案初编》也是研究传统航海经济社会历史的重要契入点。它为考察航海运输路线、运输工具、运输安全及经由漕运所实现的传统远距离区域间物资商品流通提供了较为翔实的研究资料。

1. 清代江浙漕粮海运一般需要跨年进行，当年的漕粮在当年冬季征收，来年正月初十左右，有漕各州县将各自的额定漕粮派船运到上海转驳海船，二月初待南风在崇明十滧等处放洋，然后越洋赴津交卸。如海运文献中"浙江咸丰二年海运"意即"咸丰三年浙江起运咸丰二年漕粮"。

清光绪四年刊《浙西水利备考》

作者：於燕燕
中国航海博物馆社会教育部
副研究馆员

中国有着悠久的治水历史。在农耕文明时代，治水直接关系着政权兴衰和经济文化的繁荣，中国历代王朝都把治水作为国计民生之本，兴邦治国之策。我国古代的治水活动，对水利科学技术的发展起到了十分直接而重要的作用，同时也形成了相当丰富的水利著作。据统计，现存的古代水利专著就多达300余种。[1]

浙西河道密布，湖泊众多，既是赋税重地，亦为水患频发之地区。北宋单谔在其所著《吴中水利书》中指出苏、常、湖三府之水为患最久。因此，浙西水利也倍受历代水利学家的关注和重视。

《浙西水利备考》是清代较为重要的浙西水利著述，由王凤生（1776—1834）撰，道光四年（1824）首刊。中海博所藏《浙西水利备考》（图1—2）为清光绪四年（1878）浙江书局重刊线装本，梁恭辰重校，梅启照作"重刻浙西水利备考序"。其中大量绘图采用朱墨双色套印，保存完好。梁恭辰在跋中提到，书原版已毁，见者甚少，因此重新校正付梓，"治患于未萌，杜危于不觉"。[2]

一、内容概述

《浙西水利备考》全书3万余字，分为四个部分，分别为《杭州府水道七府三江图》《湖州府水道全图》《嘉兴府水道全图》以及《乌程长兴二邑溇港全图》，每部分均有图、说，对浙西杭、嘉、湖

三府所属州县水道等附有精心绘制的水道图。《杭州府水道七府三江图》，下分《东南水利七府一州总图》《三江大势情形图》《浙西三府水道总图》《浙江省城内外河道全图》《杭郡治五州县通贯浙西水道总图》等；《湖州府水道全图》，下分《太湖全图》《湖州府属水道总图》等；《嘉兴府水道全图》，下分《淀泖源流图》《嘉兴府属水道总图》等。

梅启照在重刊序中言明："《浙西水利备考》一书网罗群说，证所目观，穷原竟委，如陈指掌，实足辅前人之所未备。"[3]王凤生参考了前人的水利学说，通过实勘浙西水利的状况，考证原委，为浙西河道治理提供了决策依据。此书不仅是王凤生治水经验的总结，展现了王凤生在治理浙西水利上的作为，同时也为后世研究河湖水系变迁、灌溉工程、江河湖海堤防工程、重大水事活动等提供了宝贵的资料。

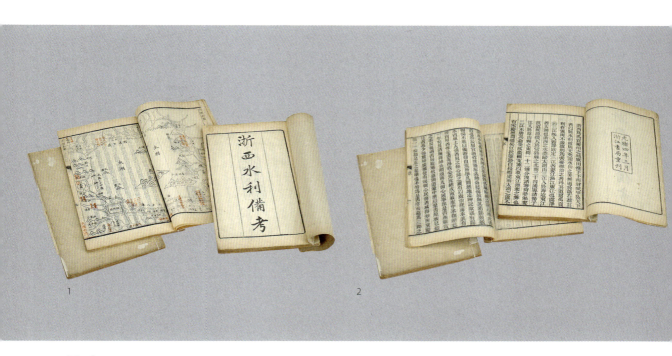

1　　　　　　　　　　　　　　　　　　　　　2

图1—2
清光绪四年刊《浙西水利备考》书影
中国航海博物馆藏

二、成书背景

清道光癸未年(即道光三年，1823)，发生了全国范围的水灾，史称"癸未大水"。《清史稿·食货志·赋役》载:"国初以来承平日久，海内殷富，为旷古所罕有……至道光癸未大水，元气顿耗。"[4]此次水灾强度大，面积广，南北皆涝，长江中下游地区水灾分布最多，尤其以太湖流域苏州、松江、常州、太仓、杭州、嘉兴、湖州七府州最为严重。该区域是清代经济最发达的地区，同时赋税最高，[5]因而清政府蒙受了巨大的财政损失。癸未大水被认为是导致清末"道光萧条"的重要原因之一。

在灾后赈济之外，清政府也开始谋划修复水利的工作。受灾最为严重的七府州分隶江苏、浙江两省，但都环绕太湖，属同一流域，在水利治理上，需相互配合。[6]因而，在筹划兴修江浙水利的过程中，形成了两省通办的决策。道光二年（1822），浙西洪涝，王凤生临危受命不负众望治水成功。癸未大水之后，"会浙西大水，江、浙两省议合治，调凤生乍浦同知，勘水道，乃由天目山历湖州、嘉兴，沿太湖以达松江"，[7]王凤生再次受命协同治水。

道光三年十二月，王凤生奉命实地查勘水患情形，考察浙西水利。道光四年（1824），王凤生调嘉兴府乍浦同知，同年冬调江苏淮安府南河同知，治理水利，[8]全程主持参与治水事宜。经过实地勘察，王凤生获得了大量第一手资料，绘图著说而成《浙西水利备考》，于道光四年三月完成。

三、著者生平

王凤生，字竹屿，安徽婺源人，清代水利、盐政专家。他出生于官宦世家，历任嘉兴府通判、玉环同知、乍浦同知、河南归德知府、彰卫怀道、两淮盐运使。先后总理浙江清查仓库事宜，勘察浙西水道，浚河南虞城、夏邑、永城三县沟渠，筹措黄河工务，治理江汉

堤防，整顿两淮盐务，大兴改革，颇有成效。

王凤生深受经世致用之思潮影响，怀抱济世救民之宏愿，为国计民生付诸全部精力，与当时经世派人士交往颇深。[9]王凤生曾协助陶澍督办两淮盐务。陶澍崇尚实学，提倡经世致用，是经世思潮的创始者及践行者，其经世思想也深深影响了王凤生。他与林则徐、魏源、梅曾亮、包世臣等经世人士都有交往。魏源对他也倍加推崇，"近日海内谈实用之学必首推重君"。[10]

王凤生勤慎务实，每治理一地区，都会在勘测、调查的基础上绘制该治域的地理、水利形势，并根据水利形势采取因地制宜的改革措施。[11]《清史稿》这样评价他："生以仕为学，尤笃好图志……每吏一方，必能指画其形势，与所宜兴革。"[12]在其三十年为官生涯里，笔耕不辍，著作颇丰，有《利备考》《河北采风录》《江淮河运图》《汉江纪程》《江汉宣防备考》《淮南北场河运盐走私道路图》等20余部著作传世，大多是他从政实践的记录。

王凤生逝世后，魏源为其作墓表，林则徐特别为王凤生手书墓志铭，可见其影响。王凤生对治理水灾和整顿盐务都有相关著述，尤其在江浙水道和黄河水道的灾患治理方面有着不可忽视的历史贡献。

四、"浙西"范围

今天我们说的浙西，基本上是指钱塘江西北地区，包括杭州市、湖州市西部辖区；嘉兴地区、杭州市与湖州市的东境，则概称浙北。[13]与《浙西水利备考》中的"浙西"概念大为不同。

两浙之分由来已久，但是不同历史时期，浙西的概念也有所不同。"浙西"作为行政区域诞生于唐代。唐乾元元年（758）设浙江西道，区域为润州（南京、镇江）、常州（含无锡）、苏州（含上海、嘉兴）、湖州、杭州（含海宁）、歙州（即徽州），浙西的地域概念由此诞生，也大致奠定了日后江南大致的地域范围。北宋，浙西、浙东两道合并为两浙路，至南宋又再次分为两浙西路和两浙东

路，两浙西路辖区为临安府（杭州）、镇江府（含南京）、常州府（含无锡）、平江府（苏州、嘉定）、湖州、秀州（嘉兴、上海）、严州（建德、淳安、桐庐）、江阴军，此时浙西的区域基本与清代苏、松、常、镇、太、杭、嘉、湖七府一州地域范围一致。元代开始，两浙路统属于江浙行省，江南浙西道区域为杭州、镇江、常州（含无锡）、平江（苏州）、湖州、嘉兴、建德（含淳安、桐庐）。明代洪武九年（1376）改行省为承宣布政使司，宣德三年（1428）全国统分为两京十三承宣布政使司，原江南浙西道的辖地被分散划分至不同的行政区域中。作为明确行政区划的"浙西"不复存在。"浙西"随之分化为"大浙西""小浙西"。"大浙西"包括南直隶所属苏、松、常、太三府一州与浙江布阵使司所属杭、嘉、湖三府，"小浙西"则指称杭、嘉、湖三府。[14]

　　本书中的"浙西"指杭州、嘉兴、湖州三府地区（图3），包括杭州府之仁和、钱塘、海宁、余杭、临安，嘉兴府之嘉兴、秀水、嘉

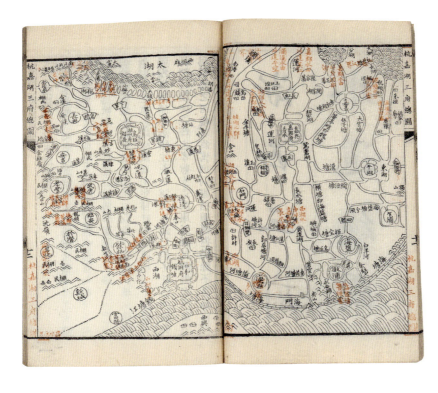

图3
《浙西水利备考》所载
《浙西三府水道总图说》

善、海盐、石门、平湖、桐乡，湖州府之乌程、归安、长兴、德清、武康、安吉、孝丰。[15]

五、治水理念

王凤生以明代沈㾈《吴江水考》、张国维《吴中水利全书》、清代金友理《太湖备考》等等前人著述为参照，通过详细查勘，从而得出各地水道变化之缘由，阐释浙西杭嘉湖三府水道的治水情形和困境，并提出对应的治理之法。

王凤生在《浙西水利备考·序》中详述了浙西水患的原因，由于"浙西之水，悉归太湖，由三江入于海。迨东江故道既淹，后人于常熟县之北开二十四浦，导诸扬子江，又于昆山县之东开一十二浦，分泄诸海。尚恐淞、娄二江不胜其翕受，故广辟支流，以救东江湮塞之弊也。有宋庆历间筑吴江挽运路，自长桥建，而太湖之流

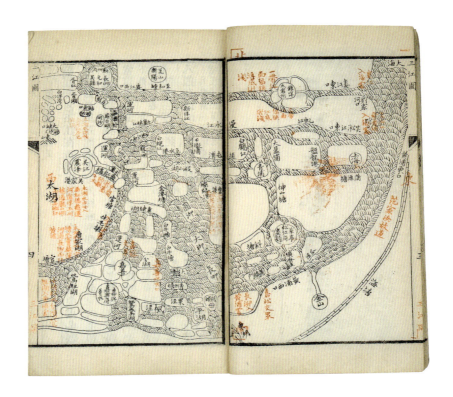

图4
《浙西水利备考》所载
《三江大势形式图说》

不畅，溷潮倒灌，泥沙积久成淤，于是乎吴中始有水患"。[16]三江是太湖排泄入海的重要通道，东江早已湮塞，而北宋在吴淞江修建吴江堤和长桥后，出水口受到限制，致使吴淞江逐渐淤积。王凤生将太湖流域的水患主要归为吴淞江日益严重的壅塞，下游主要入海水道的不畅。(图4)

同时，王凤生认为，浙西水利属于太湖水域的一部分，对浙西水利提出了统筹治理，江苏、浙江互相协作的观点。"三郡分而言之，形势各有要隘，而三郡合言之，脉络实相贯通"，"浙西之水虽发源于杭湖，而三江太湖系其尾闾，俱隶江苏境内，非合二省统观，莫悉端委，且浙西之流即吴中之源，两治均利，独治徒费也。"[17]当时有不少人也持有这一看法，在癸未大水的治理过程中两省联治逐渐成为共识，而太湖流域水利整体治理的做法也一直延续至今。

1. 朱更翎：《中国古代水利名著》，《中国水利》1986年第1期，第42页。
2. [清]王凤生：《浙西水利备考》，浙江书局刻本，清光绪四年（1878）。
3. [清]王凤生：《浙西水利备考》。
4. [清]赵尔巽：《清史稿》卷一百二十一。来源：http://guoxue.lishichunqiu.com/shibu/qingshigao/4572.html
5. 刘文远：《林则徐总办江浙水利考述》，《中国社会经济史研究》2014年第12期，第43页。
6. 刘文远：《林则徐总办江浙水利考述》，《中国社会经济史研究》2014年第12期，第44页。
7. [清]赵尔巽：《清史稿》卷三百八十四。来源：http://guoxue.lishichunqiu.com/shibu/qingshigao/4837.html
8. 陈淑娇：《王凤生之生平著述考》，《西华师范大学硕士论文》，2016年，第10—11页。
9. 余婷：《王凤生〈越中从政录〉的整理与研究》，《江西师范大学硕士论文》，2017年，第130页。
10. 魏源：《两淮都转盐运使麋源王君墓表》，引自夏剑钦编：《中国近代思想家文库：魏源卷》，中国人民大学出版社，第235页。
11. 陈淑娇：《王凤生之生平著述考》，《西华师范大学硕士论文》2016年，第15页。
12. [清]赵尔巽：《清史稿》卷三百八十四。
13. 冯贤亮：《近世浙西的环境与水利》，《中国社会历史评论》2010年第1期，第218页。
14. 孙杰、徐枫：《水乡平原之外的"江南"：明清方志所见浙西"山区州县"的自我认知》，《史林》2019年第10期，第93页。
15. 余婷：《王凤生〈越中从政录〉的整理与研究》，《江西师范大学硕士论文》2017年，第164页。
16. [清]王凤生：《浙西水利备考》。
17. [清]王凤生：《浙西水利备考》。

清光绪二十八年
招商内河轮船公司股票

作者：武世刚
中国航海博物馆学术研究部（藏品保管部）
主任、副研究馆员

　　创建于晚清的轮船招商局，是中国近代民族工商业的杰出代表，也是我国第一家近代化的轮船航运公司，历经时代变迁，发展至今已有150余年。中海博收藏有一枚招商局最大的附属企业——招商内河轮船公司（时人亦简称其为"内河局"）的原始股票（图1—2），品相完好，传承有序，是非常可贵的历史见证，具有重大的历史价值。

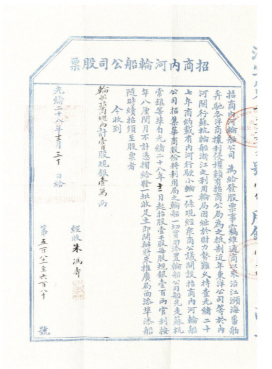

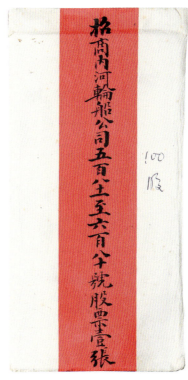

图1
清光绪二十八年招商内河
轮船公司股票
中国航海博物馆藏

图2
招商内河轮船公司股票封套
中国航海博物馆藏

1   2

一、藏品形态与基本内容

中海博收藏的招商内河轮船公司股票，时间为光绪二十八年（1902），正是内河局刚刚成立的时候，可见该枚股票是公司初创时发行。股票有雕版蓝印腰牌形双线公文框，首行居中自右向左印有公司股票名称《招商内河轮船公司股票》，正文自右向左直书如下：

招商内河轮船公司，为给发股票事，窃维通商以来，沿江濒海番舶奔驰，各洋商攘利侵权，赖有招商公局为之抵制。近年，东洋公司等于内河开行苏杭轮船，浙江之利用轮局因绌于财力，势难久持。查光绪二十七年商约载有内河行驶小轮一条，现经众商公议，开设招商内河轮船公司。招集华商股份，将利用局之轮船一切买回添置轮船公司，先走苏杭常镇等埠。自光绪二十八年十二月起，招股一千股，每股规银壹佰两，官利按年八厘，闰月不计。凭摺给发，一批收足，立即开办。将来推广局面，添埠添船，随时续招须至股票者。

今收到轮船招商总局计壹佰股规银计壹万两，光绪二十八年十二月三十日给，经收朱冯寿，第五百八十一至六百八十号。

从股票内容来看，股票时间、编号、数额，股东、经办人相关人员姓名等内容均为手写填入。正文结尾处股票"给发时间"处盖有硕大的长方形公司印章，经收人为朱冯寿，签名下方盖有方形私章。股票右侧的骑缝处一裁为二，一上一下各盖有残存一半的椭圆形公司朱文印章，其上文字，内容依稀可以辨认，印文中间自右至左分三行为"招商—内河轮船公司—上海"，另有公司及上海的英文。骑缝处残存文字为自上而下一行直书，同样为蓝色印字"沪字第**号**股银**"。一般来说，股票与其存根部分为二联单，内容基本相似，可装订成册，填完之后股票交给股东，存根留底。

从股票形制上看，该枚股票仍然保留着官府公文告示的传统式样，上为横书的公司股票名称，中间直书股票主体内容，一般都是遵循传统从右向左书写，采用的也是官方告示性文体，由此也可看

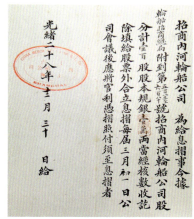
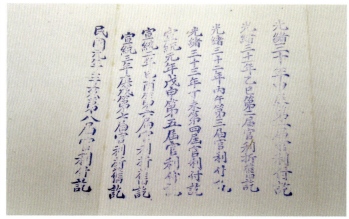

图3
招商内河轮船公司股票息摺
中国航海博物馆藏

出招商内河局与官方千丝万缕的背景关系，这也是我国早期工商业股票类似传统契约、执照的雏形状态。

随股票发给的还有"息摺"（图3），是领取股息的凭证之一，也是用来记录每年领取的股息金额，以便及时核对兑息情况。[1]这份息摺为纸质经折装，雕版印刷。第一折主要介绍息摺的凭据、来由、票额与股银的金额数目，具体内容从右至左直书为："招商内河轮船公司，为给息摺事今据轮船招商总局附到第五百八十一至六百八十号招商内河轮船公司股分计一百股，股本规银一万两，当经核数收讫，除填给股票外合立息摺每届三月初一日公司会议后，应将官利凭摺照付须至息摺者。光绪二十八年十二月三十日给"，日期处盖有公司椭圆形朱文印章。息摺第二折页是第一届从光绪三十年到第八届民国元年官利收讫的全部记录，为蓝字印书体。

二、早期股票与官利制度

股票，是设定某种权利或证明的法律凭证，是公司募集资本向出资人出具的股份凭证，是一种借以取得股息或红利的有价证券，具有法定性。中国近代意义的股票，出现于晚清时期。随着西方资本市场的侵入，带来了近代意义的股份公司与股票证券，在融资和收益方面具有明显的现代性特征。[2]中国最早的股票，号称"中国第一

股"，正是1872年轮船招商局创办时发行的股票，形式非常传统，为中国早期股票的雏形。(图4) 当时招商局创办时，为筹集资金短缺问题，学习西方股份制企业，第一次尝试向社会挂牌发行股票，官督商办，招商募股筹集资金。1883年10月21日《申报》评论说"招商局开其端，一人倡之，众人和之，不数年间，风气因之一开，公司因之云集"。由此可见，招商局股票的发行在中国近现代经济发展史上，具有重大的开创意义。[4]

息摺中出现的"官利"，是近代中国股份制企业普遍实行的一种特殊分配制度，学术界普遍认为首创于轮船招商局。[5]所谓"官利"，又称"官息""正息"，与"余利""红利"相对应称呼。[6]一般来说，招商募股办企业，股东与企业风险共担、利益共享。在利益分配时，股息视当年利润的多少而定，上下浮动并不固定。而在清末中国的股份制企业中，不管企业的利润多少、经营状况如何，官利（即股息）却是固定的，并且必须予以保证。[7]由于官利必须支付，企业的红利便不是从利润中提分，而是先派官利，然后结算营业利润，不足，即谓之亏损；有余，则再分红利。官利制，是当时中国特殊国情的

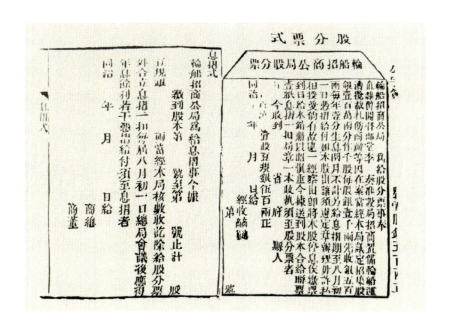

图4
1872年轮船招商局创办时
发行的股票[3]

历史产物，不仅招商局、汉阳铁厂、开平矿务局、电报局等官督商办的股份制企业实行官利制，而且民族资本经营的股份制企业，如张謇的大生纱厂、荣氏家族的茂新面粉厂也实行官利制。即使到了民国之后，这种官利制也一直被延续遵循。[8]不过据研究，当时各企业在官利之外，再给付红利的也不大多见。[9]因此，在这份光绪二十八年的股票息折中仅仅看到了官利收讫记录，"余利"却不见记载。

三、招商内河轮船公司的兴衰发展

轮船招商局创办于1872年，而内河轮船公司于30年之后才成立，这是因为在闭关锁国的时代背景下，轮船通航权是在列强逼迫之下逐渐开放，呈现出由外而内的渐进变化。

1860年《北京条约》签订之后，各国外轮为攫取航权利益，争赴中国谋取利益。在这种形势下，长江、外海航运利益几乎全被外国轮船占尽，中国传统的木帆船航运业受到致命打击，为维护国家权益，打破洋商瓜分格局，1872年创立轮船招商局，以期渐次收回内江外海航运权利。[10]虽然招商局的成立是内外交困等多种复杂因素所形成的综合结果，[11]但抵制洋商攘利侵权确是其重要的政治经济动因。事实上也确实打破了洋商垄断，取得了实际的效益。据《招商局史稿》和《愚斋存稿》所载，招商局在创办后的20年当中共得轮船水脚3344余万两。[12]

当时虽然沿江濒海已经开放，但清政府对外轮深入内河比较限制，各国屡有要求，但一直不允许外轮驶入通商口岸以外的任何内河，甚至对于华商内河航运也是严格限制。1895年《马关条约》签订后，情形发生变化，开始准许外国船只"从上海驶进吴淞口及运河以至苏州府、杭州府"。[13]1896年清政府还专门颁布《苏杭沪三处试办贸易章程》，1898年颁布的《内港航行章程》又将范围扩展到各通商省份的内河水道。[14]从此以后，外国航运势力开始进入中国内河港口，内河航运门户被打开。也正是从1895年开始，清政府对于国

人兴办内河航运的态度也被动的发生转变，从严令禁止转为扶持鼓励，到1899年，长江中下游民营中小轮船业总数约在40家左右。[15]

股票中提到的东洋公司，正是1896年由日本人白龙岩平在上海开办的大东新利洋行，开始经营上海至苏杭的客货运输。美国、英国、德国、法国、俄国等国的商轮紧随其后，纷纷进入内河航运市场争利。由于竞争激烈，1898年10月，在日本政府的资助下，大东新利洋行改组为大东汽船合资会社（后又改组为大东汽船株式会社），扩充资本，降低运价，增加航线班次，致使其他航运公司受到极大冲击。[16]轮船招商局正是在这样的形势背景下，成立招商内河轮船公司。此种情形与民国《杭州府志》的记载基本一致，"按杭州自光绪二十二年八月开关以后，次年即有戴生昌、高源裕、利用、芝太富各小轮船局援照内河行轮章程，先后设立总局在拱宸桥，支局在省城内及行轮各埠，由杭至湖至嘉至苏至沪，路过各镇，亦停泊搭客货焉。后日清公司继起，而高源裕、芝太富、利用三局，二三年间均各停闭，招商局乃有内河招商轮船局之设"。[17]

股票中提到的利用公司全称为"奏办利用公司官轮局"，原本由浙江商务局[18]与商人庄诵先官督商办，[19]于1897年创办，但在外商倾轧之下，1900年被迫歇业。1902年经浙江巡抚致函沟通并购意向，招商局随即委派镇江分局局董朱冯寿清理盘购利用轮船局，总办内河招商轮船事宜，[20]将该公司"利川""利航""利海"3只小轮和4艘拖船作价2.1万两，收归招商局所有，又自添小轮4只，拖船2只，正式设立招商内河轮船公司（后称内河招商局，简称内河局）。[21]

内河局是招商局最大的附属企业之一，从公司的成立到日后的发展，都与总局有着相当密切的联系。其中最直接的就是资金支持。股票入股方注明为"轮船招商总局"（原称为"轮船招商公局"，1873年7月招商局经过第一次改组由唐廷枢出任招商局总办时，[22]改为总局），此枚股票认购从第五百八十一号至第五百六十号，共计一百股，每股规银一百两，计规银一万两。根据相关史料记载，内河局成立之初，即由总局拨股五万，[23]这枚规银一万两的股票正是内河

局成立之初原始老股中的一枚，也算是新企业创办的启动资金，其余由商股凑齐。在其后的发展经营过程中，招商局先后多次对其注资，至1927年内河局衰败时，招商局已垫资超过25万元之巨。

另外在内部经营管理方面，总局也多有关联。如刚开始公司的董事陈猷、严潆、唐德熙，总经理朱冯寿，再到后来的继任者朱炳钧、施肇曾、汪揖顷、傅宗耀等，基本都是总局调任，表明在高层人事安排方面，总局很有话语权。1914年2月招商局召开股东特别会议，决定航产分离，成立"积余各埠产业有限公司"，内河局亦被划入其中，后还在总局安排下，创办内河机器厂。

内河局总部设于上海，其业务以上海为中心，经营江浙的内河航运，正如股票文书中所称，"先行苏杭常镇等埠"，后分公司逐渐填设于苏州、无锡、常熟、宜兴、江阴、镇江、扬州、杭州、嘉兴、湖州等处，航线一直延伸至江北邳州一带，形成当时最大的内河航运网络。发展到高峰时，内河局拥有小轮20艘，拖船16艘，另外还租用各类小轮、拖驳共15只，其运输能力得到进一步加强。

内河局自1902年成立至1910年，已经发展成为当时全国最大的内河航运企业。后因政局不稳，竞争倾轧，再加上火车、汽车等新式交通运输工具的冲击，内河航运开始凋敝，到1930年因经营不善，转租他人，发展每况愈下，实际上此时内河局已经名存实亡。到1935年租约期满，招商总局收回勉强维持，不久宣告结束，次年停航，内河局最终退出了历史舞台。[24]

招商内河轮船公司，在内外交困的历史背景下应运而生，是时代发展的产物，在其并不太长久的发展历程中，烙印着特殊的时代印记。庆幸的是，历经波澜壮阔的航程，公司成立时发行的原始股票依然保存完好，为近代内河航运发展历史留下了珍贵见证。该股票不仅反映了我国早期股票的萌发、形态、功能和时代特征，还折射出我国早期航运企业招商集股、亦官亦商探索发展的筚路蓝缕，烙刻下积贫积弱年代我国近代民族企业发展的斑驳痕迹。

1. 卢伯炜：《官督商办洋务企业股份票研究》，《苏州大学学报（哲学社会科学版）》1995年第4期，第90—97页。

2. 王玉信：《股票鉴赏与收藏》，《东方收藏》2013年第4期，第101—102页。

3. 图片来源：胡政：《招商局画史——一家百年民族企业的私家相簿》，上海社会科学院出版社，2007年，第15页。

4. 胡政：《招商局画史——一家百年民族企业的私家相簿》，上海社会科学院出版社，2007年，第15页。

5. 见张忠民：《艰难的变迁：近代中国公司制度研究》，上海社会科学院出版社，2002年，第387页；李玉：《晚清公司制度建设研究》，人民出版社，2002年，第34—35页；朱荫贵：《改进与变革：近代中国企业官利制度分析》，《近代史研究》2001年第4期，第145—167页；杨华山：《中国早期现代化建设的二难困境 晚清专利与官利制度述评》，《安徽史学》2002年第2期，第41—45页。

6. 朱荫贵：《中国近代股份制企业研究》，上海财经大学出版社，2008年，第97页。

7. 朱荫贵：《引进与变革：近代中国企业官利制度分析》，《近代史研究》2001年第4期，第145—167页。

8. 邹进文、姚会元：《近代股份制的"中国特色"之一——试论清末股份企业的"官利制"》，《中国经济史研究》1996年第4期，第27—33页。

9. 汪敬虞：《中国近代工业史资料（第二辑下）》，科学出版社，1957年，第1012页。

10. 吴汝纶：《李文忠公全书》，文海出版社，1983年，第50页。

11. 刘燕京：《轮船招商局的创立及其在中国近代史中的积极作用》，《中国航海》1996年第2期，第89页，"轮船招商局是在外国侵略者垄断我国沿海和长江航运的情况下，是在华商资本搭附洋商轮船公司的情况下，是在中国旧式沙船被淘汰，清政府的潜粮面临不继的情况下而诞生的"。

12. 江天凤：《长江航运史（近代部分）》，人民交通出版社，1992年，第159页。

13. 戴鞍钢：《内河航运与上海城市发展》，《史林》2004年第4期，第94—98页。

14. 王铁崖：《中外旧约章汇编（第一辑）》，三联书店，1957年，第616、786页；"通商省份所有内河，无论华、洋商均可行驶小轮船，借以扩充商务，增加税厘"。

15. 汪敬虞：《中国近代工业史资料（第2辑下）》，科学出版社，1957年，第216页。

16. 任慈杰：《上海内河航运志》，上海社会科学院出版社，1999年，第210页。

17. 聂宝璋、朱荫贵编：《中国近代航运史资料》，上海人民出版社，1983年，第236页。

18. 朱英：《论晚清的商务局、农工商局》，《近代史研究》1994年第4期，第73—91页。

19. 《湖北商务报》，44期，光绪二十六年七月初一日，各省商情。"沪杭来往小火轮，向止有戴生昌一家，裕源继起，旋即中蹶。商埠继辟，乃有日本大东公司，与生昌争衡。迩年生意日旺，商务局利用公司，因于议设机器磨面、手巾、火柴等样外，更创沪杭官轮局，已收利源，昨已满城招贴。因系官商合业，故有奏办字样云"。

20. 李心同：《轮船招商局内河航运事业的兴衰》，《中国水运》2013年第1期，第52—53页。

21. 张后铨：《招商局史（近代部分）》，中国社会科学出版社，2007年，第230页。在1902年登于《中外日报》的公司告白中也可窥一斑："本公司今于十月十七日自上海开班，先走苏、杭、常州等地，其余逐渐推广。所有本埠利用轮船以及各码头装修器具一切，并轮船三艘名利川、利源（有史料作'利海'）、利航，又公司船四艘名安利、通利、快利、得利均售给本公司收管。至利用经手之出入款项，概由利用自行清理，于本公司毫无干涉。先此声明。"

22. 朱荫贵：《国家干预经济与中日近代化——轮船招商局与三菱·日本邮船会社的比较研究》，东方出版社，1994年，第63—64页。

23. 交通铁道部交通史编纂委员会：《交通史航政编（第1册）》1931年，第216页。

24. 李心同：《轮船招商局内河航运事业的兴衰》，《中国水运》2013年第1期，第52—53页。

民国中国沿海针路簿抄本
——装帧中的隐藏信息分析

作者：黄乐
中国航海博物馆藏品修复部
副研究馆员

针路簿是用于指导航海的工具书，为中国传统航海技术的重要构成。中海博收藏了一本民国中国沿海针路簿抄本。（图1）文物修复工作中，对藏品承载信息做最大限度的保留是文物修复的基本原则，但在实际操作中，必然会遇到取舍问题。笔者在这本民国中国沿海针路簿的修复过程中，发现了多重装订问题。为了确定修复需要还原到哪次装订，对文物修复中的取舍问题展开了思考，首先明确修复方向与原则，再从延寿、增补、改造、考据等多方面进行思考；根据对文物的情况分析，最终确定了修复还原的时间点，并在实际修复中成功运用。

一、中海博藏民国中国沿海针路簿抄本概貌及病害情况

该针路簿为中海博三级珍贵文物。由于该针路簿封面、封底及前后内页大面积缺损，未发现书名、抄录人等信息。其抄录内容为海路针经，即"舵工定针路而视所向用字也"，是航海者（商船、运输船、渔船等）用于航海指南的工具书，主要记载各条航线所经的港口、岛礁等地名，以及航行方向（针位）、距离（更数）和各条航线的注意事项，包括气候、潮汐、洋流、暗礁等。福建一带航海者将其称为"针路"，海南的渔民则多称为"更录簿"。[1]

该抄本尺寸为23厘米×23厘米，首尾多页有较多的缺页及大面积缺损、糟朽。纸张颜色发黄，红色线框大量洇散。存在一定虫蛀

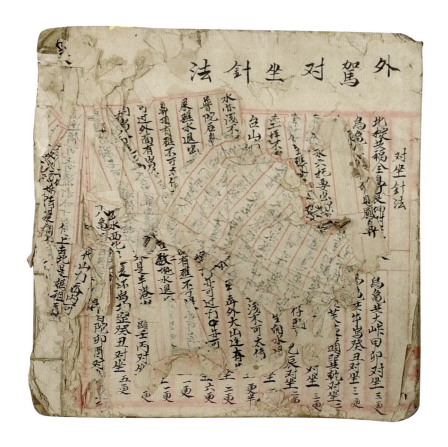

图1
民国中国沿海针路簿抄本
修复前概貌
中国航海博物馆藏

情况，但未发现活体蛀虫。存在的病害主要为：水渍、污渍、褶皱、折痕、残缺、动物损害、糟朽、晕色、褪色、字迹扩散、字迹模糊等。病害综合评估为重度。

该文物于2019年提取出库，由笔者所在修复团队进行修复。

二、针路簿多次装订情况分析

在拆书页的过程中，工作人员发现了这本抄本存在多次装订的情况：

1、从外部观察可发现，该抄本存在双层装订线。其中最外有4层纸包裹书脊，使用不对称的4孔位单线装订。（图2）书脊包裹纸内，另有传统对称孔位单线装订，所用装订线无明显差别。（图3）

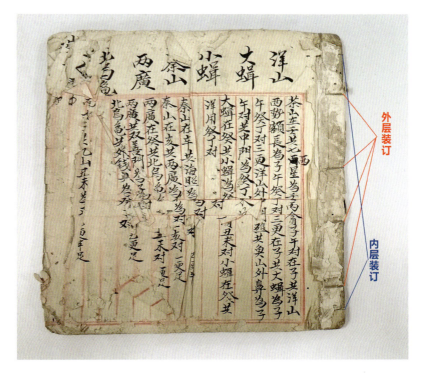

图2
修复前内外层装订线情况

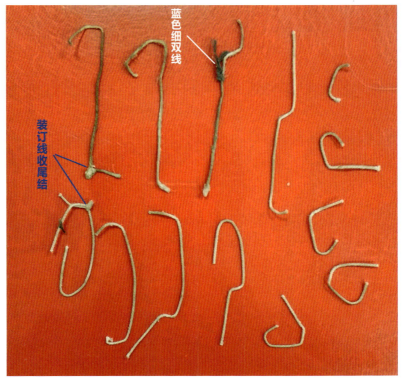

图3
拆下的所有装订线

2、剪开装订线后，可以发现所有的装订线中有2处T形结，这是非常典型的装订线收尾方式，再次证明当前的装订状态是两次装订形成的。在粗单线上，还附着了一段蓝色细双线，证明该抄本曾经使用过蓝色细双线装订。所以该抄本至少发生过3次装订。

3、图4为拆下所有书脑残片后按先后顺序排列的总体情况，其中1—4号为包裹书脊的纸，5—14号是残破书脑。因为书叶是单张纸对折而成，主体被撕去后残留在装订线内的书脑是两张纸条，所以5—14号应为5张书叶。

4、为了区分这5张书叶哪些是这本书最原始的部分，哪些是后来修补时候的添加，修复团队对装订孔进行了分析。（图5）

蓝色箭头指示的孔位是符合传统4孔装订的孔位，即前述内层装订线所走孔位。黄色和白色箭头所指示的孔位，与外层装订线所走孔位吻合。图6中所圈出的三个孔为判断装订顺序提供了重要依据。

经与1—10号残破书脑对比，可以发现1—4号在这个位置只有两个孔，5—6号在这个位置有三孔，但其中两孔是纸张褶皱折叠后所打，孔锥两次穿过纸张，所以实际只有两孔。从7号开始之后所有的书叶都有完整的三孔。通过视觉、触觉、厚度测量等方式对比1—14号残破书脑的纸质，基本可以判断1—6号为同一类纸质，7—8号为同一类纸质且最厚，9—14号为同一类纸质且与内页纸质相同。

5、分析结论

通过上述分析基本可以判断：整本书至少经历了3次装订，其中7—14号残破书脑属于初始的装订内容，这里称作A轮装订。之后在B轮装订中增加了5—6号残破书脑；在C轮装订中增加了1—4号残破书脊包裹纸。（图7）在A、B、C三轮装订之外，可能还存在一些装订或修补，但已无法考证。

根据以上分析，为了更清晰呈现多次装订过程，模拟推测该针路簿整个装订过程如下：

①这曾经是一本4孔装订的传统线装书，因为残留的标准4孔清晰可辨。

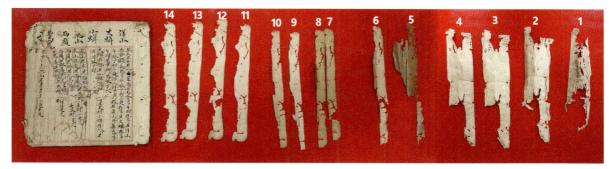

图4
拆下书脑残片概览

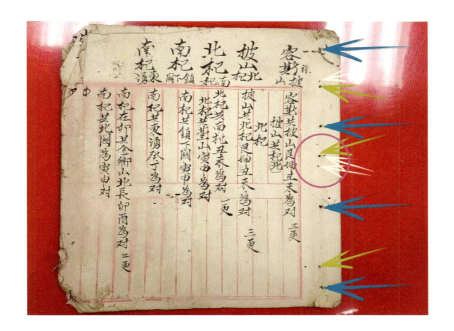

图5
较完整的内页上呈现出的
所有装订孔

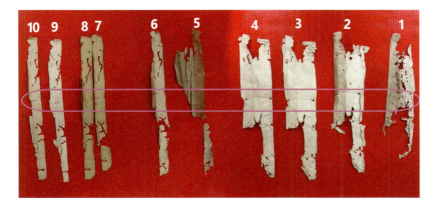

图6
判断装订顺序的关键孔位

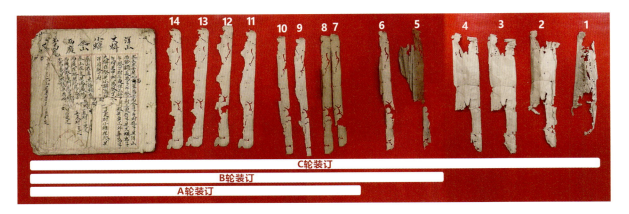

图7
各轮装订示意图

②这本书经常被翻阅，导致封面磨脏、磨破，很可能封面（7—8号残破书脑）已经出现严重缺损。（推测）

③一名修复者（亦或使用者）为这本书重新加装了封面（5—6号残破书脑），同时剪去了（亦或是本已脱线）原来的蓝色双线装订线（在书内残留了一小段蓝色双线），并用粗单线重新装订了这本书。

④新换的封面又被磨破了。（推测）

⑤一名修复者（亦或使用者）给书脊包了4层纸（不确定是否为封面封底），连原来的装订线都没拆，直接重新打孔装订。

三、针路簿修复还原时间点的探讨与修复结果

通过以上分析，修复人员已经基本厘清了该手抄本主要的装订过程，现在临一个重要的问题，应将其修复还原至哪次装订的时间点上，即文物修复的忒修斯之舟问题。[2]

面对较多历史痕迹叠加的文物，理论上所有的历史痕迹都承载了一定的信息，哪怕是一处折痕、一处磨损，都是这件文物曾经被使用的证据。倘若存在"拉普拉斯妖"[3]，理论上可以据此还原出这件文物从生至今所有经历过的所有细节。但是很明显，即便这件文物从生至今经历过的所有细节信息都被还原，比如某时某刻某页被翻动产生了多少纸张纤维的变形和折断之类的问题，那都将是天量的数据。

受限于人类的大脑结构，如此天量的数据反而会将重要的信息淹没。因此，对于文物承载信息的保留不可能是无原则、不加筛选的。

文物修复的第一使命是为文物延寿，所有的取舍都应以延长文物寿命为第一原则。比如纸张的褶皱、糟朽，这是直接影响文物生命长度造的因素，即便理论上它也承载了这件文物的历史信息，但在修复中，这类损伤必须被修复。显然，修复过程中这些褶皱、糟朽所承载的历史信息会被部分抹去，但这种舍弃是值得的。

文物的生命过程中，为了对抗时间造成的损坏，通常会有持续性的增加，比如不断修补的破洞，一层层增加的封面，这种增加亦是为文物延寿，把当下的修复与前人的修复看作一个整体，其实都是怀着相同的目标，在做相同的事情。因此已经破损老化的补纸是应该被替换的，补纸所承载的普通的历史信息是可以被舍弃的，否则我们面对前人的修补，先对前人的修补进行修复，再用修补后的修补去修补，简言之就是补丁摞补丁，这是严重危害文物生命的行为。当然，对于特殊的，有代表性的修补材质、工艺、手法等，应该被妥善处理或保留。

文物在漫长的生命历程中，也可能会经历反复的改造，比如蝴蝶装被改造为包背装，经折装被改造为手卷等等。对于这类问题，首先应该看改造后对文物寿命的影响，对延寿有益的，应该保留，对延寿有害的，则应该回退到改造之前。比如笔者曾修复过一批由画心中心对折的册页改造为镜片的地图，这种改造避免了画心折叠造成的断裂，因此是应该被保留的；也曾修复过一本将封底外翻以保护书脊的古籍，这种改造会对内页造成大量伤害，因此应该被退回。但是还有一种情况，即从结构上看，改造后对文物寿命的影响，与改造前基本相当，比如将蝴蝶装改为包背装，此种情况下，基于最小化干预原则，改装应被保留。

修复过程中还会遇到的一个困难问题是文物损伤影响的可考性问题。有些文物的损伤，是可以通过历史习惯、史料记载、版本对比等手段考证出损伤前的状态；但也有很多时候是无法考证的，比如本文

中所提手抄本，无法通过版本对比或史料记载分析受损之前的模样，只能根据历史习惯，大致推测出受损前的笼统样貌。在这种情况下，应该坚持"没有确凿考据不做臆测，宁可空缺也不可创造"的原则。

综上思考，对于本文所提针路簿抄本的整体情况梳理如下：

1、通过对拆书过程的分析，可以明确四眼双线的线装是其早期的装帧形式。

2、后期的两次单线装订，对书脑反复打孔，是有害文物健康的。

3、无论是首次装订还是第二次装订，封面的样式除了可以确认纸质和环筒封皮外，其他关于封面的信息已不可考。最后一次装订，是包背封面还是仅包书脑亦不可考。

据此，最终本人所在修复团队决定对该抄本恢复至首次装订的封面及线孔，理由如下：

1、第二、三次装订所打孔间距不对称，不仅不符合传统古籍装订习惯，也对于修复后的翻阅不利，因此后两次的线孔应被修补，对应装订走线应被放弃。修复后装订方式跟随首次装订的线孔，以标准四孔双线装订。

2、由于所有的封面内容均不可考，但倘若不做封面则对内页的保护不利，因此以最小程度恢复封面，即以可识别的方式恢复首次装订封面（第7、8号残留书脑）。

该抄本的修复于2019年10月进入杀虫除霉阶段，采用低氧充氮杀虫法，持续至12月。自12月起开始拆页、整理、编号、清洁、固色、补洞、托裱、整理、压平、装订、制作专用装具，最终于2020年3月完成修复并通过验收。（图8—11）

四、结语

文物修复不应仅仅是一项体力劳动，面对复杂多变的修复场景与文物处境，修复师应该时刻保持思考，在思考中总结，将总结的规律演绎至全新的修复场景中，不断完善修复理念。修复是一场以文物

图8
修复后的封面

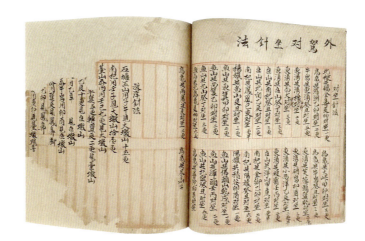

图9
修复后的内页

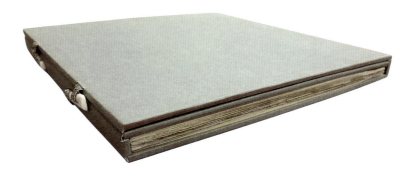

图10
装具内胆——无酸四合套

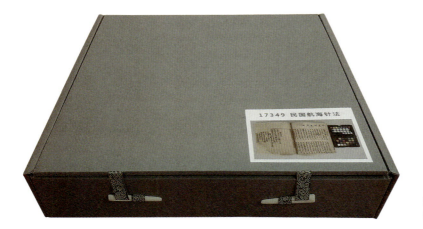

图11
装具外盒

为媒介、跨越千年的古今对话。这不仅是与文物作者的对话，也是与文物生命历程中的所有修复者的对话。我们当下所进行的修复，也会被融入文物的生命中，等待着与未来修复者的交谈。这就是文物修复的魅力所在。

---

1. 闫根齐、闽粤：《〈针路簿〉与海南渔民〈更录簿〉的比较研究》，《南海学刊》2016年第1期，38—44页。

2. 忒修斯之船（The Ship of Theseus），最为古老的思想实验之一。最早出自普鲁塔克的记载。它描述的是一艘可以在海上航行几百年的船，归功于不间断的维修和替换部件。只要一块木板腐烂了，它就会被替换掉，以此类推，直到所有的功能部件都不是最开始的那些了。问题是，最终产生的这艘船是否还是原来的那艘特修斯之船，还是一艘完全不同的船？如果不是原来的船，那么在什么时候它不再是原来的船了？

3. 拉普拉斯妖（Démon de Laplace）是由法国数学家皮埃尔—西蒙·拉普拉斯于1814年提出的一种假想生物。此"恶魔"知道宇宙中每个原子确切的位置和动量，能够使用牛顿定律来展现宇宙事件的整个过程，过去以及未来。

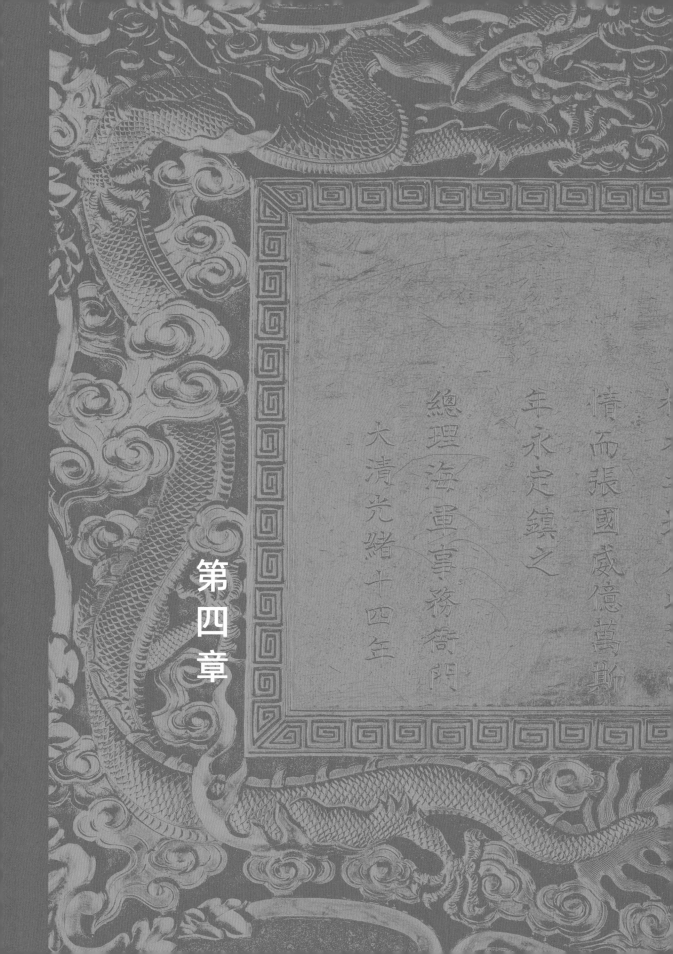

第四章

靖海扬戈

　　浩瀚大洋孕育了地球最初的生命，也为人类的繁衍生息提供了丰富的资源。舟船技术的进步使得人类航行距离不断延伸，不同地区的人类得以相遇。然而，正如海洋会伴有狂风暴雨，人类的海上活动在促进文明融通的同时，也常伴随着冲突与战斗。对生存资源的竞争、对财富的觊觎乃至不同区域的文化差异、认知误解，带来了海上的刀光剑影和火炮轰鸣。这也使得武器装备、战略战术发展史成为航海技术发展史的一部分。从中国元明时期的火铳到大航海时期的英国火石簧扳枪，从伴随西人东渐出现在中国海域的佛郎机铳，到凝结着晚清海防记忆的北洋水师成军纪念杯、牌等，渐次勾勒出中外航海扬戈海上的历史长卷。站在今天回望过去，对于航海历史中的暴力、战争和流血，我们要直面，更需批判和反思。同时，透过海上战争的烽烟，我们同样要看到背后的技术演进、冲突中的文明交流，以及人类在海洋空间中表现出的无畏勇气和探索精神。

元明手铳

作者：沈洋
中国航海博物馆学术研究部（藏品保管部）
馆员

手铳，又称火门枪，是一种以发射陶丸、石丸、铅丸或铁丸杀伤敌人的管型金属火器，由前膛、药室和尾銎三部分构成，一体铸造而成。手铳前膛较长，火药和弹丸从铳口装入膛口。前膛后接药室，药室呈灯笼罩状隆起，尾端封闭，内装火药，药室壁较前膛壁略厚，壁上开有火门，通过火门插入一根引线，从药室内通到铳外，点燃引线，用火药冲力将弹丸喷射而出。药室后接尾銎，尾銎中空，可安装木柄，便于持铳者操持。[1]

一、中海博藏元明手铳

中海博收藏了一组元明手铳，包括1件元代火铳和3件明代火铳。图1为元代"至正元年造"铜手铳，为中海博二级藏品。该铳由前膛、药室和屋函构成，手柄已腐烂不存。铳长44.4厘米，口径7厘米，重3.3千克。该铳铳身铸有加强箍六圈，铳口外沿及前膛部位铸三圈箍，药室上下铸两圈，尾銎铸一圈，药室呈橄榄形隆起。该铳铸造年代为至正元年（1341），对元代及中国早期火药武器具有重要的研究价值。

图2为明代"洪武七年造"铜手铳，该藏品为中海博二级藏品。该铳铳身粗短，药室稍鼓，手柄已腐烂不存。铳长32厘米，重2.5千克，口径5厘米，由铳筒、燃烧室、尾銎三部分构成，前膛呈筒状且较短，长度约占全铳的三分之二，前膛之后为药室，药室略鼓，呈灯笼状，药室后为尾銎，呈喇叭状，上刻"洪武七年造"铭文，其

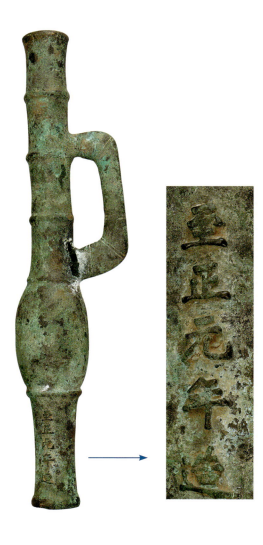

图1
元代"至正元年造"
铜手铳及铭文
中国航海博物馆藏

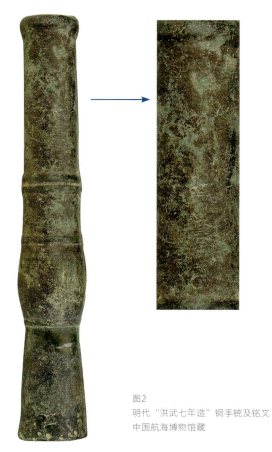

图2
明代"洪武七年造"铜手铳及铭文
中国航海博物馆藏

铸造时间为明洪武七年（1374）。这件铸有明确纪年铭文且保存完整的明代早期手铳，极为稀见，完美体现了明洪武时期的火器制造水平。

图3为明代"洪武年造"铜手铳，中海博三级藏品。该铳由双人或多人操作施放，铳长45.5厘米，口径6.5厘米，重4.05千克，前膛呈竹节状，有一弧形把手，药室略鼓腹，呈橄榄形，尾銎呈喇叭形，上刻"洪武年造"铭文，具体制造年份不详。

图4为明代"震字二千二百五十六号"铜手铳，为三级藏品，铳长38厘米，口径7厘米，重3.24千克。前膛呈圆锥形，药室略鼓腹，呈灯笼罩形，药室上有一椭圆形把手，尾銎呈喇叭形，上刻"震字二千二百五十六号"铭文，具体制造年份不详。

《明史》记载的火铳的使用方法是"大者发用车，次及小者，用架、用桩、用托。大利于守，小利于战"。[2]图1和图3手铳尾銎中空，铳管较为粗壮，接装木柄可供手持使用。该类型铳有两种用法：一是单兵操作，即在尾銎接入一个木柄，使用时用肩抵住木柄，火铳置于树杈、木架或矮墙上，一手用力向下拉住把手，使铳体固定，防止其在发射时上下跳动，另一手则点燃引信并迅速抽回，扶住肩部木柄；二是双兵操作，一人拎铳，或将其固定在某一物体上，然后点火，另一人则在后操持木柄射击。[3]图2和图4手铳在重量和铳管口径比图1和图3小很多，适用于单兵操作施放。

二、元明手铳的发展演进

元代火铳起初是用铜铸造，称为"铜火铳"，后改用生铁铸造，称为"铁火铳"。现存最早的有纪年铭文的元代火铳，是元至顺三年（1332）的制品，现收藏于中国历史博物馆，火铳管身用青铜铸造，能承受较大的膛压，可填充火药和弹丸。

元明鼎革之际，手铳已成为当时军队广泛使用的一种单兵或多兵火器。元军既将手铳用于同反元起义军的作战，也用于统治集团内

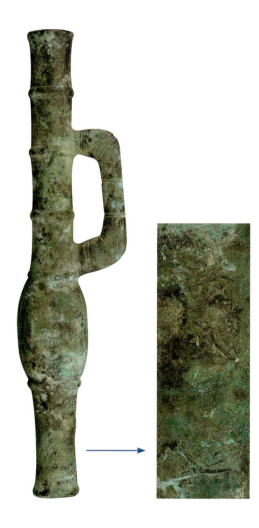

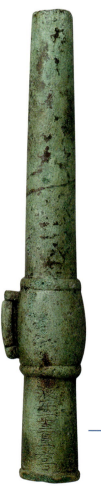

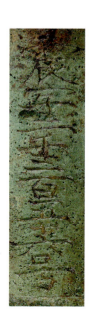

图4
明代 "震字二千二百五十六号"
铜手铳及铭文
中国航海博物馆藏

图3
明代 "洪武年造" 铜手铳及铭文
中国航海博物馆藏

部的争斗。据《元史·达礼麻识理传》记载，至正二十四年（1364年），元上都留守兼开平府尹达礼麻识理为了对抗孛罗帖木儿的军队，纠集丁壮苗军，火铳什伍相联。在攻城战和守城战中，手铳能有效地击退攻城敌军。据徐勉之《保越录》记载，元至正十九年（1359）二月，朱元璋部将胡大海进攻绍兴，张士诚部将吕珍率部坚守，三月初五日，胡部用火铳射击守城官兵，五月十四日，胡部对绍兴城进行猛烈攻击，矢石如雨，又以火铳、火箭、石炮、铁弹丸射入城中，其锋疾不可当。至正二十三年（1363）四月至七月，朱元璋部将邓愈坚守南昌，守军用手铳与冷兵器相结合，将陈友谅攻城部队阻挡于城下达85天之久。

明朝建立后，为了加强明军的军事力量，明廷成立由工部、内府、地方各布政司、各地驻军下辖的兵器制造单位，组成庞大而完备的武器制造系统，保证了军队对武器装备的需要，从而使火铳出现了前所未有的发展势头。为了保证火铳所需要的发射火药，明廷一方面设立火药制造局，另一方面在地方设立火药作坊。

明代手铳较之元代手铳，不仅制造数量更多，其制造工艺也更为精湛。洪武时期的手铳，其身管较长，口径较小，铳膛较为光滑，构造较为规整，铳膛最长，一般为26—30厘米，约占全铳的三分之二。铳身刻有制造地、制作部门、制作年月、工匠姓名、监造官职、重量等信息的铭文。

明永乐年间，明成祖朱棣组建了专门使用火器的"神机营"，这是世界最早装备火器的兵种。据《明史》记载，"至明成祖平交趾，得神机枪炮法，特置神机营肄习、制用生、熟赤铜相间，其用铁者，建铁柔为最，西铁次之。永乐十年，诏自开平至怀来、宣府、万全、兴和诸山顶，皆置五炮架。二十年，从张辅请，增置于山西大同、天城、阳和、朔州等卫以御敌。然利器不可示人，朝廷亦慎惜之"。[4]神机营与"五军营""三千营"合称"京师三大营"。神机营下辖"中军""左掖""右掖""左哨""右哨"五个军事单位。中军下辖四个"司"，每个司设立一个管理火器的监枪内臣、一个把

司官、两个把总官、左掖、右掖、左哨、右哨下辖三个司，每个司也各自设立一个监枪内臣，一个把司官、两个把总官。神机营的营官，一般在公、侯、伯等贵族，或者都督、都指挥等高官中挑选，也可由内官兼任。

神机营成立后，明代手铳的发展进入了新阶段，铭刻有"天字""震字""胜字""功字""英字"的手铳纷纷出现。神机营起初装备的是清一色的火器，到了正统年间，负责操练该营的将领顾兴祖考虑到在风雨天气中不方便使用火器，于是在每队的前后配备刀、牌等冷兵器，创新发展了火铳与冷兵器相结合的战术，比西班牙人的火绳枪战术早了一个多世纪。

明永乐时期，对手铳火门作了进一步的技术改造。洪武手铳的火门只是在药室上开一小口，在结构上较不安全，且火捻易受潮。于是，永乐手铳的火门被改良成具有火捻沟和火门盖的设计。火捻装入火捻沟内，盖上火门盖后，能阻止外部的潮湿影响，燃放时就不会中间断捻，确保战时能够顺利施放。施放时，先打开火门盖，再点燃火捻，燃放药室内的火药。火药沟和火门盖的设计，大大提高了手铳施放的成功率，从而提高了火器的杀伤力。

由于手铳点火时间长，射速慢，命中率较低，嘉靖朝以后，手铳逐渐向两个方向发展，一是改进点火装置的可靠性和提高命中率，于是发展出了鸟铳；一是提高射速，增加火力密度，于是发展出了双管及多管火铳，使用较多的是三眼铳，后来出现了威力更大的火炮。随着火器技术的发展和新式武器的出现，在中国军事史上大放异彩的手铳逐步淡出了历史舞台。

1. 何锋：《明朝海上力量建设》，厦门大学出版社，2015年，第309页。
2. [清]张廷玉《明史·卷九十二·志第六十八·兵四》，中华书局，1974年，第1803页。
3. 王育成：《火器史话》，社会科学文献出版社，2011年，第59页。
4. [清]张廷玉《明史·卷九十二·志第六十八·兵四》，中华书局，1974年，第1803页。

19 世纪中晚期英国火石簧扳枪

作者：杜树志
中国航海博物馆藏品修复部
副研究馆员

手枪由于兼具良好的便携性和快速杀伤效果，在近距离战斗中常被当作首选武器。2013年，中海博征集到两把19世纪中晚期英国火石簧扳枪。（图1）

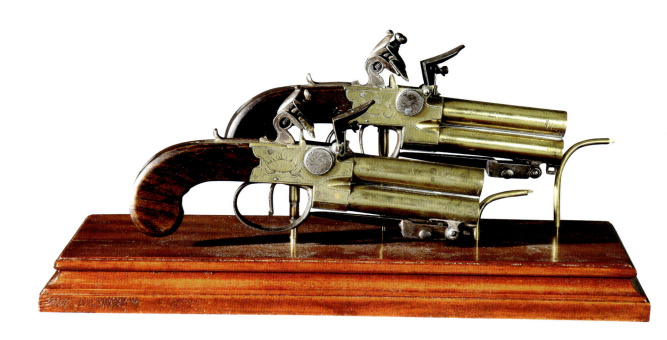

图1
19世纪中晚期英国火石簧扳枪
中国航海博物馆藏

一、中海博馆藏火石簧扳枪概况

中海博收藏了多种同时期具有航海元素的手枪，已形成一个完整的系列。从设计风格和制造工艺来看，两把19世纪中晚期英国火石簧扳枪在众多枪支中显得尤为突出。根据尺寸、枪管位置、数目、火药装填和构造判断，这两把火石簧扳枪属于上下双联前装线膛枪，是常见的一种燧发手枪。整枪长198毫米，宽95毫米，厚29毫米，质量分别为475.6克和477克，枪管长74毫米，最大内径14毫米，主要由金属、木材、燧石等材质构成。枪柄部为木质，引火部位是一块扁扁的楔形燧石，俗称"打火石"，其余均为金属。采用便携式X荧光光谱仪对不同金属构件检测后发现，枪管、枪膛部分材质主要是黄铜，枪刺、机心、平板弹簧、扳机、火镰、燧石夹、扳机护圈等金属构件为铁。根据枪身右侧铭文"L，POOL"初步判断，这两把手枪是由英国利物浦某枪械制造商所生产。枪身左侧铭文"L SAMUEL"，推测是枪匠萨缪尔（音译）的名字。

在灿若星河的枪械发展史中，燧发枪从16世纪中叶现身，到19世纪末逐步退出历史舞台，光耀西方欧美列国竟长达三四百年的时间。[1]中海博收藏的这两把燧发手枪，从其有效作战半径来看，在古战场上基本是提供给步兵或指挥官使用。另外，这两把手枪的枪管尾部分别用阿拉伯数字5、6和7、8进行编号，说明这两把手枪已被编入制式武器。有美国学者著书立说："在18—19世纪，随着步兵阵列的改进、低哑火率的佩刀燧发枪和火炮散弹的配发，任何试图正面突破步兵阵列的无防护骑兵都将有去无回……"，[2]也有学者指出"在19世纪中期以前，线膛枪一直未能取代滑膛枪成为步兵制式武器"。[3]因此，这两把燧发手枪极有可能制造于1850年到1890年间。虽然距今已一个多世纪，但它们保存状态良好，枪柄上的油漆崭新如初，绝大部分金属构件在光线映照下闪闪发亮。

与其他燧发手枪相比，这两把燧发手枪有一个显著特点：在枪管底部装有一根可随时打开、又能通过固定转轴方便收纳的刺刀。沿

枪管朝后纵向观察就会发现，它们与传统枪械上的刺刀又不尽相同：有3个面，每面都带有血槽，全长90毫米，根部最宽处7.5毫米，确切地说，是一根"迷你"版的三棱军刺，其作用与步枪上的刺刀相当。与常见军刺相比，其尺寸显得过于细小，因此称之"枪刺"更为贴切。在现实生活或影片中，人们能够看见机枪、步枪或冲锋枪上的刺刀，但手枪上面装备枪刺，实属罕见。纵观整个枪械发展史，枪刺究竟何时出现在燧发手枪上？它在燧发手枪上得到应用和普及后，又经历了怎样的演变？为满足实战化需要，枪匠对枪刺都做了哪些创新设计？本文将围绕上述问题进行研究并尝试作出解释。

二、带枪刺燧发手枪的发展阶段

当观众看见这两把手枪时，不禁心生好奇：枪管下方为什么会装有枪刺？要回答这个问题，首先要对步枪刺刀的发展史有所了解。结合相关研究，[4]借助类比分析方法，不难看出枪匠在燧发手枪上装备枪刺的主要目的是通过借鉴步枪刺刀进行成果转移，使得燧发手枪在战斗中也同样具备火器与刺刀两种功能。既然是参考借鉴，那么枪刺与步枪刺刀应该经历了一个相同或相近的发展历程，即枪匠参照步枪刺刀安装方式，将枪刺连接在燧发手枪枪管上。但加装了固定枪刺的燧发手枪，便携性显然会受到影响。于是经过实战模拟或检验，枪匠再次创新，将枪刺优化设计成反向收纳的形式。因此，燧发手枪枪刺从应用到革新，至少经历了以下两个阶段：

（一）固定枪刺的应用

火枪最早是由加农炮（cannon）发展而来。据考证，"从14世纪70年代开始，火枪就已经开始在攻城战中大规模使用"。[5]该时期火枪主要是提供给步兵使用，也被称为步枪。使用原因很简单，主要是因为"瞄准和后坐力的问题无可避免的，除非马匹训练有素，否则马匹对手炮射击的反应一定是惊人的"。[6]早期步枪，先后经历了火

门枪、火绳枪到燧发枪等不同阶段发展。受限于当时科学技术水平，上述几种类型步枪存在一些共性缺点，如弹药装填速度慢、有效射程近等。很多时候，当敌人骑兵冲到面前时，步兵根本来不及作出反应。在刺刀发明前，为提高对抗骑兵的能力，步兵火枪手一直和长矛兵混合编组，可以说步兵火枪手离不开长矛兵的保护。为提高单兵作战能力，枪匠们一直在寻找将远程热兵器火枪与近战冷兵器长矛相结合的方法。直到17世纪，"枪匠们设计出了一种安装在枪口前端的小型刺刀，人们称之为枪刺"。[7]有学者指出，"在1647年，法国最先出现了专门的刺刀"。[8]这个时期的刺刀，使用时都是插在枪管里，因此也被称作插入式刺刀。这种刺刀有一个缺点，即刺刀装好后，步枪就无法继续开火了。后来经过不断改进，"直到1688年，带有卡槽的套筒式刺刀终于问世"。[9]这种刺刀设计被视为一大革新，使用时通过卡槽将它牢牢固定在枪管的一侧。枪手在安装过程中不会妨碍火药和子弹的装填，更不会影响开火。"燧发枪就是在这段时间，替换掉了会阻碍射击的早期插入式刺刀，而采取了更为有效的套筒式刺刀"，[10]从而兼顾了战时开火与刺刀安装两方面效率。中海博收藏的这两把燧发手枪，从枪刺上的卡槽来看，也是对17世纪末步枪刺刀成果参考借鉴的有力证明。

（二）可收纳枪刺设计

在确保杀伤力的同时，实战中出于便携性需求，使得枪支越来越小型化。16世纪中晚期，脱胎于长筒步枪的手枪（pistol）问世。它最初可以看作是火绳步枪的迷你版，后来随着使用普及，燧发技术也被应用到手枪上来，于是便出现了燧发手枪，西方人称之为"FLINTLOCK"，[11]也有人将其称作"firelock-pistols"。[12]关于燧发手枪的真正起源，目前学界尚未有统一定论。有学者认为是"公元1525年，意大利人达·芬奇发明了燧发枪。"[13]也有学者指出，"1605—1615年间，世界上出现了第一支燧发手枪，它是由法国人马汉发明的。"[14]"大约在1770年，英国伦敦制造出腰带便携型燧

发手枪。"[15]不管怎样，手枪由于体积小、易学习、可单手操控等优点，一经问世就受到枪手广泛欢迎，也成了当时最致命的武器。

将枪刺应用在燧发手枪上，可以说在一定程度上继承发扬了长矛等冷兵器的优势。枪刺与枪体的连接形式通常有两种情况，即分体式与联体式。分体式是指枪刺不用时，单独存放；联体式则是通过卡槽或固定转轴，将枪刺与枪管连接在一起。但不论采用哪种方式，都存在一些明显缺点：如分体式枪刺在安装过程要耗费一定时间，而联体式枪刺若一直按使用时状态将枪刺朝前固定住，又会对燧发手枪便携性产生不利影响。兵贵神速，要想克服上述缺点，枪匠就必须站在枪手角度进行思考。他们面临的首要任务，就是通过创新设计，以确保在实战中将枪刺安装和收纳时间缩至最短，同时还要尽可能减少对手枪便携性产生影响。出于上述工作目标考虑，在继承枪刺通过固定转轴与枪身连接基础上，如果枪刺的收纳与打开能够做到无缝衔接，那么在近身肉搏时不仅能为枪手的枪刺安装节省出一点宝贵时间，便携性问题也迎刃而解了。

根据上述分析，再从构造上仔细观察中海博收藏的这两把带刺燧发手枪，会发现它们的扳机位置以及扳机护圈形式设计（图2）十分特别。因为常见手枪的扳机护圈一般都被设计成固定形式，

图2
19世纪中晚期英国火石簧扳枪
线形图 [16]

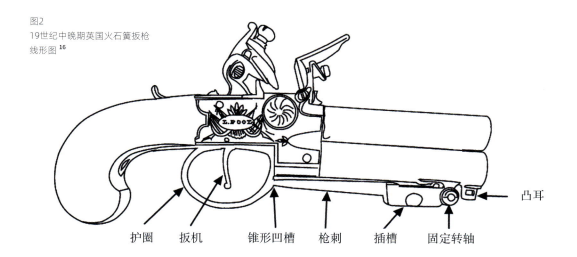

护圈　扳机　锥形凹槽　枪刺　插槽　固定转轴　　凸耳

且扳机紧贴护圈尾部。与常见手枪相比，这两把燧发手枪有三处明显不同：首先，扳机位置比较靠前，基本处于护圈中间部位。这种设计，使得护圈尾部与扳机之间存在较大空隙，枪手无论用食指去扣扳机还是直接勾住护圈都十分方便。其次，在扳机护圈前上方靠近枪管位置处，有一个细小的三棱锥状凹槽。再次，扳机护圈能够平行移动。在内部弹簧拉力作用下，护圈通常静止在相对靠前的位置。若用食指勾住护圈尾部，稍稍用力，就会发现扳机护圈还可以向后作平行移动。

单看燧发手枪这三个特点，其巧妙之处尚不明显，但如果将它们与枪刺收纳联系起来，观众就会由衷地对枪匠发出赞叹。因为正是这些独具匠心的设计，能够让枪刺实现"收放自如"！当需要收纳时，枪手只需一手握住枪柄，用食指勾住扳机护圈尾部向后轻轻拉动。同时，另一只手按下枪刺根部一侧的弹簧按钮，此时枪刺脱离凸耳，接着将其绕末端的固定转轴快速向后折起，待枪刺贴近枪管并与之保持平行时，将勾住护圈的食指松开，护圈在弹簧拉力作用下又回到原位，此时枪刺尖部刚好戳进扳机护圈前上方的锥型凹槽里，枪刺立刻就被牢牢地锁死。但在危急关头，比如子弹发射殆尽，又来不及装填，或者近身搏斗时想打开枪刺，只需用食指将扳机护圈向后稍稍拉动，枪刺尖部立刻退出护圈上的锥形槽，在枪刺根部强力弹片作用下，枪刺绕着固定转轴旋转并快速朝前弹射出去，枪管口附近朝下的凸耳立刻进入枪刺根部中空的插槽。根据数学中"两点确定一条直线"原理，枪刺在固定转轴和凸耳共同支撑下瞬间就被固定住。这就是在特定历史时期，枪匠经过实战模拟或总结，对燧发手枪枪刺收纳形式改进的一种非常奇妙的设计。

三、枪刺的用料工艺和辅助设计

枪刺用料和制作工艺十分考究。这两把燧发手枪的枪刺采用硬度较大的钢质材料，被打造成三棱状。有学者研究指出，"三棱枪

刺最早出现在法国拿破仑时期"。[17]之所以被设计成该形状，是因为它具备以下优点：首先，相比片状刺刀，三棱刺刀具有更好的稳定性。它在使用过程中在各个方向都不容易出现弯折，这实际上是利用了数学中三角形稳定性特点。其次，三棱刺刀具有更强的杀伤力。枪手在"弹尽粮绝"之时，一旦打开刺刀，说明敌我双方即将进入最惨烈的殊死搏斗。为消灭敌人有生力量，谁手中的武器能够一刀致命，那么他在战场上胜算就越大。三棱形状在确保枪刺坚固的同时，显然也统筹了杀伤效果，即对敌人造成尽可能大的创面。再次，枪刺每两条棱之间并非平面，而是向内有一个浅浅的弧形凹槽。这种设计，应该是对步枪刺刀上血槽的吸收与借鉴。与枪体其他铁构件相比，三棱枪刺表面光滑，仅局部存在轻微锈蚀，从整体来看枪刺表面经过了发蓝工艺和防腐钝化处理。在光线映照下，发出蓝黑色幽光，令人不寒而栗。根据金属元素化学活泼性顺序，铜比铁要稳定得多。另外，在武器制造性能上，黄铜还具有可塑性好、导热性高以及超强的耐磨性等。因此，枪匠特意将枪管和枪膛两处重要金属构件采用黄铜材质。枪匠对材料的精挑细选，使燧发手枪的寿命得以有效延长，以至在数百年后的今天，我们还能有幸目睹它们往昔风采。

在设计上，枪匠为提高枪刺杀伤效果，还增加了一些辅助性手段。比如，每把燧发手枪均采用两根铜质枪管。从击杀效果来讲，两根枪管显然会对枪刺形成一种叠加作用：一方面，双管手枪在实际使用中至少要填装两发子弹，这在提高子弹命中率的同时，无疑也扩大了杀伤范围。另一方面，两根枪管会增加手枪整体重量。根据物理学中动量公式以及动量守恒定律，对于近距离格斗的两人，在枪刺长短和粗细受限条件下，如果增加枪支整体重量，显然能够提高枪刺对敌方杀伤力。对比另外两把1780年由伦敦制造且形制相近的单管燧发手枪（图3），可以初步判断，双膛线枪管带刺燧发手枪为单枪管燧发手枪的升级改良版。

枪管内部的形式设计，也直接反映出枪匠对枪刺与子弹二者相

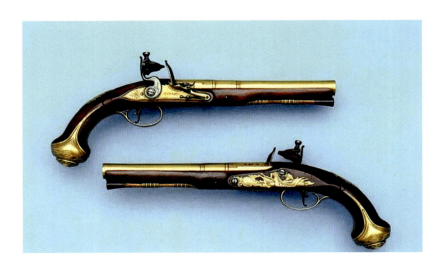

图3
单管燧发手枪 [18]

辅相成关系的认知。枪刺作用相当于一把匕首，一般只在敌我近身肉搏时才能发挥作用。不管是冷兵器时代，还是火器时期，交战双方在兵器上追求目标大都是"一寸长，一寸强"。故对枪匠而言，优先考虑的仍是抓住主要矛盾，提高技术水平。换言之，创新工艺让子弹射程更远，杀伤力更强。但与那些长管步枪相比，燧发手枪由于火药填充量少，动力明显不足，因而子弹射程近，命中率低。直到1776年，英国人弗格森（Ferguson Patrick）发明了一种新式步枪——来复枪。

　　他通过在枪管内雕刻一些螺旋形纹路，也就是人们常说的来复线（亦称膛线），从而使子弹在飞行过程中能够绕其中轴发生旋转，这在一定程度上可以增加子弹射程、提高子弹飞行稳定性并增强子弹穿透力。从中海博收藏的两把燧发手枪枪口处可以看出，为缩小燧发手枪与步枪子弹两者杀伤效果之间的差距，枪匠在最初设计时也是动了一番脑筋，因为枪管虽然只有74毫米长，但是内部竟然也加刻了来复线。（图4）

　　中海博收藏的这两把燧发手枪，整体制作工艺精良，设计非常巧妙。枪管上一根小小的枪刺，将战场上"火尽枪刺、以人为本"的自我保护理念淋漓尽致地展现出来。枪刺从应用到创新，是特定历史时期科学技术水平的产物。枪刺形态、结构、功能、质量以及

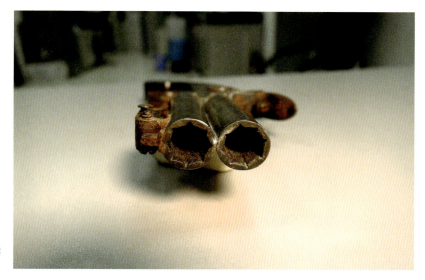

图4
19世纪中晚期英国火石簧扳枪
枪管内的来复线

便携型等方面设计，是枪匠根据实战需要，利用彼时现有生产资料转化出来且带有明显实践意义的一种"技术成果"。任何创新，归根结底都离不开人才竞争，燧发手枪枪刺亦不例外。它的设计，即使在制造技术发达的当下，也并不显得过时；相反，很多细节方面的设计仍然令人叹为观止。这些恰恰是枪匠自身较高的综合素质和以人为本主观能动性的一种外在表现。时至今日，两把带刺燧发手枪似乎仍在警醒着每一位观众：在世界一体化高速发展却又充满各种挑战的复杂环境下，人们更需要居安思危、不断提高自身忧患意识，充分发挥符合战场实际的主观能动性和创新性。只有这样，方能让自己永远立于不败之地。

1. 张德华：《英国燧发枪枪机发展史》，《轻兵器》2020年第4期；孙晔飞、高飞、蒲先斌：《兵海漫卷话沧桑——枪械发展史上的几次技术飞跃》，《国防科技》2005年第1期；宋海龙：《兵器技术对阵法的影响——以13—19世纪火器发展为例》，《哈尔滨工业大学学报（社会科学版）》2009年第11卷第3期，第34—40页。

2. [美]乔治·那夫齐格：《皇帝的刺刀：拿破仑战争条令中的连、营、旅级战术》，吉林文史出版社，2019年，第318—319页。

3. 吕小鲜：《第一次鸦片战争时期中英两军的武器和作战效能》，《历史档案》1988年第3期，第86—94页。

4. 赵阵：《论枪刺发明对火器军事革命的重要意义》，《佛山科学技术学院学报（社会科学版）》2015年第33卷第2期，第12—16页；[美]T.N.杜普伊：《武器和战争的演变（李志兴，等，译）》，军事科学出版社，1985年，第135—201页；徐广泰：《16—17世纪西欧"火器"变革研究》，天津师范大学硕士学位论文，2019年。

5. Maurice Keen, *Medieval Warfare: a history*, Oxford : Oxford University Press, p.274.

6. From W. Greener, *The Gun and It's Development*, London : Cassell Co., 1910. p.45.

7. 王兆春：《世界火器史》，军事科学出版社，2007年，第244页。

8. 指文烽火工作室：《战场决胜者 线式战术时代》，吉林文史出版社，2016年，第85页。

9. 高岳、魏立英：《古老而新型的兵器——刺刀》，《百科知识》2006年第2期，第62—63页。

10. Jeremy Black, *A military revolution? Military Change and European Society*, 1550-1800, Macmillan Press, 1991, p.20.

11. L. Boyd, *The Field Artillery: History and Sourcebook*, Westport. Conn: Greenwood Press, 1994, p29.

12. John Cruso, *Militarie Instruction of the Cavallrie*, Cambridge : Printed by Roger Daniel, 1632, p.28.

13. 马志杰：《枪械的由来及发展》，《国防科技》2006年第7期，第84—87页。

14. 陈华荣、王家勇、吴江涛：《手枪发展史话》，《兵器博览》2005年第4期，第7—8页。

15. 陈传生、张翼：《走进英国利兹皇家军械博物馆系列之七：18世纪战争武器》，《轻兵器》2019年第2期，第46-49页。

16. 图片来源：笔者根据中海博馆藏19世纪英国火石簧扳枪正视图图片绘制。

17. 黄君诚：《刺刀发展史话》，《百科知识》1999年第5期，第54页。

18. 即"腰带便携型燧发手枪，产自英国伦敦，约1770年，属于英国军官购买的私人武器。"图片来源：陈传生、张翼：《走进英国利兹皇家军械博物馆系列之：18世纪战争武器（中）》，《轻兵器》2019年第2期，第46—49页。

清"北洋海军成军纪念"
金杯、金牌

作者：沈捷
中国航海博物馆陈列展示部
副主任、副研究馆员
作者：郭炜
中国航海博物馆学术研究部（藏品保管部）
馆员

北洋海军作为晚清政府集全国之力创建的近代化舰队，堪称中国近代海防史研究者所无法绕开的"巍然大物"。然而，曾经扬威海上、雄踞东方的这支舰队，却在中日甲午战争中以全军覆没而告终，给人们留下了无尽的遗憾和哀伤。时至今日，见证北洋海军的相关遗存已成为学术界、收藏界重点关注的对象，中海博所藏清"北洋海军成军纪念"金杯、金牌（图1—2，以下简称"成军纪念金杯、金牌"）正是其中极为重要的两件藏品。

一、成军纪念金杯、金牌概况

成军纪念金杯、金牌是由一组二件相对独立而又相互佐证的藏品组成的成套文物。其中，成军纪念金杯高42.3厘米、口径17.5厘米、底径13.1厘米，杯身连带双耳总宽度为36.3厘米，重达2698.4克。该杯通体为金质，从其形制特点来看，杯口阔而敞腹大耳，杯身光洁而杯耳挺阔；从其纹饰来看，杯口錾刻有上下交错、片片相连、排列有序的高浮雕花叶纹，杯身正反两面均錾刻高浮雕双龙戏珠图，龙首须髯飘然、两相相对，呈"双龙戏珠"状，栩栩如生。杯身底部则刻有铁甲战舰两艘，錾文分别为"定远""镇远"字样；从铭文文字来看，杯身正反两侧略有差异，分别铸有"北洋海军""成军纪念"等字。另外,金杯足部还刻有"大清光绪十四年"等字。

图1
清"北洋海军成军纪念"金杯
中国航海博物馆藏

图2
清"北洋海军成军纪念"金牌
中国航海博物馆藏

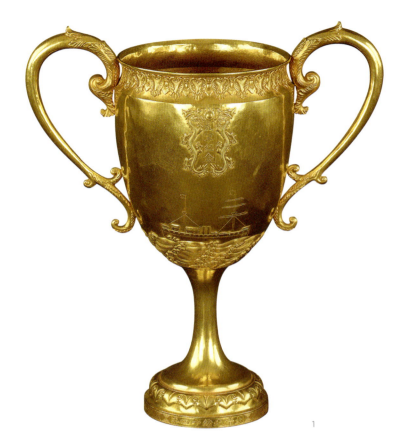

1

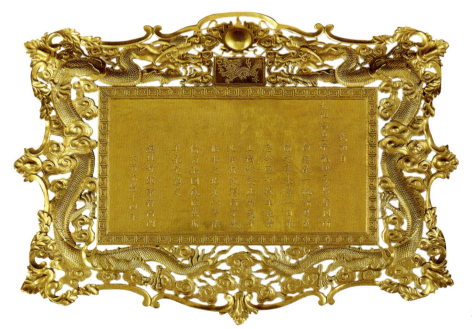

2

成军纪念金牌长32.7厘米、宽29.2厘米，其重量达5157.6克，牌身镶嵌于大理石基座中。金质牌面上錾刻有铭文，其文曰："我朝自太祖高皇帝龙兴，弓马犀利，所向无敌，一统诸夏，武备之事，未当一日敢忘。今历十数年，耗费山积，终成此巍巍乎北洋海军，护卫京畿根本之地，足以誓敌情而张国威。亿万斯年，永定镇之。"落款为"总理海军事务衙门 大清光绪十四年"。金质"成军纪念牌"边缘錾有回形纹，环抱牌身一周，外层纹饰与金质纪念杯相同，为双龙戏珠纹状，尽显清末金雕工艺之美。

1888年，当北洋海军军歌"宝祚延庥万国欢，景星拱极五云端。海波澄碧春辉丽，旌节花间集凤鸾"奏响时，拥有中西方文化双重艺术特征的金杯、金牌在公共场合中正式亮相，似乎让国人在鸦片战争、中法战争的梦魇中得到了一丝安慰。

二、藏品考略

作为明确錾刻有"北洋海军""成军纪念"铭文的文物，毫无疑问，清光绪北洋海军成军纪念金杯、金牌问世于清末北洋海军成军之时，而从其大理石基座背面可译为"中国救援远征战利品1900—1901"的英语留刻字样推断（图3），仅仅十余年后，该组文物即在八国联军侵华战争中被侵略者作为战利品掠夺到了西方。

所谓"1900—1901年间的中国救援远征"（Spoils of China Relief Expedition From Peking），可说是一种西方语境下的夸示，实际指的是为镇压义和团运动，由英、俄、日、法、意、美、德、奥为首的八个主要国家组成联合部队，以"保护使馆、救援外籍人士"为名、行掠夺和瓜分中国之实的活动，史称"八国联军侵华事件"。结合美国芝加哥Roberts-Hickey Galleries. Ins出版于1924年《著名东方艺术收藏·中国瓷器、书画、金器、西藏佛像等》的著录[1]来看，该组文物应是在八国联军侵华事件中由美国军队所缴获并带回美洲大陆，而这一特殊背景的印迹也使得这组文物有了一种别样的历史

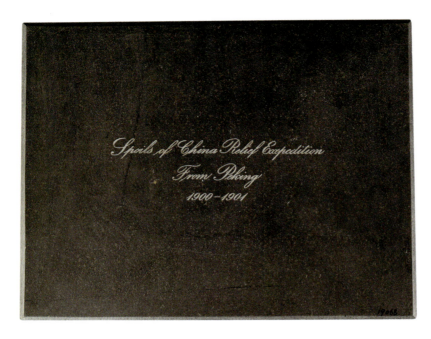

图3
清"北洋海军成军纪念"金牌
基座背面英语刻字

意味。

　　据可查文献，1924年后，该组文物又先后出现在位于旧金山的理查德斯拍卖公司图录《法国家具及画作·著名中国艺术品收藏》以及位于底特律的汉考克艺术品公司的交易记录当中，最终作为第7956号、7957号藏品卖给了一个叫做D. J. Boun的人。自此以后，该组文物再无踪迹，直到2016年在中国嘉德"2016年春拍——金银锭、金银币专场"中出现，为众多收藏机构、收藏家所看好。最终，通过多轮惊心动魄的竞价，该藏品为中海博所拍得。

　　百年风雨、金杯流转，该组文物见证了北洋海军成军这一近代史上最耀眼的时刻。它流落海外百年的经历，也见证了晚清政府腐朽愚昧和故步自封的屈辱历史。

三、北洋海军建置

　　北洋海军，或称大清海军北洋舰队，是清政府在两次鸦片战

争、1874年日本铁甲舰侵入中国台湾地区事件的大背景下痛定思痛创建的近代国家海上力量。这支军队的创建，肇始于同治十三年九月二十七日（1874年11月5日）总理各国事务衙门奏《拟筹海防应办事宜折》，自此，一场海防大讨论在清廷内部引起热烈反响。光绪元年四月二十六日（1875年5月30日），这场讨论最终以《着李鸿章、沈葆桢分别督办南北洋海防谕》告一段落，创建有拱卫京畿之责的北洋海军成为定局。

自光绪元年（1875）李鸿章受命督办北洋海防，至光绪十四年（1888）制定颁行《北洋海军章程》，北洋海军的成军耗费了近14年时间。正式成军后，整支舰队列装有"定远""镇远"2艘铁甲舰，"致远""靖远""经远""来远"等快速巡洋舰8艘，另有炮艇、鱼雷艇和其他练习、辅助舰船，舰艇共计25艘、官兵四千余人，军事实力被称为亚洲第一舰队。

北洋海军之所以被称为亚洲第一，主要来自于西方各国的评价。1889年，美国海军部长本杰明·F·特雷西（Benjamin Franklin Tracy）就在美国海军年度报告中，把清廷的海军实力排在英、法、俄、德、荷兰、西班牙、意大利、土耳其之后，而在美国、日本之前。早在1888年英国出版的《布鲁塞海军年鉴》中，清朝海军更赫然出现在年鉴中第六位，甚至有了北洋海军排名世界第六的说法。然而，在实际战争中以上所谓排名没有任何意义。1894年，当中国北洋舰队在海上遭遇到日本联合舰队之时，清政府所谓"亚洲第一海军"的美梦随即破碎。在经历了丰岛、黄海、威海卫三次惨烈搏杀后，北洋海军最终以主力舰队覆没、千余将士捐躯海疆告别历史舞台，而这场战争也最终撼动了东亚的千年政治格局、开启了中日两国命运转圜的百年历史较量。

就作战实际而言，抛开战略、战术等军事考量不谈，仅从吨位去对比中日主力舰艇的战斗力，北洋海军参战舰艇合计32396吨的吨位也远远低于日本联合舰队参战舰艇的40849吨。如再考量火力、航速、训练程度等其他致胜因素，日本联合舰队的综合实力远胜北洋

海军，所谓"亚洲第一"只是清政府海市蜃楼的幻境罢了。而主政者仅将海军看作门面，试图一次性投入资金，筑成类似长城、山海关等永久性陆上防御体系的建军思路和战略构想，才是这中国舰队所面临的最沉重枷桎。

19世纪90年代正是近代海军技术和武器装备更新迭代最快、主力舰设计理念变化最为激烈的时期，一艘主力舰下水几年后，就会面临被新舰全面超越的命运。自北洋海军成军后，清政府再次重蹈覆辙，自以为是、自我陶醉。1891年5月决定"暂停南北洋购买外洋枪炮、船只、机器二年"，北洋海军仅在1890年新增一艘国产巡洋舰"平远"号，其发展实际陷于停滞状态。与此同时，中国的假想敌日本则奋起直追，快速实现了对北洋海军实力的反超。清政府的所作所为，注定了北洋海军覆没的结局。成军纪念金牌"足以詟敌情而张国威""亿万斯年，永定镇之"的铭文，最终成为了清政府的自我梦呓。

以北洋海军的主力舰艇"定远"舰、"镇远"舰等论，其作战理念是以"近距离撞击、大口径主炮近距离射击、鱼雷突击"为海战主要形式，形成了强化舰只正面力量、将主要武器堆砌在船艏部位的设计思路。这种思路曾在19世纪70—80年代非常流行，其主要是受到发生在1866年的利萨海战的引导，主要追求的是在近距离作战时"一击必杀"的效果。以海军技术发展而言，这种设计思路很快就被"火力与装甲致胜"的理念所取代。而在黄海海战中，"致远"舰在航速不如日舰的情况下仍然选择撞击"吉野"舰而最终沉没，除了其中的悲情意味，也是由于北洋海军本身"撞击近战"理念与日军联合舰队"火力与装甲致胜"理念存在从船只设计到海战理念上的"代差"所造成的。

对比1893年建成的日本联合舰队主力"吉野"号，北洋海军中的绝对主力"定远"舰、"镇远"舰竣工于1884年，这也意味着即便不讨论作战、训练等因素，仅从技术发展层面进行比较，北洋舰队所面对的是在海军技术迭代最快的历史时期中具备10年技术发展优

势的对手。

综上所述，北洋海军覆没的本质原因是清政府在一个技术迭代极快的年代中，重金购买了一批无法保证其长期军事价值的战舰却自以为铸就了"海上长城"的定式思维。可以想见，即便没有"甲午海战"，北洋海军也必将很快凋零在海军装备的快速迭新中。

1.　其中第42号藏品即为清光绪北洋海军成军纪念金杯、金牌。

清同治九年金陵制造炮局双耳铜炮

作者：任志宏
中国航海博物馆学术研究部（藏品保管部）
副研究馆员

自晚清"洋务运动"兴起以来，洋务派以"自强"为口号，在各地兴建众多军事工业。其中有五家因其开办经费均由清政府户部拨付，可称之为大厂，分别是江南制造总局、金陵机器局、福州船政局、天津机器局和湖北枪炮厂。就规模而言，金陵机器局在五家中只能算是中型军事工业；但纵观其发展历程，从前身上海炸弹三局的设立，后随李鸿章一同迁往苏州又迁至金陵，无不彰显着金陵机器局在晚清洋务重臣李鸿章心中的分量。金陵机器局主要生产火药、炸药、枪弹、炮弹等军火物资以供应淮军使用。洋枪洋炮虽然也有生产，但并不是其主要产品，流传于世的更是少见，中海博收藏了一门清同治九年（1870）金陵制造炮局双耳铜炮。（图1）

图1
清同治九年金陵制造炮局双耳铜炮
（附炮弹）
中国航海博物馆藏

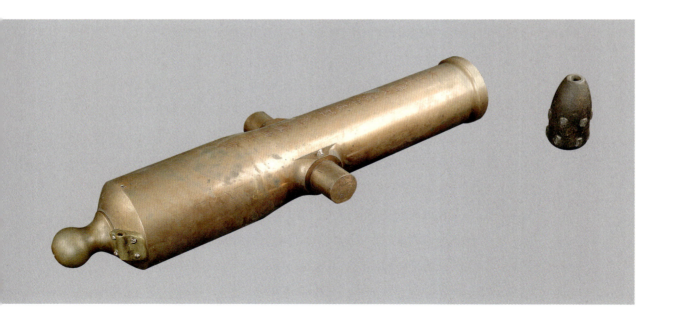

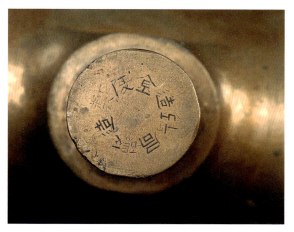

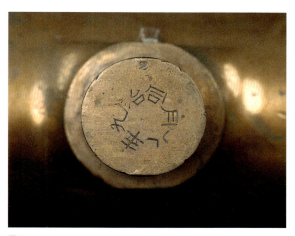

图2
左炮耳铭文"金陵制造炮局铸造"

图3
右炮耳铭文"同治九年八月"

一、铜炮概貌

中海博收藏的这门金陵机器局双耳铜炮是馆藏一级品之一，系晚清时期铸造的前装线膛铜炮。因其炮身有双炮耳，炮耳上分别有"金陵制造炮局铸造"（图2）及"同治九年八月"（图3）铭文字样，故该藏品被正式命名为"清同治九年金陵制造炮局双耳铜炮"。由铭文可知其铸造年代为清同治九年，即公元1870年。

该炮整体由青铜铸造而成，质地均匀，无沙眼，内刻膛线，表面抛光，呈明亮金黄色光泽。铜炮全长97厘米、宽31厘米（最宽处）、高19厘米，口径为9.7厘米，前膛装填，内有六条膛线，缠角很小。（图4）炮耳位于炮身中部位置，圆柱形，直径6.5厘米，左右各一，与炮身一体铸造成型。炮耳与炮身连接处凸起，圆形，上下部均被切平。右侧炮耳与炮身连接处有一铁制刃装凸起，银白色金属光泽，纵向。

该处刃装凸起（图5）应是"水平正切分划尺"，这是早期线膛炮上曾使用过的一种瞄具。早期线膛炮在发射后，在膛线的作用下，炮弹会沿膛线绕自身纵轴旋转前进，提高了炮弹在空中飞行的稳定性，较之滑膛炮，其射击精度显著提高。但膛线带来的纵轴旋

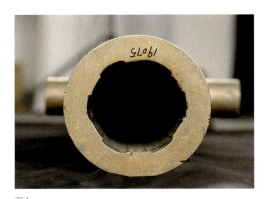

图4
炮口及膛线

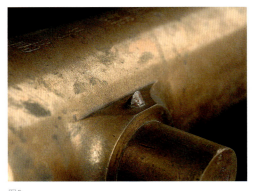

图5
右炮耳瞄具

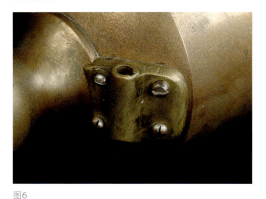

图6
炮尾右侧表尺

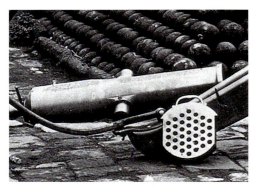

图7
约翰·汤姆森拍摄的
来福铜炮及炮弹 [1]

转在提高炮弹飞行稳定性的同时，也会使炮弹顺着旋转的方向产生一定偏差，进而影响炮击精度。但这种偏差是可以经过计算进行修正的，这就需要使用特殊的瞄具进行校正，右炮耳轴上装备的应当就是此类瞄具。

炮尾斜肩位置上有一铜质构件（图6），位于火炮右侧，以四颗铁制铆钉固定在炮身，中间有圆柱形竖直空洞，上刻数字"208"，应是火炮表尺。图7为英国人约翰·汤姆森（John Thomson）于1871年在金陵机器局内拍摄的一张照片，地上这门铜炮外形与中海博馆藏清同治九年铜炮完全一致，图中可见其炮钮右侧有一圆柱形竖直金属件，根据其位置判断，安装位置正是中海博清同治九年铜炮的炮尾表尺，此处配件已遗失。

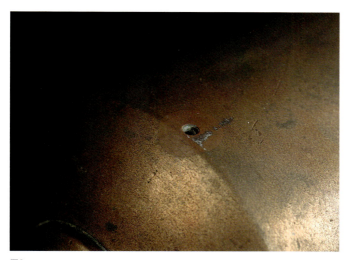

图8
炮尾火门

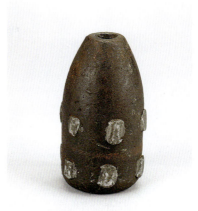

图9
该炮所配炮弹[2]

　　该炮炮身整体呈前细后粗的圆柱形，炮口一圈有平沿，宽度约为2厘米，其后略收，前膛呈直筒状直至炮耳底座后沿，长度为48厘米，直径（外径）为14厘米。炮身自炮耳处向后渐粗，渐变处约9厘米，其后为后膛，亦为直筒，长度为24厘米，后膛直径（外径）20厘米。炮身后膛尾部上方正中位置有圆形火门（图8），直径0.63厘米。在火门周边有一圈圆形印迹，直径约3厘米。经测，其质地为红铜，与炮身的青铜材质不同，应当是另行铸造后再加工至炮身。炮尾自火门后收窄，最后为球状炮钮。

　　该铜炮附炮弹一枚（图9），铁制，炮弹长16厘米、直径9厘米，重量为3.88千克，圆锥形，是早期前装线膛炮所使用的炮弹类型。弹体上有两排共12颗凸起，银白色，长度为2—2.5厘米，宽度为1.5厘米左右，应系嵌合膛线使用的铅制弹齿。炮弹内部中空，前端开孔，孔内有螺纹，开孔通向弹体中心，由此可知这是一枚开花弹（爆破弹）。使用时，弹体内部应当装满火药，螺纹孔内装击发引信，不需要使用时则去掉引信。该枚炮弹无引信。

　　该炮保存完整、铭文清晰，铸造工艺精湛，是金陵制造局的代表性产品。

二、存世情况

2015年，中海博在进行海外委托征集时于美国发现该门铜炮。根据征集时获得的信息，这门铜炮在1900年八国联军侵华战争中成为联军的战利品，然后流落海外，由美国斯普林菲尔德兵工厂收藏。

此类清末自制铜制前装线膛炮在我国出土及传世实物数量不多，品相完好、铭文清晰的则更是少见。除该门清同治九年铜炮外，中海博还收藏有一件与此炮同类型的铜炮（图10），同为金陵机器局生产，且形态、大小、尺寸均与该门火炮相仿，右侧炮耳同样有水平正切分划尺瞄具，炮尾无表尺（脱落佚失），炮身上有铭文"光绪元年（1875）金陵机器局制造"。可见从同治九年到光绪元年，这一类型的前装线膛铜炮在金陵机器局都有生产。

除上述两件中海博收藏的铜炮外，中国人民革命军事博物馆也收藏有一件相同类型火炮。

中海博所藏清同治九年金陵制造炮局双耳铜炮全身共有四处铭文，另一件光绪元年铜炮仅有炮身上方一处"光绪元年金陵机器局制造"铭文字样。(图11)中国人民革命军事博物馆所收藏铜炮在炮身上方刻有"太子太保协办大学士直隶总督部堂一等肃毅伯李　督同二品顶戴道衔马格里三品衔江苏候补道刘佐禹　监造"，左右炮耳无铭文，右炮耳瞄具旁有依稀可辨的数字"14"字样，炮尾表尺无编号。约翰·汤姆森于1871拍摄的照片中的那门双耳铜炮炮身铭文亦清晰可见，炮身上方铭文与军博所藏铜炮完全一致，炮耳也有铭文，不可辨认。

从上述各炮铭文位置情况来看，炮身上方是最主要的铭文之处，不仅铭文字数最多，信息量也最大。清代火炮炮身通常都会有铭文，从存世实物来看，内容主要包括督抚官衔、监造者官衔、铸造日期、火炮重量、弹药配比等，不同火炮铭文内容也不尽相同。各炮在炮身上方位置的铭文差异颇大，军博铜炮和约翰·汤姆森照片中铜炮的铭文一致，不仅有李鸿章的官衔，还有当时负责金陵机器局事务的

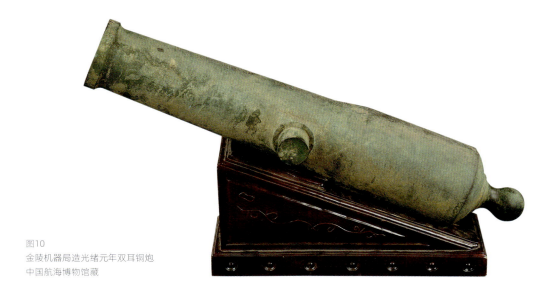

图10
金陵机器局造光绪元年双耳铜炮
中国航海博物馆藏

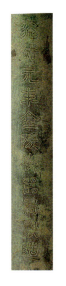

图11
炮身上方铭文"光绪元年
金陵机器局制造"

马格里和刘佐禹二人姓名及官衔，符合当时火器生产"物勒工名"的习惯。

中海博藏清同治九年铜炮和约翰·汤姆森1871年照片中的铜炮炮耳处均有铭文，而光绪元年铜炮和军博所藏铜炮则无炮耳铭文。根据军博资料显示，其所藏双耳铜炮为光绪年间制造。两件同治年间生产的铜炮炮耳均有铭文，两件光绪年间生产的铜炮炮耳均无铭文。由此初步推测，早期生产的双耳铜炮左右炮耳刻有铭文，光绪年间生产的则不再在炮耳刻印铭文。

三、金陵机器局及其火炮生产

同治二年（1863），李鸿章以"江苏正在进攻省城，所需军火刻不容缓"[3]为由在上海"开炸弹三局：一为西洋机器局，派英国人马格里雇洋匠数名照料铁炉机器，又派直隶州知州刘佐禹选募中国各色工匠帮同工作"。[4]马、刘之局在当时"为最新，使用西洋机器，

并用蒸汽机为推动力。而且雇佣洋匠数名，协同中国工匠，铸造炸弹、炸炮"。[5]淮军攻下苏州后，身为江苏巡抚的李鸿章移驻苏州，马格里和刘佐禹主持的洋炮局也随之迁到苏州，并改称苏州洋炮局。马格里又建议李鸿章将刚解散的阿思本舰队中的一批修造枪炮的新式机器悉数购入，苏州洋炮局规模亦有所扩充。同治四年（1865），李鸿章署理两江总督，马格里、刘佐禹主持的苏州洋炮局亦随同迁至南京，改称金陵机器局。

金陵机器局在其前身，即上海炸弹三局之时就开始生产枪炮弹药等军火物资，主要供应李鸿章的淮军使用。初时以枪弹、炮弹等为主，且产量较少，到苏州洋炮局时期"每星期可以出产一千五百到二千发的枪弹和炮弹"。[6]

至金陵机器局时期，已经从事火炮和枪械子弹的生产，"[1867年金陵制造局]……从事制造西洋式的大炮和各种军用品。""[1869年金陵制造局]……厂中正在制造各种口径的炮，有的很大；还有炮车、炮弹、枪子及各种军用品"。[7]至于该局生产的火炮种类，可以从史料中寻找一些蛛丝马迹。

同治三年（1864），李鸿章在回复总理衙门询问其生产火器有何成效的函中详细介绍了他目前所了解的各类新式火炮，自称"尽心研究，略知端倪"，在其中详尽描述了长短炸炮及各式炮弹的生产制作方法。但这些全都是前装滑膛炮，对新出的后膛炮、线膛炮等，则一笔带过，只说"最难仿制"。至于火炮生产方面，每月"大小短炸炮，约可得六七尊"，[8]长炸炮"非用外国全副机器，延请外国巧匠，不能入手"。[9]可见从一开始，金陵机器局的火炮生产能力就颇为有限，只能生产较为简单的短炸炮，也就是俗称的田鸡炮。[10]

光绪元年（1875）春，金陵机器局制造的两尊六十八磅子大炮在发射过程中发生爆炸，造成七名士兵死亡，负责主持金陵机器局的马格里因此事被李鸿章撤职。发生爆炸的是金陵机器局为大沽炮台制造的钢制炮台炮，而爆炸的原因"是钢质显然有毛病"，[11]马格里本人也"不得不承认炮的爆炸是由于钢质不良所致"，[12]并且从此以后

"不敢制造大炮，而大量的出产小型过山炮和前膛炸炮"。[13]可见金陵机器局并没有完全掌握钢膛火炮的制造技术，王尔敏就在书中直言金陵机器局"于制造炮械方面，则是相当的落伍"。[14]

光绪十一年（1885）五月二十六日，两江总督曾国荃在"扩充机器局疏"中提到金陵机器局历年来生产的各类火炮有"十二磅来福铜炮、后膛炮、过山炮、十管格林炮、四门神机炮、二十四磅洋生铁开花炮、劈山炮、前膛抬炮"八种，[15]其中多为旧式火炮，十二磅来福铜炮很有可能与中海博藏清同治九年铜炮是同一类型火炮。

根据中海博藏清同治九年金陵制造炮局双耳铜炮的造型和尺寸，以及膛线、锥形炮弹等特征，我们可以判断出该火炮的原型是法国1859年型线膛炮。该类型火炮采用了"La Hite"系统，属于早期的前装线膛火炮，材质多采用铜，因其较软易于加工。

金陵机器局如何获取到这种火炮并进行仿制的？根据现有史料和线索，试做如下梳理。

李鸿章在同治三年回复总理衙门的函中提到，"敝处去年所延法国人勒日尼色教习铸炮"。[16]勒日尼色是法国人，于1863年来华，任职苏州洋炮局铸炮技师，虽然后来"回国购器，至今未来"，但是在他任职期间，作为企业管理和技术人员，完全有可能将当时尚算先进且生产难度不高的1859年型线膛炮生产技术引入中国。

1870年的普法战争中，法军主力火炮依然是经过改装的拿破仑十二磅前装线膛野战炮。可见在19世纪60—70年代，前装线膛炮仍然作为军队主力火炮在使用，清同治九年金陵制造炮局双耳铜炮在当时并不落后。

然而19世纪60—70年代是火药兵器迅速发展的时期，各类新式火器的研发和生产取得了极大的进步，新技术层出不穷。到了1885年依然在生产这种火炮，无疑已经远远落后于时代了。

金陵机器局在晚清的历史中远不如上海的江南制造总局和汉阳兵工厂知名，所留存下来的史料和实物相对而言也不算多。作为为数不多流传于世的历史文物，"清同治九年金陵制造炮局双耳铜炮"为

研究金陵机器局、洋务运动以及近代军事工业提供了重要实物，藏品蕴含的历史信息值得进一步发掘研究。

1. 图片来源：Welcome Collection官网。

2. 图中可见弹体上两排弹齿及顶端开孔和孔内螺纹

3. 顾廷龙，戴逸主编，《李鸿章全集1·奏议一》，安徽教育出版社，2008年，第347页。

4. 顾廷龙，戴逸主编，《李鸿章全集1·奏议一》，安徽教育出版社，2008年，第544页。

5. 王尔敏，《清季兵工业的兴起》，广西师范大学出版社，2009年，第87页。

6. 孙毓棠编：《中国近代工业史资料 第一辑（1840—1895年）》（上），科学出版社，1957年，第257页。

7. 孙毓棠编：《中国近代工业史资料 第一辑（1840—1895年）》（上），科学出版社，1957年，第327页。

8. 孙毓棠编：《中国近代工业史资料 第一辑（1840—1895年）》（上），科学出版社，1957年，第260页。

9. 孙毓棠编，《中国近代工业史资料 第一辑（1840—1895年）》（上），科学出版社，1957年，第260页。

10. 此种火炮因"身短而口侈，炮耳在后，形如怒蛙，俗名田鸡炮"，射程较近，弹道弯曲，属于臼炮。因为口径可以做的很大，在攻城时多有使用。

11. 孙毓棠编，《中国近代工业史资料 第一辑（1840—1895年）》（上），科学出版社，1957年，第326页。

12. 孙毓棠编，《中国近代工业史资料 第一辑（1840—1895年）》（上），科学出版社，1957年，第326页。

13. 王尔敏，《清季兵工业的兴起》，广西师范大学出版社，2009年，第89页。

14. 王尔敏，《清季兵工业的兴起》，广西师范大学出版社，2009年，第88页。

15. 孙毓棠编，《中国近代工业史资料 第一辑（1840—1895年）》（上），科学出版社，1957年，第330页。

16. 孙毓棠编，《中国近代工业史资料 第一辑（1840—1895年）》（上），科学出版社，1957年，第260页。

清佚名《浙江海防营汛图卷》

作者：严春岭
中国航海博物馆学术研究部（藏品保管）
助理馆员

中海博收藏有一幅清佚名《浙江海防营汛图卷》（图1，以下简称"图卷"），为2012年于西泠印社拍卖会上拍卖所得。该图卷长242厘米，宽33.8厘米，为无轴图卷，纸本彩绘。图卷表面留有水渍，纸张发黄，局部有破损，图上少部分字迹由于水浸和纸张原因已无法辨认，整幅图卷缺失卷首及卷末款识，绘制年代及绘制者信息不详。

一、图卷内容概要

图卷图文并重，描绘了清代中国沿海地区山川、岛礁、府县及卫所、营、汛、墩台等海防要地分布情况。其上半部为海洋及近海岛礁，下半部为陆地。

图卷从左往右代表由北向南。具体而言，绘制的府县包括乐清县、太平县、黄岩县、台州府、宁海县、象山县。绘制的卫所包

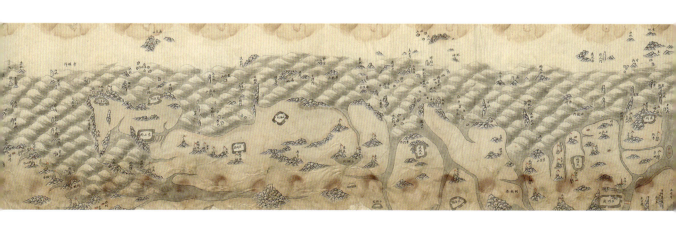

括后所、蒲岐所、玉还城、隘寨所、松门城、析河所、海门、前所、桃渚所、石浦所、昌国卫、爵溪所、钱仓所、大松所等。绘制的营、汛、寨主要包括：大松山汛、清江寨、大芙蓉汛、庙前汛、珠屿汛、蔡岙汛、蒲岙汛、大荆营、水涨汛、东岙寨、江下汛、金清汛、三石汛、梅岙汛、菖浦汛、吴都汛、健跳汛、东山汛、白鸡寨、太湖汛、百盆汛、湖头渡汛、瞻崎汛等。绘制海防墩台：白沙山台、白沙岭台、山台、小松山台、江岩台、江岩山台、西店岭台、后台、松门山台、六都台、金清台、风水山台、栅浦台、家子台、小圆山、三山台、风坑山台、马头台、竹头台、横山台、珠球台、东山台等。据图中的地名初步判断，此图卷并非完整的浙江海防图卷，仅中间一段，其范围北起宁波府、象山县，途经黄岩县和台州府，南至乐清县。

该幅海防营汛图不仅清晰呈现了清朝浙江地区的驻防营、汛、卫所炮台等信息，还展现了浙江境内众多岛礁、港泊、城池和山林风貌。该海防营汛图卷应是当时的海防军事实用地图。

浙江位于我国东部沿海，拥有漫长的海岸线，洋面辽阔。南面始于温州蒲门所北关，北面到乍浦与金山卫交界，可谓"南连闽、峤，北接苏、松"，[1]"凡一千三百余里"。[2]元代至正二十六年（1366）浙江置行中书省，领九府，在明代洪武九年（1376）改为承宣布政使司。洪武十五年（1382）明朝廷将嘉兴、湖州二府划归

图1
清佚名《浙江海防营汛图卷》
中国航海博物馆藏

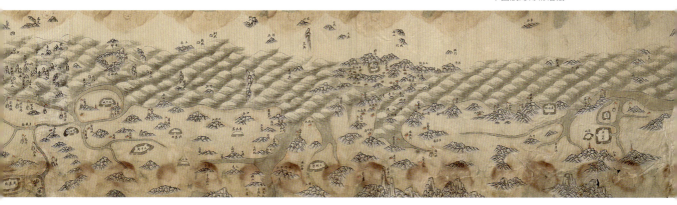

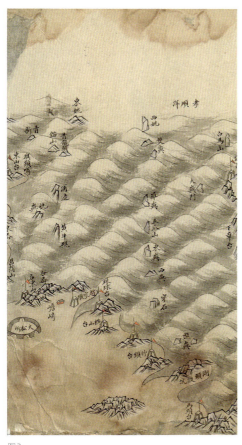

图2
清佚名《浙江海防营汛图卷》
局部（宁波府）

到浙江，[3]清朝延续了明朝的地域划分制度，保留了浙江省的行政区划。清朝浙江省共计有十一个府，其中六个府是沿海府，"广五百十里，袤千七百五十九里，周回五千二百七十七里，领府十一：杭州、嘉兴、湖州、金华、衢州、严州、宁波、绍兴、台州、温州、处州。省会杭州府"。[4]该幅图卷主要涉及的地理区域就包括宁波、台州及温州三府。

编纂成书于清雍正十三年（1735）的《浙江通志》，对清朝浙江沿海的布防情况有较详细记载。结合方志记载，对照图卷，由北向南，可更直观地了解浙江海防布局。根据图卷提供的地理信息，首先是宁波府区域。（图2）据记载，宁波府驻浙江提督，节制全省水陆官兵，提督统辖标下中、左、右、前、后五营，参将、游击、守备、千总、把总等官40员，兵4235名。除驻防宁波府城外，其余驻防穿山、扩𤧚、大嵩所、瞻崎、盐场、足头、湖头渡、应家棚等八处陆汛。[5]

往南进入象山县区域。此处为定海镇管辖区域。（图3）定海镇驻定海县，总兵官统辖标下中、左、右三营，游击、守备、千总、把总、外委等官44员，兵2841名。[6]定海镇兼辖镇海水师营、象山守城协营、昌石水师营。镇海水师营驻镇海县，参将统辖守备、千总、把总、外委等官14员，兵1155名，[7]此图卷未涉及该营驻防区域。象山守城协营驻象山县，副将统辖参将、守备、千总、把总、外委等官25员，兵1262名，除守县城外、余分防沿海钱仓寨、爵溪城、关头、四洲头、西周、海口、湖头、朱溪等八处汛地。[8]昌石水师营设于清雍正八年（1730），参将、游击统辖千总、把总、外委等官5员，兵565名，驻防昌国卫、石浦所。

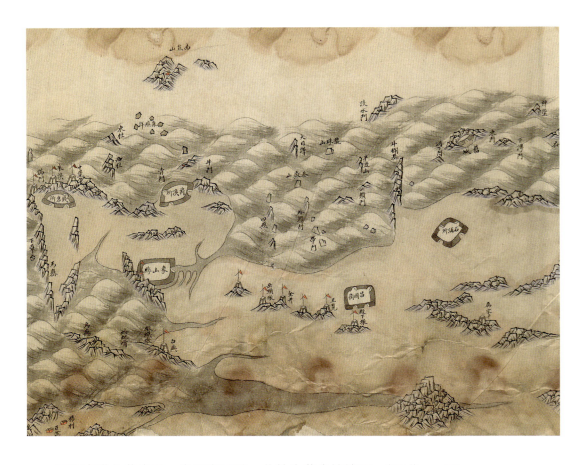

图3
清佚名《浙江海防营汛图卷》
局部（象山县）

　　再往南进入黄岩县、台州府区域，此处为黄岩镇辖区。（图4）黄岩镇驻扎黄岩县，总兵官统辖标下中、左、右三营游击、守备、千总、把总、外委等官42员，兵2575名，除防守县城外，分防海门卫陆汛。黄岩镇兼辖台州协城守营，宁海、太平两营。[9]宁海营驻宁海县，参将统辖左、右二营守备、千总、把总、外委等官20员，兵1173名，除守卫县城外，其余分防沿海石桥汛、西廓汛、大横渡汛、窦岙汛、海游寨汛、曼澳汛、东岙汛、牛腿汛、东山汛、越溪寨汛、柘浦汛、胡陈汛、大湖汛、溪下应汛、上下浦汛、缸窑汛、海口汛、西垫汛等汛地。[10]台州协城守营，副将统辖中、左、右三营，参将、守备、千总、把总、外委等官36员，兵2073名，除驻守府城，其余分防沿海之赤坎汛、浬浦汛、关头寨汛、桃渚寨汛、垦埠汛、梅岙汛、泗淋汛、小雄寨汛、小圆山炮台、吴都汛、三石汛

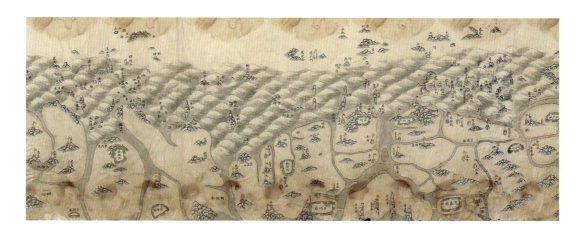

图4
清佚名《浙江海防营汛图卷》
局部（黄岩县、台州府）

和前所寨汛等陆汛。[11]太平营驻太平县，参将统辖守备、千总、把总等官6员，兵775名，除守县城外，余分防沿海松门卫汛、隘顽寨汛、江下汛、金清汛等陆汛。[12]

最后是乐清县区域，此处海防事务归属温州镇。温州镇驻扎府城，统辖标下中、左、右三营，游击、守备、千总、把总、外委等官42员，兵2528名，除守卫府城外，分防千石汛、状元桥汛、宁村寨汛、梅头汛、和蒋岭等陆汛。[13]兼辖平阳、瑞安、乐清、大荆、磐石、玉环各营。乐清营驻扎乐清县（图5），副将统辖左、右两营都司、金书、千总、把总、外委等官17员，兵932名，除守县城外，余分防沿海蒲岐汛、大崧汛、清江渡汛、后所汛和南岸汛等。[14]

大荆营驻大荆城（图6），游击统辖守备、千总、把总、外委等官13员，兵671名，分防沿海大荆城、水涨汛、横山汛、大芙蓉汛、蔡岙汛等。[15]玉环营参将统辖左右两营守备、千总、把总、外委等官19员，兵896名，左营负责陆汛驻守，分防沿海后峤、楚门和大城岙等汛地。[16]平阳、瑞安和磐石等营防区均未出现在图卷上，故不再赘述。

通过对照可见，图卷所绘制的浙江海防主要驻防地信息和《浙江通志》中记载基本吻合，如昌国卫、石浦所、爵溪所等。在驻防营汛上略有出入，《浙江通志》中记载的泗淋汛、小雄寨汛、胡陈汛等若干营汛未在图卷中绘制。图卷中绘制有不少海防墩台，而在《浙江

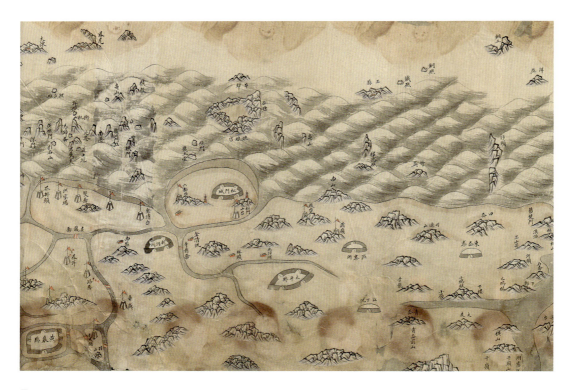

图5
清佚名《浙江海防营汛图卷》
局部（乐清县）

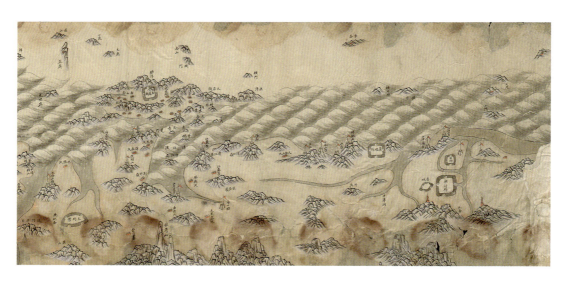

图6
清佚名《浙江海防营汛图卷》
局部（大荆营）

通志》中却少有记载。这些不同可能与图卷绘制时期海防布局调整变化有关，图卷客观真实地反映了当时浙江沿海地区的军事布防情况，是一幅实用性很高的海防图卷。另外，图卷中有几处汉字书写与古籍中记载略有不同，如"大嵩所"图卷上写为"大松所"，又如"玉环城"写为"玉还城"等。

二、清代浙江海防体系

海禁闭关政策是清代统治前期浙江沿海因受反清势力不断侵扰而采取的政治和军事政策，沿海民众迁往内地，严禁出海，意图切断沿海民众对敌对势力的支持。直到康熙二十三年（1864）在台湾设府置县后才逐步开放海禁，允许沿海民众复耕沿海田地，但仍对船只出海捕鱼贸易等行为严格管束，限制出海船只尺寸。

整体而言，清代浙江地区海防制度主要是巡洋会哨制度和保甲制度。巡洋会哨制度就是按照水师预先划定的范围，相邻的两镇水师在规定的时间开展定期巡逻，巡逻单位碰面后需要交换相应官方文书，并通报上司。保甲制度本质上是一种社会治理制度，以"户"为最基本社会单位，保长和甲长没有治理权限但可向上举报不法行为并承担教导责任。此外保甲制度还实行连坐法，如有事端发生，保长、甲长未及时汇报给州府，都要承担责任。以上二种制度相辅相成，稳定了基层社会治理，保障了沿海稳定，有利整个浙江海防。

清代前期，海防力量由八旗和绿营两部分组成，清政府为了保护沿海安全，在沿海地区布防了八旗和绿营水师。初时，八旗军在浙江杭州，有满、蒙八旗马甲、步甲、弓匠，汉军马甲、步甲、铁匠，满、汉棉甲兵4000余人。其后，绿营兵逐步成为海防力量的主力，浙江省水师主要有钱塘水师营、乍浦水师营和设于雍正六年（1728）的满洲水师营，另有定海镇、黄岩镇和温州镇等水师镇组成。

清代海防兵力分为两个兵种，即陆地守兵和水师战兵：陆地守兵星罗棋布在海岸和岛岸上，依托炮台和瞭望台等设施，在汛地之间

来往巡逻，保护沿海城镇、港口和军事要塞的安全；水师战兵驾驶大小战船，按照划定区域进行巡逻会哨，防止海盗袭击沿海商船、居民和城池，借以维护近海水域的商船运输和渔业生产秩序。[17]

清初海防驻地基本沿袭了明代的卫所制度。卫所在各自划定的管辖区域内修筑"卫城""所城"。浙江沿海也形成了以卫所体系为骨干的完备的海防系统。清初对明代遗留的海防要塞和制度都予以保留，成为了清初海防重要依靠。之后随着清代建立八旗和绿营兵制，逐步裁撤卫所，卫所的军事职能被取消，但卫所原驻防地仍然成为了清代海防的重要倚仗。

三、图卷的绘制方法与绘制年代探讨

中国传统地图绘制方法大致分为形象画法和画方网格两类。形象画法是采用中国传统的山水画绘画技法，将地图反映的地形、地貌、地物等要素绘制成形象逼真的图形，形象直观、立体感强、兼具可读性和艺术性。明清时期不少地图海图都采用该绘制技法。馆藏图卷就是以形象画法绘制成图。图卷上部是海洋，绘者用大量的灰色水波纹表现近海洋面，用小山图形画出近海岛屿。图卷下部是陆地，以深色线条勾画出陆地轮廓，图卷底部用大量山川图形刻画出内陆连绵起伏的丘陵地带。此外，绘者还用山水画的图形符号标识出了府县及卫所、营、汛、墩台等海防要地分布位置。以形象画法绘制的地图具有实用性，能帮助使用者辨识方位，确定具体的地理信息位置。同时，图卷体现出传统山水画的意蕴，具有一定的艺术价值。

最后就图卷的绘制年代作初探。该图卷上明确绘制了玉环城，清雍正六年割太平、乐清两县之地设立玉环厅，属温州府，自此玉环始有独立行政建制。据此图像信息，可判断此图卷应绘制于雍正六年之后。另有，图卷中宁海县书写为"'宁'海县"（图7），据《钦定大清会典事例》记载道光帝谕旨曰："乾隆四十一年十一月，恭奉皇祖高宗纯皇帝谕旨，绵字为民生衣被常称，尤难回避，将来继体承

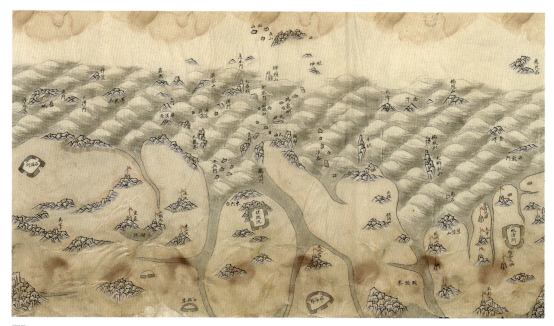

图7
清佚名《浙江海防营汛图卷》
局部（宁海县）

绪者，当以绵作旻，则系不经用之字，缺笔亦易等因，钦此。今朕钦
遵成命，将御名上一字敬改，至臣下循例敬避。上一字着缺一点，下
一字将心改为一画一撇。其奉旨以前所刻书籍，俱毋庸追改。"[18]又
据《钦定大清会典事例》记载："咸丰四年有谕曰：'嗣后凡遇宣宗成
皇帝庙讳，缺笔写作"寍"者，悉改作"甯"。'[19]由此可知，"宁"
字在道光朝为避道光帝名讳，由"寍"改写"寗"。直至咸丰四年，
又改写为"甯"。根据图卷上"寍"字书写为"寗"，再结合浙江沿
海地区行政建制变化，可以初步判断此图卷绘制年代大致应在道光朝
（1821—1850）至咸丰三年（1853）之间。翔实的绘制年代还有待
后续继续考证。

1. 赵尔巽：《清史稿》卷一三八志一一三，中华书局，1977年，第4109页。

2. 同注释1。

3. 谭其骧：《长水集》，人民出版社，1987年，第416页。

4. 牛平汉：《清代政区沿革综表》，中国地图出版社，1990年，第138页。

5. 沈翼机：《浙江通志》卷九七，《文渊阁四库全书》第519册，上海古籍出版社，第28-31页。

6. 沈翼机：《浙江通志》卷九七，第32—34页。

7. 沈翼机：《浙江通志》卷九七，第44—46页。

8. 沈翼机：《浙江通志》卷九七，第40—42页。

9. 沈翼机：《浙江通志》卷九八，第19页。

10. 沈翼机：《浙江通志》卷九八，第24—26页。

11. 沈翼机：《浙江通志》卷九八，第21—23页。

12. 沈翼机：《浙江通志》卷九八，第27—28页。

13. 沈翼机：《浙江通志》卷九八，第38—39页。

14. 沈翼机：《浙江通志》卷九八，第42—44页。

15. 沈翼机：《浙江通志》卷九八，第44—45页。

16. 沈翼机：《浙江通志》卷九八，第46—47页。

17. 王宏斌：《清代前期浙江划分内洋与外洋的准则和界限》，《社会科学辑刊》2016年2期，第102—114页。

18. 昆冈：《钦定大清会典事例》影印光绪石印本，卷344，上海古籍出版社，第427页。

19. 昆冈：《钦定大清会典事例》卷344，第427页。

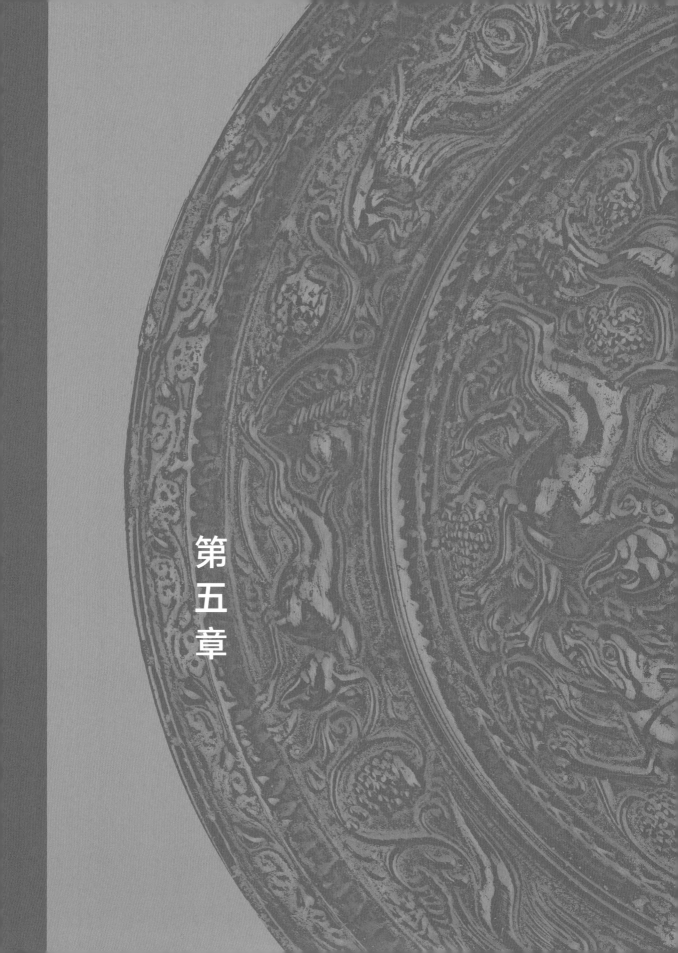

第五章

航海遗珍

源远流长的航海实践不仅对社会生产、商品交流、政治军事等领域产生了深远的影响，而且为文化艺术创作提供了丰富的素材与创意灵感，进而在人类文明史中留下了熠熠生辉的航海遗珍。这些文物珍品的价值往往体现在诸多方面：原材料的珍贵性、加工技术的复杂性、纹饰的特殊性、蕴含的历史内涵等等。如一千多年前的铜镜用"海兽"和"鱼纹"记录下当时的海外交往的繁盛；明代银锭告诉我们，与水运、贸易相关的经济制度经过千年发展已是多样与成熟并存；来自异域的珍贵象牙被工匠巧手制成令人叹为观止的艺术珍品，焕发出中西交融的光彩；纪实画作以直观的方式再现了清代中国与琉球间朝贡贸易的往来场景。一件件精美的文物从不同角度为我们保留了各个时代的航海特征，记录了航海对于文明润物无声的影响，也串联起色彩斑斓的航海艺术画卷。

唐海兽葡萄纹铜镜

作者：蒋笑寒
中国航海博物馆学术研究部（藏品保管部）
助理馆员

唐代是中国古代铜镜发展的全盛时期。唐代的海兽葡萄纹铜镜是中国传统铜镜艺术与外来文化高度融合的产物。海兽葡萄纹铜镜，亦称"禽兽葡萄镜""鸾兽葡萄镜""天马葡萄镜"，因其装饰奇异，纹饰饱和密满，充满神秘色彩，被日本学者称为"多谜之镜""凝结欧亚大陆文明之镜"。[1]海兽葡萄纹铜镜不仅承袭了中国传统铜镜意象，也受到了中亚和西亚文化的影响。中海博收藏了多面铜镜，其中有三面唐代海兽葡萄纹铜镜，为馆藏二级品或三级品。

一、馆藏唐海兽葡萄纹铜镜概貌

图1所示海兽葡萄纹铜镜为圆形镜，直径17.3厘米，重899克，圆钮，通体黑漆古，有裂。分为内外两区，以一圈锯齿纹分隔，内区六只瑞兽两两相对，环绕镜钮。外区饰瑞兽、鸾鸟等，丰腴矫健，呈奔跑状同向追逐嬉戏，点缀葡萄和叶蔓，外缘为锯齿纹和卷草纹。推测此镜为海兽葡萄镜的雏形镜，下文将进一步论述。

图2所示海兽葡萄纹铜镜为圆形镜，直径16.5厘米，重1170克，伏兽钮。分为内外两区，内外区风格相似，内区共有三龙三兽相间排列，环绕镜钮，其间满饰葡萄和藤蔓，葡萄藤蔓外为一圈锯齿纹。外区饰海兽、喜鹊、蜻蜓和蜜蜂，喜鹊或展翅飞翔或叼食葡萄，动静结合，以葡萄和叶蔓作为填充，纹饰生动有趣，错综起伏。

图3所示海兽葡萄纹铜镜为圆形镜，直径16.3厘米，重1110克，银白光，伏兽钮，无钮座。高浮雕，锈迹明显，铜镜以轮环为间隔分内外两区，内区有三兽和三龙相间排列，首尾相接，空白处

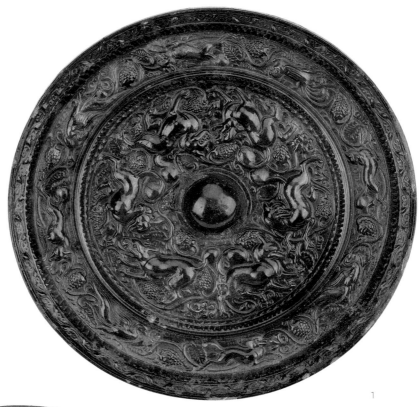

1

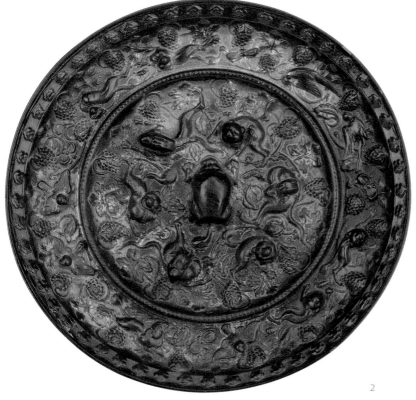

2

图1
唐海兽葡萄纹铜镜
中国航海博物馆藏

图2
唐海兽葡萄纹铜镜
中国航海博物馆藏

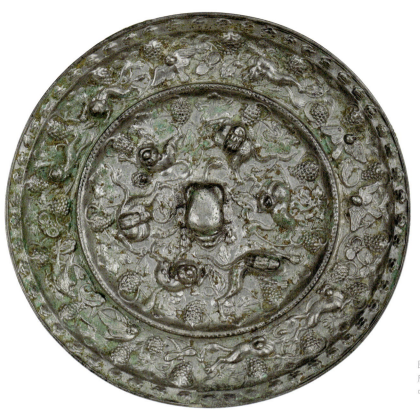

图3
唐海兽葡萄纹铜镜
中国航海博物馆藏

满饰葡萄叶蔓，肥厚润泽。外区以叶瓣和葡萄串枝作地纹，跑兽与雀鸟相间，蜜蜂、蜻蜓飞于其间，生动活泼，画面美观，工艺精湛细致，具有很高的艺术价值。

二、唐代铜镜的基本特征

唐代国力强盛，社会经济欣欣向荣，文化艺术领域呈现出新气象。铜镜的艺术风格和制作工艺在唐代也达到了前所未有的高度。一方面，制瓷业的兴盛使得不少生活用品改用瓷器制作，一般器物的同期生产水平相对衰落，金属器物的制作主要集中在铜镜上。另一方面，社会需求的扩大也促进了铜镜的飞速发展。唐代上层社会盛行以铜镜作为献礼和馈赠的社会风尚，铜镜不仅是皇室赏赐群臣的礼物，

也是民间互赠的纪念品。[2]

　　唐代铜镜在镜形、铭文、布局和纹饰等方面均有别于前朝。唐以前铜镜多为圆形镜，早期的圆形镜小且薄，两汉以后圆形镜的尺寸重量均有所增加，发展至唐代，铜镜更为雍容丰厚。唐中期之后，出现了菱花形和葵花形等花式镜，也有少数钟形、盾形和其他变形镜，但仍以圆形镜最为常见流行。[3]唐代铜镜的镜钮以圆钮居多，也有兽钮、龟钮和连峰钮等。铭文方面，唐代铜镜多为正楷铭文，以四言句铭文居多，其次是五言句，基本都是骈体诗文。纹饰方面，隋唐以前铜镜的纹饰较为单一简洁，盛唐后开始采用大量繁复纹饰，比如葡萄、团花、蝴蝶、鸳鸯等新纹饰，通常相互搭配。更为精致的唐镜使用螺钿、镀金、贴银、宝石镶嵌和金银平脱等工艺。[4]装饰图案上，除了反映新工艺和人物故事题材外，还汲取了中亚和西亚的文化因素，折射出大唐盛世开放包容、多元融合的社会风气。

三、唐海兽葡萄纹铜镜纹饰鉴析

　　海兽葡萄纹铜镜盛行于唐高宗至武则天时期，形制以圆形镜居多，少量为方形镜、菱花形镜，主题纹饰以海兽、鸾鸟、蜂蝶为主。海兽葡萄纹铜镜见证了铜镜纹饰由瑞兽向花鸟植物转变的重要阶段，[5]其分期大致有萌芽期（唐高宗时期）、发展期（武则天执政前期）、鼎盛期（武则天执政后期）和衰落期（唐中宗至玄宗）。中海博收藏的三面海兽葡萄纹铜镜中，图1铜镜推测应为海兽葡萄纹铜镜的雏形镜。早期的海兽葡萄纹铜镜不似后期富有强烈的高浮雕感，且多为圆钮，至发展期才逐渐流行兽钮，绕钮奔跑的海兽也更为丰腴。再者，萌芽期的海兽葡萄纹铜镜，内区出现的海兽并非常见的狮子形象，而是似狼似狗又似狐的独特造型。（图1）早期的瑞兽葡萄镜，内区多为瑞兽与葡萄蔓枝纹的单一组合，后来逐渐演变成内外区均有瑞兽、飞禽走兽和葡萄枝蔓的复杂组合。（图2—3）[6]鼎盛期是海兽葡萄纹铜镜最流行的时期，内区瑞兽增多，攀附嬉戏，外区还增加了

蝴蝶、蜻蜓、蜜蜂、喜鹊等图案纹饰。不同时期的海兽造型也有演变，早期海兽葡萄纹铜镜中，瑞兽环绕镜钮嬉戏追逐，或首尾相接或两两相对（图1），后期此类铜镜中瑞兽逐渐呈现抬头扭颈、咧嘴笑的造型。（图2—3）

在海兽葡萄纹铜镜上占据重要地位的"海兽"，多为头部大而圆的动物形象。古人称它为"狻猊"，是一种以狮子为原型，经过艺术加工创作而成的瑞兽形象。林梅村认为"狻猊"的说法很有可能是西域方言，到了西汉初才有"狮子"这种称谓。[7]狮子最早引入中国是在西汉时期，汉武帝命张骞出使西域后，打开了国与国之间的交流道路，"殊方异物，四面而至"，狮子作为珍贵的贡品输入我国。在古埃及，狮子被认为是法老王权、力量与神圣的化身；在古印度，作为"万兽之王"的狮子是佛教的神兽，护卫佛法，有着极其尊贵的地位；在波斯萨珊王朝，狮子被视作力量的化身，波斯帝国不仅崇尚狮子的力量，王室更有猎狮的传统。[8]狮子传入中国后，其社会文化内涵受中国传统文化的影响，逐渐有了区别于原产地的象征意义。在中国，狮子被赋予吉祥如意、辟邪消灾等寓意，成为民间避凶纳吉的祥瑞神兽之一。

"海兽"并非本国产物，而是从西域传入。古人冠以"海"字，并不是表示它是海产生物，而是着重强调其外来属性，表示西域以外的域外之物。中国素有"海内""四海"等称谓，这是源于中国古代传统地理观念的影响，将中国等同于整个世界，认为海就是世界的边缘，因此在名称前加上"海"字。[9]正如上文，葡萄也不是中国本土产，而是由西域传入内地。古埃及是最早种植葡萄和酿造葡萄酿酒的地区之一。西汉时期，张骞出使西域，并将那里的葡萄种植技术带回中原。到了唐代，葡萄的种植以及以葡萄为纹样的丝织品也已相当流行。[10]葡萄蜿蜒曲折的藤蔓和硕果累累的果实，带有"多子多福"和"富贵长寿"的美好寓意，从而被广泛运用在日常金银器具和丝织品上。

除海兽和葡萄纹样外，海兽葡萄纹铜镜上还有喜鹊、蜜蜂、蜻

蜓、蝴蝶等辅助纹饰。(图2—3)海兽葡萄纹铜镜的喜鹊纹一般见于外区，或展翅飞翔或叼啄葡萄。中国自古便有"鹊桥相会"的美好传说，喜鹊象征着幸福美满、吉祥如意，是深受中国人喜爱的"报喜鸟"。和谐的装饰搭配展现出高超技艺的完美结合。与喜鹊纹饰一样，蜜蜂、蜻蜓和蝴蝶纹饰也常见于海兽葡萄纹铜镜的外区，常常相互穿插、相间点缀。蜜蜂、蜻蜓和蝴蝶纹饰是六朝时期的传统花鸟画素材，此类纹饰在社会生活中往往被认为是"爱情忠贞""比翼齐飞""白头偕老"的象征。

　　唐代铜镜在铜镜发展史上有着不可取代的重要地位。铜镜在唐代呈现出全新的发展面貌，不仅沿袭了鸾鸟、喜鹊等中国传统花纹样式，以及富有道家寓意的月宫、云山图案，更是吸收融合了狮子、葡萄等外来文化要素。作为唐镜中的精品，海兽葡萄纹铜镜代表着中国古代铜镜制作技艺的一个高峰。海兽葡萄纹铜镜是中西文化交流的产物，其制作、纹饰和风格都受到波斯萨珊艺术、中亚和西亚文化的影响，体现了魏晋以来传统铜镜艺术与波斯萨珊及希腊艺术的融合。唐代铜镜形成独特的唐韵风格影响了周边的国家和地区，既反映了唐代多元文化交融的繁盛景象，也表现了我国古代人民对美好生活的向往和追求。

1. 孔祥星、刘一曼：《中国古代铜镜》，文物出版社，1984年，第145—149页。
2. 姚君：《海兽葡萄镜的纹饰研究》，上海大学2008年硕士学位论文，第6—10页。
3. 赵晓敏：《以古为鉴-镜子造型与纹饰的现代解析》，吉林大学2009年硕士学位论文，第12—16页。
4. 张孜江：《馆藏汉唐铜镜赏析》，《文物鉴定与鉴赏》2010年第6期，第42—48页。
5. 孔祥星、刘一曼：《中国古代铜镜》，文物出版社，1984年，第145—151页。
6. 孔祥星、刘一曼：《中国古代铜镜》，文物出版社，1984年，第146—149页。
7. 林梅村：《汉唐细雨与中国文明》，文物出版社，1998年，第87—95页。
8. 尚永琪：《莲花上的狮子——内陆欧亚的物种、图像与传说》，商务印书馆，2015年，第7页。
9. 梅丛笑：《以铜为鉴：中国古代铜镜艺术》，中国书店，2012年，第137页。
10. 孔祥星、刘一曼：《中国古代铜镜》，文物出版社，1984年，第149—152页。

金双鱼纹铜镜

作者：徐海鹰
中国航海博物馆学术研究部（藏品保管部）
馆员

铜镜，是古代以铜为原料，加入锡、铅、锌等不同比例的金属合金料制作而成的一种日常生活用具。铜镜的价值不仅体现在古人正衣冠的日常实用层面，更与当时的社会政治、经济、文化发展密不可分，不同时期的铜镜反映出各时代人们对思想文化、审美意趣的不同追求。中海博藏有一面金双鱼纹铜镜。（图1）

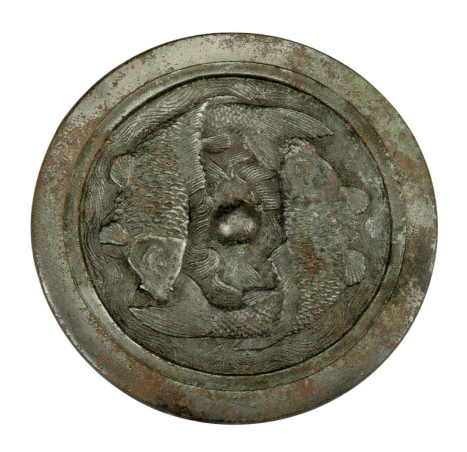

图1
金双鱼纹铜镜
中国航海博物馆藏

一、馆藏金双鱼纹铜镜概貌

该镜为圆形镜，镜面直径21.8厘米，重1970克，中心穿带式无座圆钮，通体灰黑色，青铜材质，质地坚硬厚重。镜面图案是金代典型的双鲤鱼写实图纹，整体构图饱满匀称，双层斜坡素缘，一宽一窄，边沿处有轻微锈蚀。镜面较平，略带光泽，有明显红、绿锈斑。图案采用立体浮雕工艺，双鱼体形肥大，首尾相连，张目鼓鳃，鱼唇宽厚、闭口朝下，背鳍垂直挺立，胸鳍、腹鳍张开，侧身摆尾，尾鳍处翻折，鳞片铸刻错落有致，似瓦片层层相扣铺开。双鱼逐浪嬉戏，栩栩如生，宛如活鱼般从镜面中游出，鱼身周围水波起浮，波纹绕钮向外荡开。该铜镜整体保存完好，图案清晰灵动，工艺制作精美，题材寓意吉祥，经专家鉴定为三级文物。此镜的独特之处在于缘边内侧采用了阶梯式设计，向上环形突起一周，这在目前存世的金代鱼纹铜镜中较为罕见。

二、古代铜镜的发展历程

铜镜折射着我国源远流长的历史文化。据史料记载，中国铜镜的起源最早可以追溯到四千多年前，属新石器时代晚期的齐家文化。商代甲骨文中记载古人以水照容，从打磨光滑的铜质盛水器中受到启发制造出铜镜，铜镜更是作为权力和财富的象征在贵族中沿用千年，直至春秋战国时期，手工业的发展使金属制造发生了翻天覆地的变化。铜镜在春秋早中期开始流行，到了战国时期已成为日常器具而被大量生产，从而进入到铜镜史上的第一个繁荣期。战国时期铜镜开始注重纹饰和工艺（图2），工匠在注重实用性的同时还赋予其艺术审美，将人们的思想和对生活的祈愿融入其中，从而形成了这一时期铜镜特有的工艺和形制，为中国古代铜镜发展奠定了基本模式。

汉代是我国古代历史上多民族统一的强盛时期。根据出土的铜镜数量和地区分布，这一时期铜镜的使用进一步推广，社会不同阶

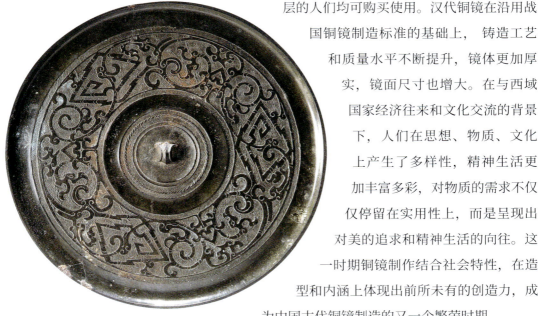

图2
战国时期蟠螭纹镜
故宫博物院藏[1]

层的人们均可购买使用。汉代铜镜在沿用战国铜镜制造标准的基础上，铸造工艺和质量水平不断提升，镜体更加厚实，镜面尺寸也增大。在与西域国家经济往来和文化交流的背景下，人们在思想、物质、文化上产生了多样性，精神生活更加丰富多彩，对物质的需求不仅仅停留在实用性上，而是呈现出对美的追求和精神生活的向往。这一时期铜镜制作结合社会特性，在造型和内涵上体现出前所未有的创造力，成为中国古代铜镜制造的又一个繁荣时期。

唐代铜镜铸造的工艺水平在中国金属铸造史上堪称空前绝后，也是中国古代铜镜制作史上最为鼎盛和繁荣的时期。"贞观之治""永徽之治""开元盛世""宣宗之治"等都给唐代的社会、经济、文化、外交奠定了"东方文明中心"的基础。这时期的铜镜不仅在造型、纹饰上更显多元、活泼，而且金工对合金比例也掌握得更好，银、锡成分的增多使镜面净白如银。唐朝幅员辽阔，与周边国家、地区往来频繁，小小的铜镜作为当时文化艺术代表作品之一，将大唐思想文化、民族风俗、宗教信仰和艺术创造融为一体，常被用于朝廷与周边国家的外交馈赠。

三、金代铜镜发展及铜禁政策

金代是北方女真族兴起并建立的王朝。女真族崛起于白山、黑水之间，以游牧渔猎为主，其生产生活方式有着浓厚的民族特色。金代早期铜镜的铸造受宋代工艺影响较深，风格上主要模仿汉、唐时期。在纹饰上，金代铜镜一方面承袭了唐、宋铜镜的图案特点，另

一方面将民族信仰、图腾、文化历史等元素融入其中，不仅形成了自身特色，而且纹饰主题多样且更加写实。双鱼纹镜、双龙纹镜、童子攀花镜等体现女真民族风情特色的铜镜在当时广受喜爱，鱼纹作为财富和美好的象征，更是受到人们的推崇而大放异彩。1964年，在黑龙江省阿城市出土的双鲤铜镜，直径43厘米，重达12.4公斤，双鱼戏水，栩栩如生，是目前中国出土铜镜中直径最大、图案最精美的圆形镜，被称为中国的"铜镜之王"。（图3）[2]根据工艺和纹饰特征，中海博所藏的金双鱼纹铜镜质地厚实，工艺精湛，继承了汉、唐铸镜的遗风，应属金代早期所铸，并为宫廷所用。金代实行严格的铜禁政策，大量出土的铜镜镜缘上錾刻有官府验记和押记，这一特征在金代中期尤其明显。在形制上，带柄铜镜在金代广为流行，手柄和镜面型制丰富，大小各异，这也是区别与以往朝代铜镜的特征。经考证，有柄镜是由唐代丝绸之路的开拓，经与中西亚地区贸易交流传入中原，金代带柄铜镜盛行可能与金人更喜欢将镜子做成手掌大小方便随身携带有关。由于铜资源的匮乏且铜质较差，金代后期的铜镜在工艺上采用"低锡高铅青铜砂型铸造法"，这种方式所铸铜镜镜体单薄，色泽黯淡，质感粗糙，远没有汉、唐时期的铜镜精美细致。

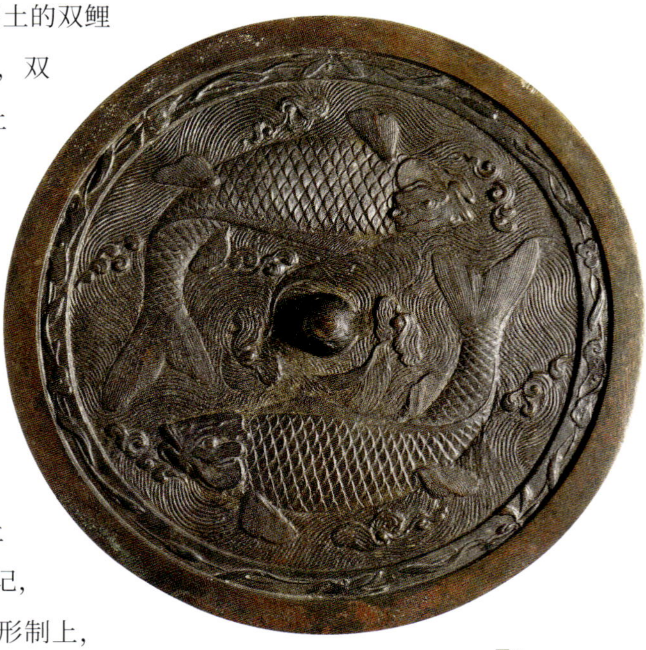

图3
大双鱼镜
中国国家博物馆藏[3]

　　由于北方铜资源匮乏，金代铜禁极严，官府多次发布禁令，禁止民间私铸铜镜，所有铜镜需经官府监管和控制。民间铸镜坊必须在官府管理机构登记检查，所铸铜镜边缘刻有官司署检验时的款识，包括官府验证文字和押记。为了防止民间私自铸镜，当时还曾规定无论官府或民间铸镜，均应呈当地官府检验后加刻验记方可使用，这是

在中国古代铸镜历史上独有的现象，这一特征为我们考证金代铜镜铸造的时间、产地等信息提供了重要依据。金代因铜镜价格一直居高不下，在利益的驱使下，民间还出现"销钱铸镜"的现象，到了大定中期这种情况已十分普遍，以致严重影响了国家的货币流通和商品流通。为此大定年间颁布了一系列法令，禁止民间销钱铸镜。《金史·食货志》中有记载："大定八年，民有犯铜禁者，上曰：'销钱做铜，旧有禁令，然民间犹有铸镜者，非销钱而何。'遂并禁之。""大定十一年，禁私铸铜镜，旧有铜器悉送官，给其直之半。""大定二十六年十一月，上谕宰臣曰：'国家铜禁久矣，尚闻民私造腰带及镜，托为旧物，公然市之，宜加禁约。'"[4]可见当时民间为了利益私铸铜镜之风屡禁不止，因此官府严令须在铜镜上铸刻验记，方可出售。

四、金代鱼纹崇拜及双鱼纹的文化内涵

双鱼纹铜镜是金代铜镜中颇具代表性的纹饰图案，在金代铜镜中占比例数量较大，这与女真人对鱼纹的喜爱和赋予鱼纹的美好寓意密不可分。由于金双鱼纹铜镜大量出现，因此专家学者都习惯把双鱼纹铜镜称为"金·双鱼镜"。在女真人的文化意念中，鱼纹具有以下美好内涵：

（一）表达祥瑞之意。鱼历来被认为是一种祥瑞之物，鱼纹作为吉祥纹饰被远古祖先作为图腾使用。女真族以渔猎为生，对鱼纹更是情有独钟，在日常生活中随处可见。《金史》中有女真人把鲤鱼看作祥瑞的记载，皇家在举行各类大型祭祀活动时以鲤鱼献祭，宫廷宴请舞者执鱼纹镜表演舞蹈，王公大臣用鱼袋盛放鱼符。金代对鱼纹的使用不仅是受汉人文化的影响，其自身对鱼的喜爱和崇拜已成传统。民间对鱼纹的使用相比唐、宋有过之而无不及，对鱼纹更赋予了丰富的文化寓意和美好愿望。所以，鱼纹体现了古人对鱼的崇拜，金人用鱼纹铜镜表达对美好生活的向往和祈求平安祥瑞的

愿望。

（二）象征多子多孙。中国历来重视子嗣繁衍，生生不息。鱼生殖力强，产卵时一条鱼就有千万颗鱼卵，因此鱼就被人们用来表达繁衍生育和对人丁兴旺的祈求。陶思炎在《中国鱼文化》中写道："至于铜镜、铜洗、鱼雁灯等婚礼用品，其鱼纹构图的生殖意义，亦十分明鲜。"[5]金人借用这一特点铸造双鱼纹铜镜，象征生命延续，希望将这种美好意愿在自己身上实现，祈求多子多孙、代代相传、子嗣绵延。

（三）蕴含美好爱情。铜镜上鲤鱼成双，双鱼两两相戏，追逐相望，首尾相连，形象表达了追求者的爱意和双方结成连理的寓意，契合了人们对圆满爱情婚姻的向往。双鱼铜镜作为爱情信物在男女之间互赠，传递爱意，故有"尺素如残雪，结成双鲤鱼""相濡以沫"等佳句。

（四）体现丰衣足食。鱼生活在水中，有鱼之处皆有水。金代建立在我国东北部，在其统治期间，农业生产力有很大发展。鱼在古代被尊为水神，故在农业生产中鱼又作为一种司水降雨的神灵受到人们崇拜。"鱼"又与"余"谐音，寓以"年年有余"之意。双鱼纹铜镜正是寄托了金人祈求风调雨顺、生活丰衣足食的美好愿望。

金代铜镜是我国古代铜镜史上一个不可或缺的重要部分，它将北方少数民族特色和中原传统完美融合，展现了制造工艺和审美魅力。中海博所藏金双鱼纹铜镜为研究北方民族文化艺术提供了实物，亦是当代专家学者考证金代社会生产生活最直接的物证。

---

1. 图片来源：何林主编：《故宫藏镜》，紫禁城出版社，2008年，第28页。
2. 殷伟：《中国鱼文化》，文物出版社，2009年，第271页。
3. 图片来源：中国国家博物馆官方网站www.chnmuseum.cn。
4. 脱脱等撰，《金史》卷四十八，中华书局，1975年，第1070—1071页。
5. 陶思炎：《中国鱼文化》，东南大学出版社，2008年，第109—110页。

明万历十一年当涂县鱼盐课钞五十两银锭

作者：蒋笑寒
中国航海博物馆学术研究部（藏品保管部）
助理馆员

在源远流长的涉海生产活动中，鱼盐经济是中国古代海洋经济的重要构成之一，鱼盐课税是朝廷管理滨海地区税收制度的重要体现。鱼盐课钞折银存世较少，中海博藏有一件明万历十一年（1583）鱼盐课钞五十两银锭（图1），为馆藏一级品。

一、馆藏银锭概貌

此件银锭为船形元宝状，通长14.5厘米、宽8厘米、高7.5厘米、重1875克。银锭面大底小，两翅外围上翘，翅沿高低不平，锭面可见由内向外规则排布的水波状细纹，也有很多因银液凝结造成的颗粒状凸起，侧部及底部有大大小小的蜂窝状空孔，底部有弧度。锭面铭文为錾刻阴文，清晰完整，竖写五行共二十九字："当涂县征完万历十一年上（土）贡鱼盐课钞折银伍拾两　知县杨维城　匠马智"（图2），涵盖了与此件银锭相关的地点、时间、用项、重量、官吏名、银匠名等信息。银锭表面清晰地凿刻着当时上缴税银的文字记录，为反映明代白银货币化历程的实物见证，是较为珍贵的历史文物。

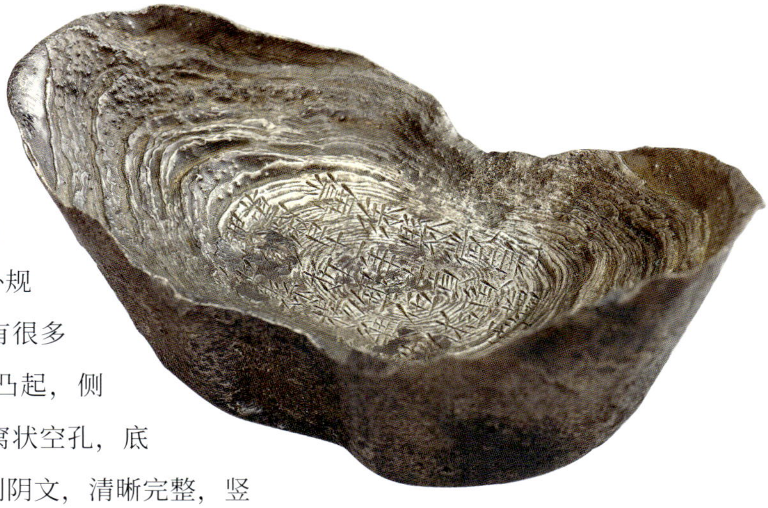

图1
明万历十一年当涂县
鱼盐课钞五十两银锭
中国航海博物馆藏

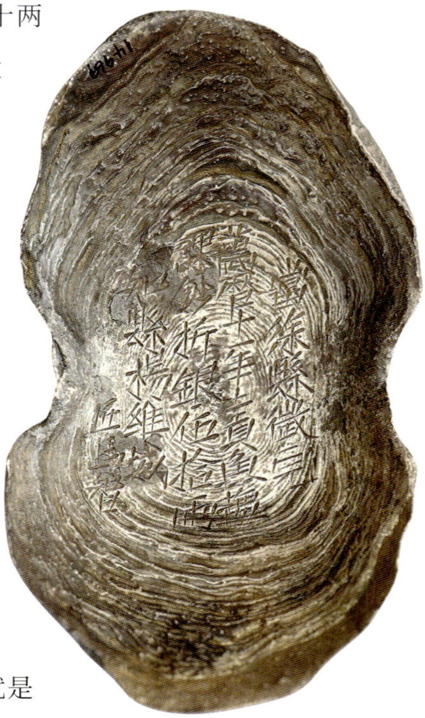

从银锭形制来说，此件万历十一年鱼盐课钞五十两银锭为船形银锭，俗称"银元宝"。明代船形银锭大小不等，大锭通常为五十两，最大的甚至有五百两银锭，也有各种重量不一的小锭。[1]官铸银锭上通常刻有文字，大锭基本上会铸造地名、重量、用项和银匠姓名等具体信息，有些小锭只镌刻银匠姓名和铸造州县，不注明银锭重量。[2]在明以前银锭铭文都是阴文镌刻，多为铸造后再刻上，明初也沿用这种做法，到明中叶兼用阳文，阳文多为砸印或铸造。造成这种改变的主要原因是明中叶以后白银成为通行支付工具，银锭大规模流通，相比阴文錾刻，阳文铸造更为便捷省时，但是阴文錾刻的银锭又常常与特定事件相关，不能批量大规模砸印，只为临时镌刻。[3]此件万历十一年鱼盐课钞五十两银锭的铭文就是阴文錾刻，通常是银匠在银液刚刚冷却或尚未完全凝结时用錾刀手工凿刻而成。

图2
明万历十一年当涂县
鱼盐课钞五十两银锭
中国航海博物馆藏

二、银锭铭文释读

如上文所述，锭面铭文二十九字："当涂县征完万历十一年上（土）贡鱼盐课钞折银伍拾两　知县杨维城　匠马智"。据此可知，银锭征收地点为当涂县，征收官吏为时任知县的杨维城，铸造工匠为马智。明万历年间，当涂县属南直隶太平府（在今安徽省），当涂县也是太平府府治所在地。（图3）《太平府志·卷二·建置沿革》记载：

宋太宗太平兴国二年，升平南军为太平州，复当涂县并宣州之芜湖、繁昌为三县，属之隶建康府路……明太祖洪武四年定太平府领三县直隶京师，文帝永乐十八年改京师为南京称南直隶，太平府

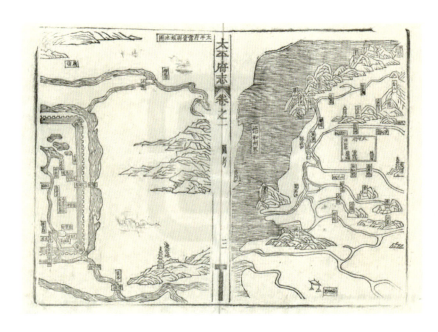

图3
太平府当涂县城池图
采自光绪本《太平府志》[5]

三县隶之如故⋯⋯ 当涂县附郭，宋改平南军又改太平州，州治当
涂⋯⋯明太平府府治仍旧。[4]

    引文可知，自宋至明，当涂县隶属太平州（府）。其中"附
郭"的意思是县政府治所与州、府、省等上级政府的治所位于同一城
池，"当涂县附郭"意为"当涂县"为太平州（府）的府治。

    《当涂县志·卷之十五·职官》记载："杨维城，字子宗，浙
江汤溪举人，行取止升通判"。[6]杨维城于万历七年（1579）至十一
年任当涂县知县，银锭铭文证实该锭的确是由时任当涂县知县的杨维
成负责征收。铭文最后加上"匠马智"，这是对银锭工匠的严格记
录，防止银锭出现成色不足等问题，凭此记录便可追查银匠的责任。

    其次，就银锭的属性而言，"鱼盐课钞折银五十两"表明该银
锭属于鱼盐课税折银。自古以来，历朝历代的统治者和中央政府都格
外重视赋税，明代对渔业税收的重视是空前的，但是从整体来说，此
类课税在整个国家赋税收入中占比较小，导致后人对渔业税收的了解
相对有限。[7]鱼盐的税名在元明清三代均有记载，但是各时期并不相
同。元代把鱼盐归入盐课一类，由鱼盐局负责鱼盐的生产和运销。明

代对内陆水域及沿海地区征收的渔业课税种类繁多，有人丁税、鱼课钞、渔盐税、鱼苗税等。鱼盐税又被称为"鱼盐课钞"，向渔户征收的鱼盐税以票盐的形式征收。[8]

在《明代赋税银锭考》一书中，李晓萍将此件银锭铭文中"鱼盐课钞"前的二字释为"土贡"，即完整铭文为"当涂县征完万历十一年土贡鱼盐课钞折银伍拾两　知县杨维城　匠马智"。李晓萍认为"土贡"即"任土作贡"，指的是民间向朝廷进贡渔产品，包括各地名贵鲜鱼，如鲥鱼、鳗鲡、鲟、鳇、大小黄鱼等，以及各种鱼类加工制品。李认为"鱼盐课钞"是用宝钞征收的鱼盐税课，"折银"是将征收的鱼盐课钞折合成白银上缴。在"鱼盐钞课折银"前加上"土贡"，意思是所征收的鱼盐课钞适用于加工进贡的渔业产品的食盐税。[9]李晓萍对"土贡鱼盐课钞折银"的解释非常详尽，读作"土贡"有一定道理。

三、明代赋税改革与白银货币化

中国在商周时代已掌握金银的冶炼技术，白银作为一种稀贵金属，有着广泛的使用功能。从货币属性上来说，白银被用作货币始于唐宋，[10]民间用银交易盛行于金，元代实行宝钞制度，曾以银为钞本。至明朝，明初通行纸钞，洪武八年印行"大明宝钞"，禁用金银货币。明中期，宝钞无法满足商业需求，导致宝钞货币制度崩坏，加上其他金属材料匮乏。与此同时，嘉靖之后，由于明政府开放海上贸易，巨额的海外白银源源不断流入中国，给明代社会经济带来了前所未有的冲击，种种因素都推动了白银取代纸钞和铜钱的趋势。

明代是白银货币大发展的重要时代。明代白银货币化并非自然而然形成的结果，而是民间与官方长期博弈的结果，上至宫廷官府的赋税收支，下至平民百姓的市井日常，白银的使用体现在明代社会的方方面面。有明一代，政府对白银采取先抑后扬的政策，白银的流通经历了由非法到合法的曲折历程。明代白银货币化的实现受到多方面

因素的影响，其中最不可忽视的是政府赋税改革的推动。明代白银货币化首先是从赋役领域开始，明中后期白银成为主要流通货币。可以说，明代白银货币化与赋税改革是互为表里的关系，赋税改革推动着白银逐渐货币化，反过来白银货币化又保障了政府自上而下推行的赋税改革。[11]

英宗正统元年（1436）实施的赋税制度改革，促使白银发展为流通货币，这次改革首先是从田赋折银开始的。《明史·食货二》记载："以太祖尝折纳税粮于陕西、浙江，民以为便。遂仿其制，米麦一石，折银二钱五分。南畿、浙江、江西、湖广、福建、广东、广西米麦共四百余万石，折银百万余两，入内承运库，谓之金花银。其后概行于天下。自起运兑军外，粮四石收银一两解京，以为永例。"[12]正统元年开始，金花银制度成为田赋折银的代名词。成化、弘治开始到嘉靖年间，田赋折银逐渐成为普遍趋势。但是由于民间铸造的银锭在形制和铭文上不太规范，极大地降低了征税的便利性。嘉靖八年（1529）户部尚书李璨提出："记年月及官吏、银匠姓名。"这就是我们现今所见的明中后期银锭多刻有详细的铭文，表明年月、官吏和银匠姓名的原因。[13]

隆庆、万历时期，"隆、万之世，增额既如故，又多无艺之征，逋粮愈多，规避亦益巧。已解而愆限或至十余年，未征而报收，一县有至十万者。逋欠之多，县各数十万。赖行一条鞭法，无他科扰，民力不大绌。"[14]万历年间，首辅张居正开展了明以来最彻底的赋税改革，"一条鞭法"将田赋、徭役及各种税项编为一项，全部以折银形式缴纳。《明史·食货二》记载：

一条鞭法者，总括一州县之赋役，量地计丁，丁粮毕输于官，一岁之役，官为佥募。力差，则计其工食之费，量为增减；银差，则计其交纳之费，加以增耗。凡额办、派办、京库岁需与存留、供亿诸费，以及土贡方物，悉并为一条，皆计亩徵银，折办于官，故谓之一条鞭。立法颇为简便。嘉靖间，数行数止，至万历九年乃尽行之。[15]

可知，"一条鞭法"规定，总括一个州县的赋税徭役，测量土地计算人丁徭役，人丁徭役和粮税全部归入官府。凡是规定承办、分派办理、京城仓库每年需要存留、按需要供应等费用，以及进贡土物产各种税项编为一项，按田亩征收银两，由官府折合办理，因此称为"一条鞭"。嘉靖年间多次推行"一条鞭法"又多次停止，到万历九年全面推行。也就是说，政府实施的"一条鞭法"，使得全国所有赋税徭役全部以白银的形式征收上缴。这不仅从官方层面确定了白银的法定货币地位，同时极大地促进了白银在社会层面的流通使用，形成了从赋税个体到国家的白银流通体系。[16]

现存于世的明锭主要是明中后期的银锭，这与白银的货币化有较大关联。一般来说，赋税折银的成色要高于民间用银。从目前发现的明代银锭来看，银锭形制繁杂，主要有圆首束腰形、扁马蹄形、长方束腰形、元宝形等等，重量有五十两、二十两、五两、二两、一两等。而小锭多为民间铸造，形制和铭文大多不规范，成色也没有保障。[17]此件"当涂县鱼盐课钞五十两银锭"为万历十一年征收，正是"一条鞭法"改革下的产物。

1. 彭信威：《中国货币史》，上海人民出版社，2015年，第483—484页。
2. 彭信威：《中国货币史》，上海人民出版社，2015年，第483—484页。
3. 彭信威：《中国货币史》，上海人民出版社，2015年，第484—485页。
4. 黄桂修，宋骧纂：《太平府志·卷二·建置沿革》，清康熙十二年修光绪二十九年重刊本，第11页。
5. 图片来源：中国国家图书馆电子资源，参见：http://read.nlc.cn/OutOpenBook/OpenObjectBook?aid=403&bid=37555.0
6. 张海、万橚修：《当涂县志·卷十五·职官十九》，清乾隆十五年刻本，第19页。
7. 徐斌：《国家与渔民：宋至清两湖地区有渔税的性质、征收及其演变》，《清华大学学报（哲学社会科学版）》2019年第4期第34卷，第2页。
8. 李晓萍：《明代赋税银锭考》，文物出版社，2013年，第210页。
9. 李晓萍：《明代赋税银锭考》，文物出版社，2013年，第211—212页。
10. 上海博物馆：《熠熠千年：中国货币史中的白银》，上海书画出版社，2019年，第14页。
11. 李晓萍：《明代赋税银锭考》，文物出版社，2013年，第1—10页。
12. 张廷玉：《明史》卷七十八志五十四"食货二"，中华书局，1974年，第1896页。
13. 李晓萍：《明代赋税银锭考》，文物出版社，2013年，第18页。
14. 张廷玉：《明史》卷七十八志五十四"食货二"，中华书局，1974年，第1902页。
15. 张廷玉：《明史》卷七十八志五十四"食货二"，中华书局，1974年，第1902页。
16. 上海博物馆：《熠熠千年：中国货币史中的白银》，上海书画出版社，2019年，第18页。
17. 李晓萍：《明代赋税银锭考》，文物出版社，2013年，第17—18页。

清玉雕龙舟形摆件

作者：郭炜
中国航海博物馆学术研究部（藏品保管部）
馆员
作者：沈捷
中国航海博物馆陈列展示部
副主任、副研究馆员

龙舟是中国古代舟船之一，赛龙舟是中国重要的传统文化习俗。盛唐时期，龙舟独特的文化魅力就受到文人墨客们的关注和喜爱，从而产生了大量关于龙舟的文学创作。如诗人杜甫曾经作诗"龙舟移棹晚，兽锦夺袍新"[1]伴随端午划龙舟习俗的逐渐形成和完备，龙舟成为民间喜闻乐见的艺术造型，以龙舟为原型的各种雕塑艺术品也开始出现。中海博所藏清玉雕龙舟形摆件就是其中的代表作品之一。

一、清玉雕龙舟形摆件述略

馆藏清玉雕龙舟形摆件共计一组两件，均以上等白玉雕刻而成，其玉质表面细腻温润、光泽柔和，雕工精美且具有装饰性，应为清代较为典型的南派广作玉器。从玉雕件的形制特点来看，1号龙舟（图1）长8厘米、宽5厘米，形制完整齐备，船体龙座、舱门、亭阁等部分多用线雕、镂雕、透雕等传统玉器雕刻技艺创作。龙舟摆件整体平直，呈船形，船首龙头翘首昂头、尽显"龙"这一传奇生物的威严；船身顶部近飞檐亭阁处刻划有麟片纹，与上部建筑自然融合、简单又不失精致；龙舟船艉部分有一龙尾向上翘起，宛如巨大的鱼尾，两面各雕有一大桨，似有船工做操桨划行状。

2号龙舟（图2）长8.5厘米、宽5厘米，为镂空圆雕佩件，船体为扁长片状，龙舟整体装饰华丽，饰有飞檐亭阁等建筑，又有伞盖与大大的"令"字旗迎风飞扬，颇显威武霸气。从整体看，该龙舟呈龙须卷曲、龙角后竖、周身满鳞、龙尾高耸，花叶形尾鳍随风飘洒的状

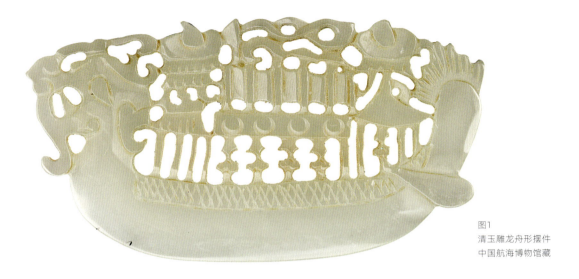

图1
清玉雕龙舟形摆件
中国航海博物馆藏

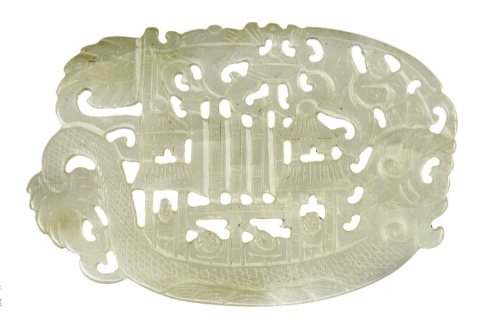

图2
清玉雕龙舟形摆件
中国航海博物馆藏

态，表现了龙舟在波涛翻滚中破浪而行的姿态。其船头为龙首状，额头饱满凸起、龙角上扬，两只龙眼炯炯有神，呈现出一种张口露齿、须发飘扬的艺术形态。从船身来看，其船楼顶部重檐宝顶巍峨，整体通过廊桥进行连接并矗立舟上，亭台楼阁之上有掌旗一人在龙首处进行指挥，亭台楼阁之下则有船工四人呈奋力划桨状。从船尾来看，龙尾呈神龙摆尾状，尾尖分散飘逸，垂向船舵位置。

将两件玉器置于同一处进行展示时可以发现两艘龙舟交相辉映，既体现了高等级龙舟的雕栏玉砌、富丽堂皇之美，又表达了龙舟竞渡争先恐后、酣畅淋漓之意。小小一组玉佩件充分反映了创作者乃至中国人对传统龙舟文化的喜爱和赞美。

二、中国传统龙舟文化

在以龙为图腾的中华文明中，龙舟的历史与文化源远流长。关于龙舟的起源，各种说法争论不休，有源自江浙地区的"龙图腾祭"说，也有源自湖南西北部沅陵划船招魂的祭巫活动说。[2]目前为止，宁波鄞州区云龙镇甲村出土的国家一级文物战国时期斧形铜钺（图3）中的"龙舟竞渡"图像被公认为最早的龙舟形象，为龙舟源自江浙地区的观点提供了重要实证。

说到龙舟，现代中国人首先想到的是端午节祭奠著名爱国诗人、楚国大夫屈原。传说屈原投汨罗江自溺身亡后其尸体一直没有被发现。哀悼他的人们就制作粽子放入河中防止鱼虾伤害屈大夫的尸体，并自发组织划船打捞屈原的尸身。在古人的认识中，龙为水生生物之首，于是船上开始出现龙形装饰，最早的龙舟由此出现。

然而，现代人的认识并不一定准确。闻一多先生就曾经在他的三篇作品《伏羲考》《龙凤》《端午考》中先后指出，在黄帝统一中原逐渐形成了汉民族的原始图腾——龙以后，划龙舟的习俗就逐渐出现在吴越水乡一带，其主要目的是通过划龙舟的行为祭祀"龙图腾"，并祈求风调雨顺。对比屈原投江的年代，"龙图腾祭祀"要提

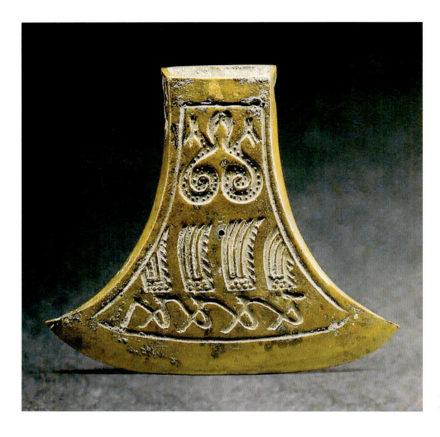

图3
羽人竞渡纹铜钺 [3]
宁波博物馆藏

早了大约一千年左右。根据闻一多先生的考证，由于发起"龙图腾祭祀"的部落总计有五个，故在选择吉日之时，五大部落在会商后以"五"为吉祥数，故而确定了以五月的第五个日子为祭祀日，这也就成为了农历五月初五端午祭祀最早的起源猜想之一。[4]

　　早在北宋时期的龙舟活动就已经具备了非常合理的规则和组织形式。在历经千年的不断改进和完善后，形成了当今人们所熟识的两种传统龙舟活动——龙舟竞渡比赛以及龙舟表演。在中海博的馆藏体系当中，无论是"19世纪佚名通草画图册"（图4）中的"龙舟竞渡图"还是"元王振鹏龙舟竞渡图"（复制件，图5），都是龙舟竞渡的代表性藏品，在两者的画面中，龙舟船体线型流畅，人物众多而不繁杂，生动再现龙舟竞渡浓厚的竞技色彩，将紧张热闹的竞赛情景跃然纸上。

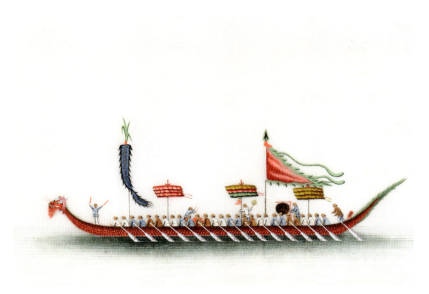

图4
19世纪佚名通草画图册中的龙舟
中国航海博物馆藏

图5
元王振鹏《龙舟竞渡图》（复制件）
中国航海博物馆藏

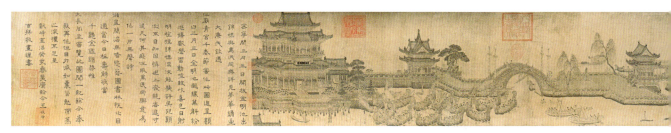

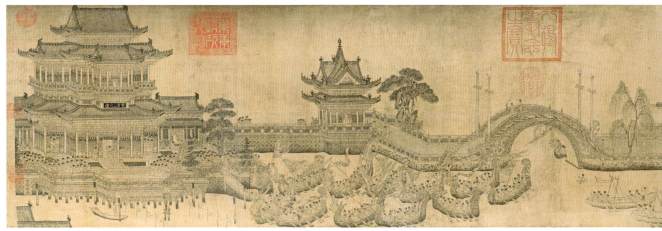

　　而本文所述两件"玉雕龙舟形摆件"，从其圆润的龙舟造型和富丽堂皇的亭台楼阁等表现形式可以推断，其代表的则是较为典型的龙舟表演或龙舟巡游的场景。与传统"赛龙舟"注重力量和速度有所不同，龙舟表演更为强调表现组织力和美观度。北宋时期盛行的龙舟样表演主要分为"旋罗、海眼、交头"三种形式。所谓"旋罗"需要所有龙舟队伍围成一个圆圈，划棹旋转、共为圆阵，在绕圆划行的同时进行表演；"海眼"则与"旋罗"的表演方式相近，不同的是会将参加表演的所有队伍分成两队，形成两个互相交叠的圆阵；而"交头"则是指参加表演的龙舟相向而行，擦边而过进行表演。[5]非常有意思的是，中海博收藏的龙舟形摆件这两种不同形式的藏品就分别雕琢了竞渡和表演两种不同场景中的龙舟，与我国历史上两种经典的龙舟活动形式遥相呼应，形成了有趣的对比和艺术欣赏角度。

　　时至今日，传统龙舟活动已在广东、福建、江苏、湖南、江西等各个省份形成了多不同的文化特色和组织形式。2021年8月3日在

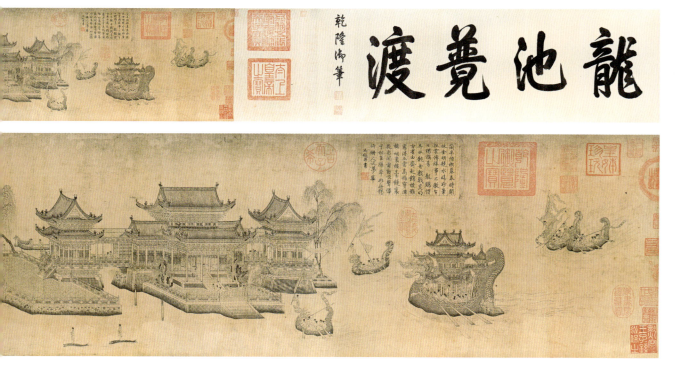

东京奥运会皮划艇的比赛场上，中国龙舟作为展示项目进入了奥运赛场，这也标志着传统龙舟文化正式走进了现代体育赛事。

三、中国传统玉雕工艺

玉器是我国古代美好品物的标志和君子风范的象征。人们一般认为玉器的使用起始于新石器时期的河姆渡文化和龙山文化，历经近七千年发展形成了以线雕、圆雕、浮雕、镂空雕/透雕、链雕、薄意、微雕、钮雕、镶嵌、薄胎等为主要雕刻技法，以海派玉雕、扬州玉雕、北派玉雕、南派玉雕为主要流派的中国传统工艺。传统玉雕工艺发展至今，已经形成了包括选料、剥皮、设计、粗雕、细雕、修整和抛光等工序在内的完整工艺链条。然而，无论是哪道工序，都可以看见先秦时期"琢玉"、宋代"碾玉"等技艺的影子。

要雕琢，先制玉。古代制玉首先要做的是"捣砂、研浆"。这个工艺的主要对象是所谓"解玉砂"。这是一种从天然沙中淘洗出来的沙子，其成分为石英，硬度高于玉器，可用于打磨、切割玉石。解玉砂的品类众多，主要分为红石沙、黑石沙、黄沙、紫口沙等，其中黑石砂的硬度最高，可以达到莫氏硬度8—9。顾名思义，"捣砂、研浆"就是把解玉砂加工到足够的细度，并将其放到器皿中沉淀，漂去其中的泥土，使其自然分层，然后就可以用于"开玉"了。

"开玉"则是指通过砣[6]或者绳弓[7]等工具，辅以解玉砂，一点一点地对玉石进行反复摩擦，从而实现切割的目的。通常来说，大块的玉料用绳弓剖开，小块玉料则用砣剖开，处理小玉石的工序被古人称为"扎砣"。"扎砣"过程通常要辅以设计、画样，裁去多余玉料并使玉器初具雏形。紧接着进行的是"冲砣"和"磨砣"。这是一种对玉料进行磨制的工艺。翻译成现代汉语，所谓"冲砣"指的是粗磨，相当于给玉器做胚；而"磨砣"则是指对玉料进一步加工，在坯料的基础上磨出细节，相当于细磨，可以使玉的表面变

得光滑细腻，并使其发出温润的光泽。

在玉器形成雏形后，接下来需要做的就是进一步的精细勘划，雕琢出花鸟鱼虫、人物山水、飞禽走兽等纹饰，最终塑造出精美玉器。在古代，细雕主要分为掏膛、上花、打钻、透花、打眼等不同步骤，其中难度最高的是掏膛。可以说，掏膛是做薄胎玉器必然会用到的工艺。比如鼻烟壶、瓶、碗、笔筒、杯等玉器的制作，需要在玉器上先钻出一个眼，然后使用特制的砣一点一点地将其扩大、最终达到想要的艺术效果。实际上掏膛是古代制玉的一门绝技，有的工艺大师甚至可以做到玉壁最薄之处仅有1—2毫米而不破裂的程度。据传有玉雕师在制作玉器时掏出多重的玉料、买家就得支付同等重量黄金的说法。

中海博所藏清玉雕龙舟形摆件中使用最多的是镂空雕、透雕等技术，这也是南派技法中最具代表性的技术。雕琢镂空花纹的玉器，首先要做的是"打钻"，其主要过程是玉工以轧杆、弯弓等工具通过旋转的力量将玉钻出一个圆洞。此种工艺最重要的一点是可以营造出玉器上线条回旋处流利饱满的效果。"打钻"完成后则是"透花"，也就是镂空花纹。操作时，需要先将绳弓上的钢丝解开一端，穿透已完成的孔洞后再行绑好。接着就是按照玉料上画好线条进行细致的切割和雕刻。玉石的雕刻工作完成后就是"抛光"。在行业中公认，只有完美的抛光才能使玉石呈现出其温润光洁的质地，展现出古人所追求的"君子如玉"的气质。古代制玉抛光的主要工具是木陀或者皮陀，由于馆藏玉雕龙舟形摆件的材质较硬，其抛光的工具应为皮砣。抛光并不是一个简单的步骤，共分为磨细、罩亮、清洗、过蜡几步，即通过抛光工具将玉器表面的粗糙的地方打磨平整后用抛光粉与砣子在玉器表面慢慢摩擦，使玉器表面变得光亮，并最终用石蜡擦在烤热的玉器表面，待其冷却后用布反复进行擦拭，用于增加玉器表面的光亮度和光滑度。当"抛光"完成时，一件精美的玉器便全新问世了。

纵观龙舟文化、玉雕文化的发展历史，均为中华大地上绵延赓续数千年的传统文化与技艺。当这两者合二为一共同融合在馆藏清玉

雕龙舟形摆件中时，展现出两种熠熠生辉的文化特质，不禁令人感叹中华五千年文化积淀的厚重以及传统工艺的智慧！

1. 《全唐诗》第四册卷二二五，中华书局，1991年，2432页。

2. 闻一多：《端午考》，《神话与诗》，天津古籍出版社，2008年，第189页。

3. 图片来源：中国航海博物馆编：《大海就在那——中国古代航海文物大展图录》，文物出版社，2021年，第24页。

4. 闻一多：《端午考》，《神话与诗》，天津古籍出版社，2008年，第189页。

5. 牛常欢：《龙舟竞渡中的民俗传统文化》，《武术研究》2022年第7期，第120—122页。

6. 舵的形制类似于一个片状物体。

7. 绳弓是一种类似于锯的工具，多用竹板弯成弓形。

清乾隆象牙百游日月晷

作者：康丹华
中国航海博物馆学术研究部（藏品保管部）
副研究馆员

中海博收藏有清代乾隆时期象牙制百游日月晷一枚。（图1）该晷由日晷和月晷两部分合盖组成，长约8厘米，宽约6厘米。日月晷正面（又称外盆）上刻"月盘"两字，下边刻有"百游日月晷"五字，"百游"意为"可随地理纬度调节者"。月盘中间刻有直径为5.5厘米和4厘米的同心圆，宽度为约1厘米的圆环三十等分，逆时针填写从"初一"到"三十"日期名称。根据月晷的使用方式，中间应有部件一枚，现遗失。

打开日月晷后（图2），其内盆中间是一个深约0.5厘米，直径约2厘米的圆形凹陷，内置一枚指南针（已遗失）。内盆周围刻有一圈"天干地支"环；上下两边刻有"南""北"二字且"北"字后短边刻有"午"字，顺时针方向依次刻有从"卯"至"酉"等七个时辰，其中每个时辰有八条等分线。日晷长边两侧分别刻有二十四节气名称，对应的平面边上则钻有二十四节气孔。（图3）

该日月晷集欧洲盒式日晷、月晷仪和中西历法的特点而制成。盒内刻有此晷详细用法："日月规有内外二盆，内盆借日光而占候于昼，外盆借月光而占候于夜，定南北之安放针红南黑北，定日时刻看下盆之线影，定月之时候取出孔内所藏之针插于外盆中心，复以内盆定准南北，再将首转铜针定规边节气对孔插定，将月盆移动午字转至按日柄对安放看之针影所向分刻，自无毫发之差也。"（图4）即：测定白天时间时，只需看下盆的线影；测定夜晚时间时，取出藏在孔内的针插在外盆中心，再用内盆的指南工具定准南北方向，再将首转铜针指向晷边对应的节气，对孔插定，将月盆移动"午"字转至按日柄安放，针影所指的方向就是测定的时刻。

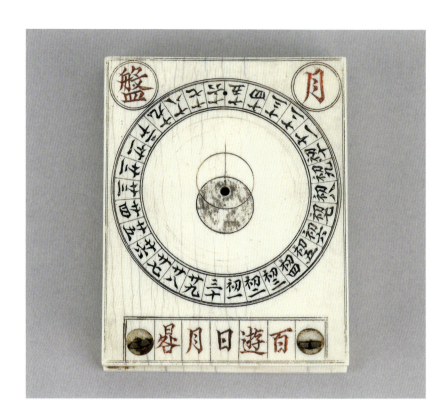

图1
清乾隆象牙百游日月晷
中国航海博物馆藏

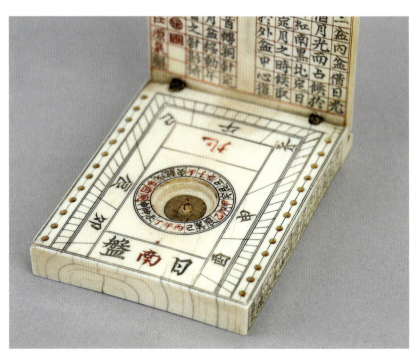

图2
清乾隆象牙百游日月晷俯视图

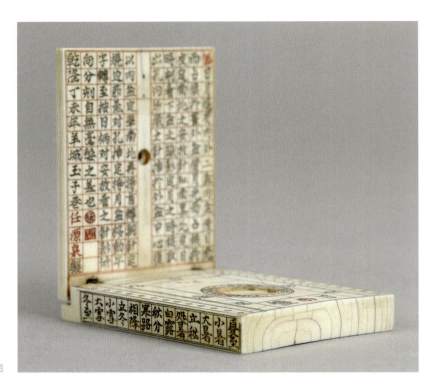

图3
清乾隆象牙百游日月晷侧视图

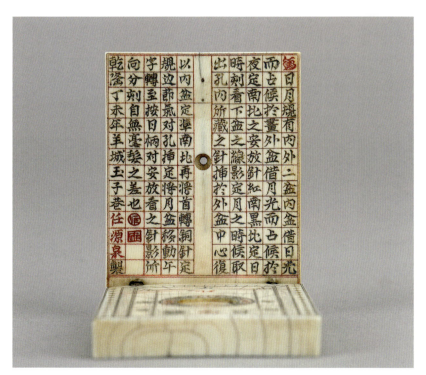

图4
清乾隆象牙百游日月晷正视图

一、日月晷的源流

对时间的意识是人类社会特有的文化现象。原始人类通过观察太阳、月亮、星星等天体的移动，建立了早期的时间概念，并依此来安排日常活动。随着生产水平的提高，人们开始制作各种工具来观测时间。

古人最早的时间观测方式之一为"立杆测影"，其工具为"圭表"：平地上垂直树立一根杆子，称为"表"，地上按南北方向平放的尺子称为"圭"。随着技术的进步，人们在"圭表"的基础上发明了新的观测工具，比如日晷。(图5)"晷"字本义为"影"，指一根细直杆在日光的照射下投射到地面上的影子。"日晷"就是古人根据这个现象制作出来的计时仪器。大约元、明以后把测天体方位以定时刻的仪器称为"晷"，作为测时器名称的"日晷"开始才流行于世。

日晷一般由晷面和晷针组成，晷面上有时刻划分和注字。晷针一般为铜制，垂直穿过晷面中心，其原理是利用太阳移动造成晷针在晷盘的投影角度变化进行时间观测。日晷分为两种。一种是地平式日晷，即晷面与地面平行的日晷。

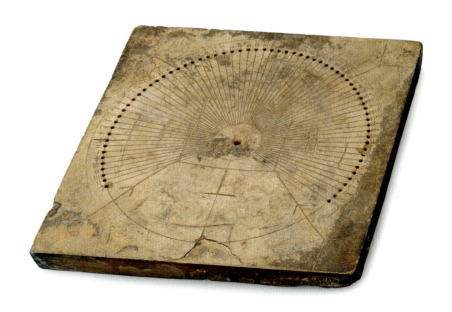

图5
汉代日晷
中国国家博物馆藏 [1]

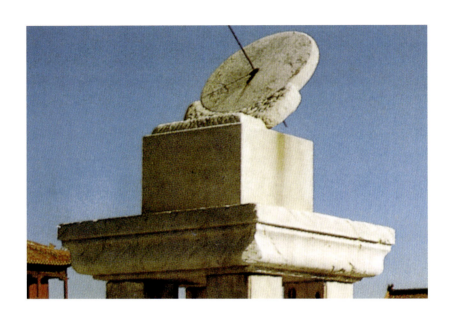

图6
赤道式日晷[2]

　　地平式日晷的使用虽然简单，但观测结果往往有较大的误差。随着对天体观测认知的进步，古人对地平式日晷作了一个小小的改动，将晷面从"平行于地面"变为"平行于赤道面"（图6），如此一来，便诞生了赤道式日晷。

　　据目前的研究而知，赤道式日晷的出现不晚于宋代。南宋学者曾敏行在《独醒杂志》中记载，"南仲尝谓：古人揆影之法，载之经转，杂说者不一；然止皆较景之长短，实与刻漏未尝相应也。其在豫章为晷景图，一木为规，四分其广而杀其一，状如缺月，书辰刻于其旁，为基以荐之，缺上而圆下，南高而北低。当规之中，植以为表。表之两端，一指北极，一指南极。春分以后视北极之表，秋分以后视南极之表，所得晷景与漏刻相应。自负此图以为得古人所未至。"[3]这段文字详细记载了赤道式日晷的结构和使用方法，此后，赤道式日晷逐渐成为了计时的主要工具。

　　与此同时，便于人们携带的小型化计时工具也大量出现。据著名的英籍科学史专家李约瑟在其《中国科学史·第三卷·数学、天学和地学》中记录，便携式的日晷大致分为"甲型"和"乙型"两类。（图7—8）[4]甲型日晷可看作是"地平式日晷"的微缩版。当日晷打

开时，连接于盒盖内侧中心点与盒身底边中点的绳子被拉紧，与底板形成一个锐角，绳的影子被太阳光照射后，在底板上读出相应的时辰信息。据研究，甲型日晷的设计具有西方特色，其出现时间不会晚于明代耶稣会士来华之后，因此又被称为"洋晷"。从型制上看，中海博馆藏的象牙制百游日月晷与甲型日晷十分相似；乙型日晷则是"微缩版的赤道式日晷"，其晷板可进行任意角度的调整，即便是观测的纬度不同，都能保证垂直于晷面的表针指向天极。

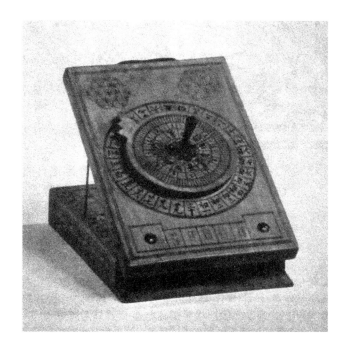

图7
李约瑟甲型日晷 [5]

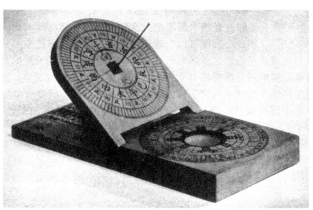

图8
李约瑟乙型日晷 [6]

图9
清代木质日月晷
中国航海博物馆藏

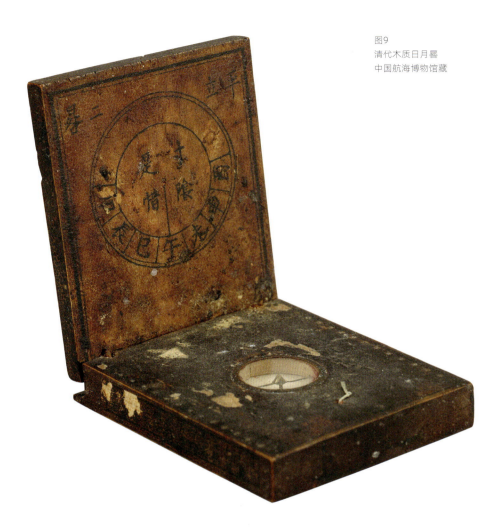

　　除日晷外，通过观测天体来测时的仪器还有月晷和星晷。月晷又称"太阴晷"，目前还未见任何明代以前的相关记载，有可能是明末时期由西方耶稣会士带进中国。明末清初之际，以德国人汤若望与比利时人南怀仁为代表的西方传教士进入中国，他们带来了西方天文科学仪器，代表仪器之一就是"月晷"和"星晷"。与日晷直接用于观测不同，月晷和星晷需要进行动手操作模拟校正月亮、恒星和太阳的相对运动后，再求出真太阳时，所谓"真太阳时"，即当地实时时间。其主要附件有三：指示时间的时盘、模拟校正所用的日期盘或节气盘以及照准部分。

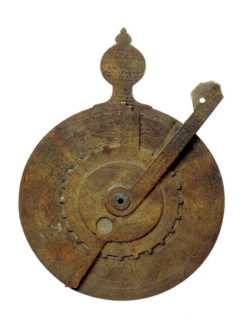

图10
铜圆盘日月星晷仪
故宫博物院藏[8]

为了方便使用，人们把多种"晷"组合在一起，设计制作了"日月晷"（图9）和"日月星晷"（图10），并不断小型化。明万历四十年（1621），曾有西方传教士呈奏明神宗云："上进者……象牙时刻晷二具，或看日或看月、看星，皆可测知时刻。"[7]此处的时刻晷就是一种小型的日月星合晷。

二、广作牙雕工艺

中海博收藏的清代日月晷为象牙材质，以精湛的象牙雕刻工艺为特色。象牙质地坚硬、光泽柔和，再加上国内象牙资源稀缺，使其成为历代珍贵的工艺品原材料之一。该晷刻有"乾隆丁未年羊城玉子巷任源泉制"字样，"羊城"是广州的别称。广州地处中国的南海之滨，从汉代起就因其优越的地理优势成为中国古代海上丝绸之路沿线重要城市。《汉书》卷二十八下《地理志》记载："粤地……处近海，多犀、象、毒冒、珠玑、银、铜、果、布之凑，中国往商者多取富焉。番禺，其一都会也。"[9]番禺，即广州，两千多年来广州的海外贸易持续兴盛不衰。1684年，康熙皇帝下令设立粤、江、闽、浙

四大海关；1757年，乾隆皇帝下令关闭其他三处海关，独留广州成为与西洋航海国家贸易的唯一通商口岸。"乾隆丁未年"即乾隆五十二年（1787），广州"一口通商"政策施行了三十年。本就是海上丝绸之路重要港口的广州在"独家经营"政策的加持下，中西贸易繁荣辉煌，无与伦比。繁盛的贸易带来了奢侈品手工业的强力发展，其中象牙制品的需求极度旺盛。

广作牙雕是广州地区艺术器物的代表类型之一。尽管在数量上不及瓷器等外销品，但因其原材料本身价值高、雕刻技艺难度大，除了奢侈商品所具有的高溢价性外，其在艺术性、观赏性及文化兼容性等方面同样具有不可替代的独特性，是当时重要的外销种类之一。"象牙"材质珍贵，甚至雕刻剩下的象牙屑都被作为商品进行买卖，《广州城坊志》有如下记载："象牙巷一带，售象牙屑者，牌板书写：'象牙糠'，'糠'字形象入妙。"[10]广州牙雕的种类丰富，包括象牙球（图11）、象牙扇、象牙提篮、各类象牙盒、象牙胸针、象牙信插等。乾隆年间，广州大新街出现了专营象牙制品的店铺，随着象牙买卖、雕刻、牙雕工艺品销售等流程不断细化，越来越多的店铺汇集到大新街及附近的玉子巷等地，这里成为了闻名中外的象牙一条街。不少广州象牙材质的"晷"类计时工具就出自羊城技艺精湛的工匠之手。正如李约瑟所言："18世纪初，中国已经出现一些著名的日晷、罗盘制作流派，山西的姚乔林流派就是其中之一，这种工艺（旱针法）后来多集中于广州。"[11]

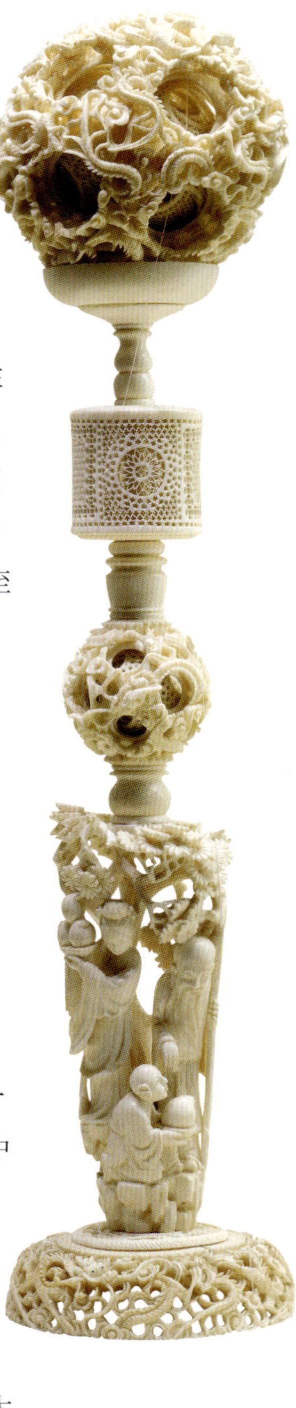

三、欧洲计时工具对中国传统计时的影响

13世纪时，欧洲发明了机械钟。这些原始的钟体积庞大而沉重，多安装在建筑物上。它们以重锤驱动齿轮装置，采用擒纵机

图11
19世纪镂雕象牙球摆件
中国航海博物馆藏

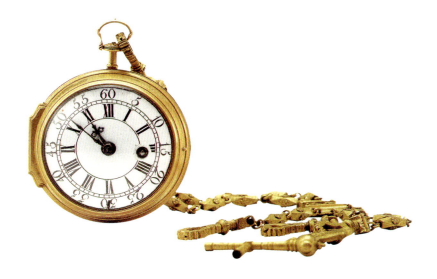

图12
铜镀金壳画珐琅怀表
故宫博物院藏 [13]

构进行计时，误差较大。随着科学技术的进步，16世纪时，德国纽伦堡的钟表匠亨莱恩（Peter Heulein）以发条取代重锤，使时钟小型化，首次制造出直径8厘米以下的怀表。

明中叶后，西洋钟表开始进入中国（图12），引起当时统治阶层的兴趣。到清中前期，明末零星的钟表贸易已成发展成鼎盛之势，成为东西方之间新的贸易增长点。

"西洋钟表消费热"推动了国产钟表的生产制作。清朝前期，中国沿海地区开始形成一定规模的钟表制造业，质量可与欧洲进口钟表相媲美。北京甚至出现了宫廷钟表作坊，规模达百人。如果说进口钟表主要是满足当时上层社会的需求，那么国产钟表的出现则推动了钟表在清代各阶层的普及，即使是仆役等社会底层人员亦有佩表者。[12]

在西洋钟表于中国沿海地区不断普及，与日月晷等传统计时工具平分秋色直至成为主要计时工具的背景下，"晷"类传统仪器逐渐退出历史舞台。而用珍贵的象牙材质来制作一个传统的计时工具——日月晷，其计时功能已经不再是使用者重点考虑的方面，可以想见使用者更多的是将其作为身份的象征，用于显示自己的财富和地位。

1. 图片来源：中国国家博物馆官方网站，https://www.chnmuseum.cn/zp/zpml/kgfjp/202110/t20211029_251999.shtml

2. 图片来源：于倬云：《故宫建筑图典》，紫禁城出版社，2009年10月，第55页。

3. 曾敏行：《独醒杂志》，《宋元笔记小说大观》第三册，上海古籍出版社，2007年，第3220页。

4. 李约瑟：《中国科学技术史》（第三卷·数学、天学和地学），科学出版社，2018年，第302页。

5. 图片来源：李约瑟：《中国科学技术史》（第三卷·数学、天学和地学），科学出版社，2018年，第303页。

6. 图片来源：李约瑟：《中国科学技术史》（第三卷·数学、天学和地学），科学出版社，2018年，第303页。

7. 谢方：《职方外记校释》，中华书局，1996年，第18页。

8. 图片来源：刘璐：《清宫西洋仪器》，上海科学技术出版社，2011年，第45页。

9. 班固：《汉书》第六册，卷二十八至卷三十（志三），中华书局，1962年，第1670页。

10. 黄佛颐：《广州城坊志》，广东人民出版社，1994年，第20页。

11. 李约瑟：《中国科学技术史》（第三卷·数学、天学和地学），科学出版社，2018年，第305页。

12. 详见：赵冀：《檐曝杂记》卷二：钟表，中华书局，1982年，第36页："傅文忠公家所在有钟表,甚至仆从无不各悬一表于身"。丁柔克：《柳弧》，卷表，中华书局，2002年，第36页："今则商贾、奴隶，无不有表，且有多者"。

13. 图片来源：故宫博物院：《故宫钟表》，紫禁城出版社，2008年，第209页。

19 世纪镂雕象牙球摆件

作者：蒋笑寒
中国航海博物馆学术研究部（藏品保管部）
助理馆员

以竹、木、象牙、犀角等材料雕刻制成的竹木牙角雕属于文物器物中的"杂项"。象牙制品作为"杂项"之一，是文物类别中的小器类。象牙制品大多用料上乘，做工考究，在精美绝伦的象牙雕刻艺术中，最引人注目的当属镂空通雕象牙套球。象牙球，又称"鬼工球"，是广东牙雕最富特色的代表作。中海博收藏的广州外销工艺品中，就有一件19世纪镂雕象牙球摆件（图1），精美别致，为馆藏二级品。

一、馆藏19世纪镂雕象牙球摆件概貌

中海博收藏的这件19世纪镂雕象牙球摆件，通高46.5厘米，以寿星、麻姑献寿为题材，由大小镂空套球、竹节形柱和寿星、麻姑献寿圆雕和云龙纹镂雕底座四个部分组成，上下以承球托盘和腰形管等多节连接，分别运用了高浮雕、浅浮雕、圆雕、镂雕等多种雕刻技法。镂空象牙球分别有大小两个，置于象牙承盘上，从外至内共十层通心套球，球球相套，逐层镂空。外层以高浮雕刻飞龙穿梭于祥云间，内层雕琢精美繁复的连钱纹和锦地几何纹。（图2）台柱共有三节，分别以旋拧的螺扣相接，最上层是镂雕圆柱；中间为一镂雕象牙小球，其纹饰与顶球相似；最下方雕有寿星、麻姑献寿题材圆雕，寿星手持仙拐，表情祥和，麻姑与童子手捧仙桃，底部为透雕底座，寓意吉祥，构思精巧，体现出鬼斧神工的高超技艺。

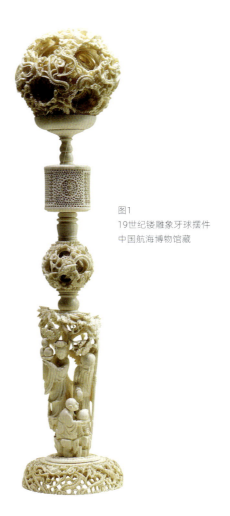

图1
19世纪镂雕象牙球摆件
中国航海博物馆藏

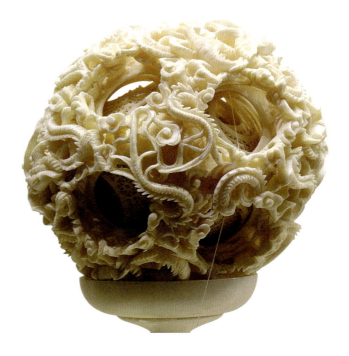

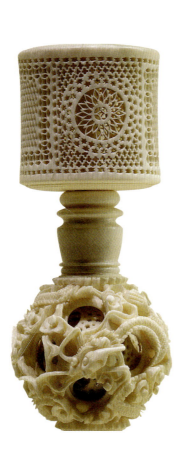

图2
19世纪镂雕象牙球摆件细节图

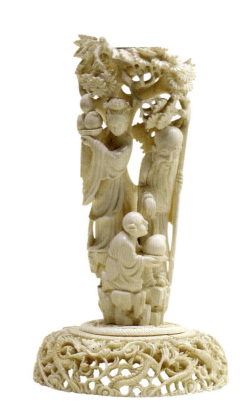

二、源远流长的牙雕工艺

象牙因其色泽柔和、细腻温润的特点成为广受欢迎的雕刻材料。源远流长的象牙雕刻工艺贯穿了整个中国古代社会的发展。随着社会审美取向和生产技术的发展，不同时期的象牙制品有着各自鲜明的时代特征。

中国先民对象牙的雕刻制作始于新石器时期，早期象牙制品属性单一，多为生活用具。先秦时期随着等级制度的逐步确立，象牙被视作珍贵物品仅允许贵族使用，象征着贵族的地位、财富和身份，也被用于祭祀仪式，此时已孕育出早期的牙雕工艺。周代将制作器物的"珠、象、玉、石、木、金、革、羽"称为"八材"，[1]象牙便是其中之一。汉至唐，象牙制品以日常实用功能居多，如象牙制成的算筹、带钩、笏板、篆刻印章等。唐代流行的象牙拨镂是较为成熟的牙雕技法，此法以针形刀具，在象牙表面雕刻花卉、人物、风景等纹饰，为明清时期象牙雕刻的大发展奠定了基础。[2]

两宋时期，进口象牙材料剧增，牙雕工艺迅速发展。南宋在京都设立象牙玳瑁市，苏杭设立官局督造象牙犀角等。[3]象牙球出现于宋代，虽只有三层，却已初具雏形，此时的象牙球代表着宋代牙雕技艺的重要突破。明清时期，知识阶层崇尚新风尚，象牙材料依赖国外进口，牙雕工艺发展鼎盛。明代文人喜好清新雅致的意境，因此明代象牙雕刻也带有浓厚的文人气息。明代牙雕用料大而重，刀工简单朴素，雕刻风格与同时期的玉器相近，有随形而雕的特点。清代承袭前朝遗风，更为推崇精致细腻的雕刻。清代的牙雕风格与同时期的玉器和瓷器相近，图案繁复多样，刀工极其精细。[4]清代牙雕基本形成了北京、江南和广东三大流派，北京牙雕追求典雅华丽，以宫廷风格居多。江南牙雕奇峻清新，以精雕细琢的小型牙器见长。广州凭借得天独厚的地理优势，成为全国象牙贸易加工中心，促使广东牙雕空前发展。广东牙雕玲珑剔透，精美别致，镂空通雕技法独具岭南特色，尤擅长雕琢象牙球和象牙舫。

三、风靡世界的"鬼工球"

象牙套球，追求奇工巧技，以镂雕、圆雕等技法雕刻各式各样的中国传统纹饰和人物题材图案。球体由数层大小不一的空心球交错套叠而成，雕镂繁复精美的纹饰，外表看似一个球体，但层内有层，且每层保持同一圆心，皆能自由转动。象牙球的层数通常被视作精湛技艺的体现，通常镂雕套球层数越多，意味着象牙球的制作水平越高超。象牙球的雕刻制作大致包括六个主要流程：选料开料；车成圆球；钻出孔眼；车出套球；内外雕凿；转磨成品。（图3）[5]首先是象牙

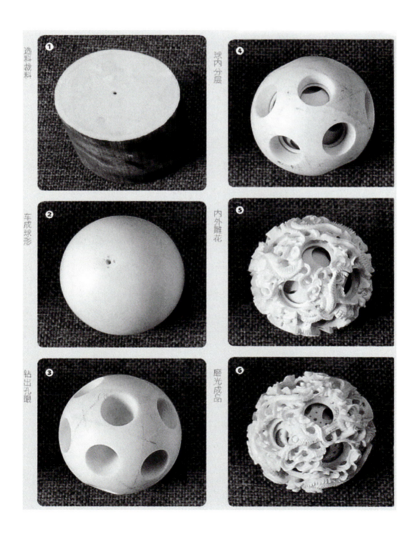

图3
象牙球制作工序[7]

329

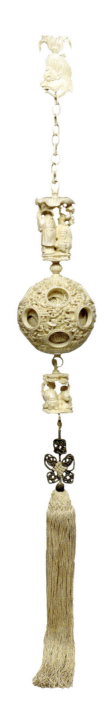

图4
清晚期雕象牙透花人物套球 [10]
台北故宫博物院藏

选料，象牙球对原料的要求较高，往往截取象牙末端的实心圆柱体，避开裂纹或缺损部位。其次是锯工开料，再车成圆球，凿出直径大小一致的同心洞孔，确保里外皆可自由转动，接着是球内开层，以同心洞孔为基点，由内向外横向切割，再由雕工"版面"和卓花，并对象牙球内外层进行雕刻，最后磨光处理，使球体光滑圆润，配上牙球底座，一个完整的象牙球才大致完成。[6]

一般而言，清代广东象牙球基本具有以下几种典型特征：一是球体围绕同一圆心层层叠套；二是镂雕精细花纹图案，通常雕刻云龙纹、庭园人物、花卉缠枝、山水题材、几何纹等；三是套球上下以螺旋方式扭转，或帽架立柱，或吊坠悬挂，部件均可拆卸；四是雕刻手法完备，技艺高超，将圆雕、高浮雕、浅浮雕、镂雕发挥得淋漓尽致。[8]

再者，从18世纪到19世纪，象牙球的制作风格变化明显。清早期象牙球多雕刻单一缠枝花卉纹饰，风格较内敛，无任何高浮雕，镂雕层数不是很多。发展到清代中后期，象牙球满饰高浮雕、浅浮雕、镂雕或圆雕，通常是几种雕刻技法的组合，纹饰极其繁复精细，相比早期的缠枝花卉纹，增加了云龙纹、庭园人物、几何纹等图案，象牙球套件更是大小套球组合，连立柱底座都镂雕精细纹饰。

广制象牙球广泛收藏于各大博物馆，以故宫博物院和台北故宫博物院（清宫旧藏）、辽宁省博物馆和广东省博物馆收藏的象牙套球最为精美别致。故宫博物院藏有一件清晚期牙雕镂空套球，台北故宫博物院也有一件相同的象牙套球，两件象牙球实为成对的一套。台北故宫博物院的此件象牙球名为"清晚期雕

象牙透花人物套球"（图4），象牙套球吊挂样式，由四部分组成，最上方是鳌鱼勾，龙头鱼身，寓意吉祥。鳌鱼勾下方用环链串连着两仕女雕刻，一坐一立，手持莲花莲蓬，服饰褶皱清晰可见。立雕两仕女层下面是一镂空套球，两者以螺纹小圆球相连接，镂空套球共十八层，外观精致，外层镂雕花卉、亭台、人物，内层雕刻双钱纹、菊纹及米字格纹等繁复纹饰。镂空套球下又连着一个两仕女雕刻，最下方坠着一金丝盘长纽结及象牙色穗子。[9]

　　除这件清晚期雕象牙透花人物套球，台北故宫博物院还藏有一件更为精致的清十九世纪广东镂雕象牙云龙纹套球（图5），以八仙人物为题材，由大套球、承盘、支架、小套球、底座四个部分组成，大套球直径约12厘米，置于象牙承盘上。外层以高浮雕技法雕刻穿梭于祥云间的飞龙，栩栩如生，内层镂雕精致的锦地纹饰。活动套球共二十三层，每层皆可灵活转动。小套球纹饰与大套球相似，共九层，最下方镂雕八仙及山水人物图案，底座透雕云龙纹，通体温润细腻，堪称同时期象牙球之最。[11]

四、"鬼工球"与西方车镟技术

　　鉴于中国古籍文献对"鬼工球"记载较少，无法确切考证"鬼工球"的技艺来源及发展脉络。明代曹昭的《格古要论》有对"鬼功毬"记载："尝有象牙圆毬儿一个，中直通一窍，内车数重，皆可转动，故谓之鬼功毬，或云宋内院中作者。"[13]这是曹昭在十四世纪末对象牙球所作的最早记载，此件"鬼功毬"为象牙圆球，中间镂空，内部有两层，每层都可转动。

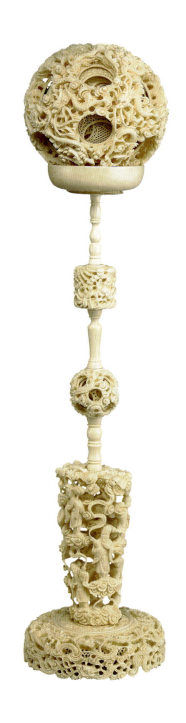

图5
清十九世纪广东镂雕
象牙云龙纹套球[12]
台北故宫博物院藏

这与我们目前熟知的18至19世纪象牙球在时间上相距甚远，且几乎没有实物佐证象牙球的清晰发展脉络。因此可以说我们目前所见的广东象牙球是否来源并发展于曹昭所述象牙球，也尚未可知。对于"鬼工球"的分析，施静菲认为，清晚时期象牙球在技术风格及工艺手法上，不同于18世纪之前的象牙作品。首先，中国传统工艺技法中几乎没有螺旋纽转的连接组合方式，广制象牙球的旋转组合方式似乎并不来源于中国传统技艺。其次，以此种车镟方式对象牙材料进行分层的做法，在此前中国历代竹木牙角雕刻作品中都不曾出现。[14]施静菲的分析表明，广东象牙球与16至17世纪欧洲象牙工艺惊人相似，西方16至17世纪的象牙车镟技术可能来源于伊斯兰，早在10世纪左右，欧洲国家便已出现以车镟技术加工的伊斯兰象牙器物。制作如此精细复杂的象牙套球，需要严谨的数学知识、几何学和透视理论，这种旋转连接方式在西方工艺中很常见，在中国传统技艺中并未见过。[15]如上所述，18世纪中后期的广东象牙球，极有可能受到西方车镟技术的影响，虽然推测两者之间有密切关联，但受限于实物及文献，有待进一步研究分析。

1. 韩建武：《陕西历史博物馆藏骨杂器概述》，《收藏家》2009年第9期，第77—82页。
2. 包英志：《我国微雕艺术的现状与传承研究》，中央民族大学2008年硕士学位论文，第12页。
3. 韩建武：《陕西历史博物馆藏骨杂器概述》，《收藏家》2009年第9期，第77—82页。
4. 赵春霞：《杂项鉴定絮语（六）牙、角》，《收藏家》2012年第9期，第73—78页。
5. 黄丹晓：《现在时·"秘技"——广东象牙球雕刻技艺细节与传承》，《紫禁城》2011年第12期，第72—79页。
6. 海涛：《磋象雕牙—清代象牙雕刻品鉴》，《东南文化》2000年第6期，第86—93页。
7. 图片来源：广东民间工艺博物馆展出的11层象牙球制作工序样品，采自黄丹晓《现在时·"秘技"——广东象牙球雕刻技艺细节与传承》，《紫禁城》2011年第12期，第74页。
8. 施静菲：《你所不知道的象牙球》，《紫禁城》2011年第12期，第20—39页。
9. 参见台北故宫博物院官网。
10. 图片来源：台北故宫博物院官网，文物图档编号：K1G000055N000000000PAC，参见：https://theme.npm.edu.tw/opendata/DigitImageSets.aspx?sNo=04031101&Key=%E8%B1%A1%E7%89%99^^6&pageNo=1
11. 参见台北故宫博物院官网。
12. 图片来源：台北故宫博物院官网，文物图档编号：J1G000005N000000000PAB，参见：https://theme.npm.edu.tw/opendata/DigitImageSets.aspx?sNo=04018051&Key=%E8%B1%A1%E7%89%99^^6&pageNo=7
13. 曹昭：《格古要论》，《景印文渊阁四库全书》，子部871册，台湾商务印书馆，1983年，第104页。
14. 施静菲：《你所不知道的象牙球》，《紫禁城》2011年第12期，第20—39页。
15. 施静菲：《象牙球所见之工艺技术交流——广东、清宫与神圣罗马帝国》，《故宫学术季刊》2007年第25卷第2期，第87—138页。

清佚名《进贡船那霸港归帆图》

作者：郭炜
中国航海博物馆学术研究部（藏品保管部）
馆员
作者：沈捷
中国航海博物馆陈列展示部
副主任、副研究馆员

那霸港，位于琉球群岛西南端、西接我国东海，是整个琉球王国最重要的对外门户以及首里王城的外港，也是中琉朝贡贸易往来中最重要的港口。在中琉五百余年（约1372—1879）的朝贡贸易中，留存下来的琉球王国贡品文物并不少见，仅故宫博物院就藏有上万件的琉球文物，其中不乏"东洋漆甲""红型"染织品在内的精品，然而，直接反映那霸港历史的藏品却所见不多。因此，中海博馆藏清佚名《进贡那霸港归帆图》（图1）的出现，从一定意义上为国内学者研究、探讨琉球王国与中国的朝贡贸易提供了新的线索和可能性。

图1
清佚名《进贡船那霸港归帆图》
中国航海博物馆藏

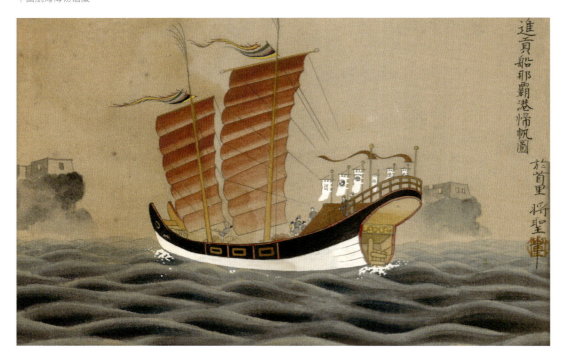

一、清佚名《进贡船那霸港归帆图》概貌

清佚名《进贡船那霸港归帆图》，绢本设色，长32厘米，宽23厘米。该图画面表现的是琉球王国所属船只完成进贡贸易后返回那霸港的场景。自画面右上角起，绘者自上而下以繁体汉字写有"进贡船那霸港归帆图""于首里""将圣笔"等字样，并在行文末尾钤有朱红印章，印文为"山里"，用文字的形式将画作的作者、成画地点、主体内容等信息记录了下来。

在画作的整体画面布局中，最为醒目的无疑是正在湍急的海浪中破浪前行的"进贡船"——福船。该船白底红头，双桅鼓帆，船尾上翘，桅杆顶部与船尾旗幡飘扬，是画作中常见的福船船型。在船体甲板部位，作者用寥寥几笔勾画出了隐约可见的货物，告诉我们这艘船似乎收获颇丰，而船头正在前桅处调整风帆的船民、船体中段身着琉球服装的各色人等以及船艉处似乎正在远眺的"士人"则表现出了久在海上航行的人们对于即将到达那霸港的兴奋之情。

从整幅画作来看，画家用笔精简，以一个相对简单却营造得体的场景表现出了一种波澜壮阔、苍劲古朴的海上风情，既得悠远之境、又有叙述之实。尤其难能可贵的是，画作上的各种细节，如船型、船旗、服饰、文字等细节，为我们进一步考证琉球的海上朝贡贸易、航海技术水平等人文历史情况提供了考证依据。

二、琉球王国及其航海贸易

"琉球"这个地理名词首次出现在汉语记载中当归功于隋炀帝。公元 607年，羽骑尉朱宽"入海求访异俗"开启了中琉之间的往来。因其地属海洋列岛，远远望去"若虬浮于水中"，遂命名为"琉虬"。此后，在历代史书中，称之为"流求""留求""榴求"者皆有。自此后数百年，历代中原王朝虽在周边邦国建立了相当完善的册封制度和朝贡体系，但对琉球关注不多。直到洪武五年

（1372），明太祖朱元璋遣使来到这里，给这个海上王国带来了皇帝的诏书和"琉球"的官方称谓。

明朝以降，为了保护本国的自然经济、杜绝贵金属外流，朝廷采取了只允许官方贸易的"海禁"政策。由于琉球和大明良好的外交关系，明朝对琉球的朝贡限制较为宽松且回赐丰富，于是琉球得以将所获得的中国物产大部转卖海外，在获利颇丰的同时与亚洲各国互通有无。一时间，琉球成为了当时联通东南亚的"万国津梁"。

作为琉球航海贸易中最重要的"压舱石"，中琉贸易行为主要分为册封贸易和朝贡贸易两种形式。根据各类史籍记载，明、清两朝，中国册封琉球共23次，而琉球贡使团来华则高达884次之多，其中明代537次、清代347次。[1]相比较于同时期与中国有朝贡贸易关系的其他国家，其数量、频率已到达了可以称之为"惊人"的程度。这主要归功于明清政府对琉球的"免税待遇"以及远远高于其他国家的赏赐。以明代的胡椒为例，其在中国市场的市值为1斤3贯，对朝贡品可以给予优惠给值——1斤20贯或25贯，而对于琉球的给值高达30贯。[2]如此之高的利润，也难怪琉球人趋之若鹜了。

开展贸易自然需要进行管理。明朝初期，官方就有了所谓"在广东者专为占城诸藩而设，在福建者专为琉球而设，在浙江者专为日本而设。其来也许带方物，官设牙行与民贸易"的规定，[3]而福建也成为与琉球进行海上交通的主要口岸。事实上，无论是明初的泉州还是成化以后的福州，无论是明朝的市舶提举司、柔远驿还是清代的闽海关、琉球馆，都为琉球的航海贸易提供了完备的管理保障和交易条件。

三、中琉造船与航海

古代中琉贸易的发展，无疑是以是否具备海上航行能力作为先决条件的。对于传统中国而言，水密隔舱、指南针等技术的问世，使得明清时期的造船能力、航海技术水平达到了巅峰。除了举世闻

名的"郑和下西洋"之外，据陈希育先生的《中国帆船与海外贸易》记载，永乐年间，明政府曾诏令福建等地建造海船达2758艘之多。[4]而与此相对的，由于国内造船木材的缺乏，导致了琉球国造船能力的发展缓慢。在与明朝政府建立朝贡册封关系后，中国的造船优势所带来的技术输入以及所谓"闽人三十六姓"移居琉球，使得琉球通过赐船、租船、买船、修船、造船的过程逐渐掌握了较为先进的造船技艺。

到了清朝，琉球造船水平已大为提升，康熙年间出使琉球的徐葆光在《中山传信录》上记载道："贡船式略如福州鸟船，船掞施船橹左右各二。船长八丈余、宽二丈五。"[5]从这段史料来看，琉球的造船技术深受传统福船建造技术的影响，已经发展到了相当先进的水平，从而使中流之间的航海交通中的最大的障碍得到了有效解决。

从清《进贡那霸港归帆图》来看，其所绘船只具备了传统福船所具有的首部尖、尾部宽、两头上翘的典型特征，但仍然存在部分差异，其主要区别有二。其一，从笔者可查询到的留存资料来看，清代海上航行的船只多为三桅帆船，而画面所表现的福船仅有两根船桅。其二，该图表现出的船帆较为硬朗且间隔分明的特点，更接近于明末清初时期被普遍使用的帆篷形式——席帆，而布制船帆这种软帆形式要在清代中后期才开始普及、流行起来。考虑到笔者所查询的资料大多为清代中后期乃至民国时期的古籍、古画乃至老照片，结合目前画面中的硬帆等因素，初步推断该画表现的是清代前中期的进贡船归航场景，即该画极有可能是清代前中期绘制的。

四、《进贡船那霸港归帆图》与琉球的朝贡关系

众所周知，除了与中国之间的朝贡贸易关系之外，琉球还与日本存在所谓的朝贡关系。万历三十七年（1609），岛津家久率战舰百余艘兵临琉球，最终迫降琉球国王尚宁，史称"长庆事件"。此后，琉球便为萨摩藩所控制并代其前往中国贸易，而所得利润往往为

萨摩藩所鲸吞。其时，萨摩藩甚至规定琉球国未经萨摩藩许可，不准与中国交往。由于这层关系，使得《进贡船那霸港归帆图》存在一种疑问：该画所表现的进贡船的进贡对象到底是谁？是福州还是江户？

初看本画的作者"山里将圣"，一定会认为这是一个典型的日本名字，从这个初印象进行推断，很可能会得出该画作所表现的是琉球进贡日本归来的场景。然而，观察琉球人的姓氏文化会发现，琉球人的取名有汉名、和名、名乘、童名等多种方式，其复杂多元程度令人咋舌，而其中的"和名"实际上就是日本名字。即使到了今天，姓"山里"的琉球人也并不少见。考虑到画作主题"归帆"中回归的含义，显然该画的作者是琉球人士的可能性更大。

再从画作本身寻找线索，我们可以发现船桅杆顶部出现了中国人非常熟悉的"五色旗""蜈蚣旗"等元素。（图2）代表着"五行俱全，平衡和谐，平安吉祥"的五色旗和代表着"驱逐五毒、禳灾送瘟"的蜈蚣旗的出现是否能证明该船的进贡地点肯定是中国呢？显然并不绝对，因为无论是从文化角度还是从造船技术的角度，接受了数百年中华文化熏陶的琉球人使用一些中国文化元素都是再正常不过的事情。然而船尾出现的一些带有家族徽章痕迹的船旗（图3）却带

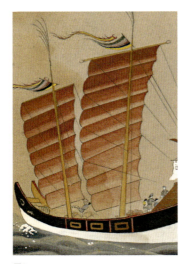

图2
船桅杆顶细节图

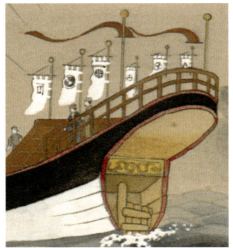

图3
家族徽章船旗图

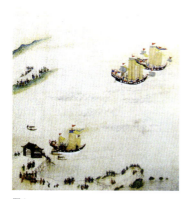

图4
"琉球进京谢封全图"⁶

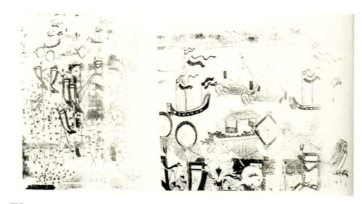

图5
《那霸纲引图》复制件⁷

来了新的线索。

从本质上讲，琉球王国对日本的所谓朝贡实际上是萨摩藩向江户幕府进贡的行为，在重视宗法礼制的封建时代，琉球的进贡船显然应在进贡江户幕府时带有明显的岛津藩标识，如冲绳县立博物馆藏《进贡船图》等作品上带有岛津藩纹章的船旗等也证实了这一点。然而，遍观本画，却未见带有白底黑十字纹（岛津家纹）的船旗，亦未见日本其他大贵族纹章。由此推知，该画所绘的进贡对象不太可能是日本幕府。另外，对比《册封琉球全图册》（图4）中《琉球进京谢封全图》中的进贡船，其无论从船舶形制还是"五色旗""蜈蚣旗"等船旗均及其类似；对比创作于1829年的《那霸纲引图》（图5）的照片复制件，也可见到与本幅作品及其类似的船旗元素。基于该画作使用汉语画作名，以及以上对比分析可以推断，《进贡船那霸港归帆图》是一幅由琉球士人所绘，反映中琉朝贡贸易、航海交通的画作。

1. 谢忱、林燕喜：《万国津梁—福建与琉球》，福建教育出版社，2019年，第135页。
2. 谢必震：《明清中琉航海贸易研究》，海洋出版社，2004年，第5页。
3. 郑若曾：《筹海图编》卷十二，明天启刻本。
4. 陈希育：《中国帆船与海外贸易》，厦门大学出版社，1995年，第73页。
5. 徐葆光：《中山传信录》，台湾文献丛刊第306种，1972年，第239页。
6. 曲金良、修斌：《第十二届中琉历史关系国际学术会议论文集》，北京图书出版社，2010年，第195页。
7. 曲金良、修斌：《第十二届中琉历史关系国际学术会议论文集》，北京图书出版社，2010年，第196页。

图书在版编目(CIP)数据

云帆万里：中国航海博物馆馆藏选粹与释读／中国航海博物馆编著. -- 上海：上海书画出版社, 2023.11

ISBN 978-7-5479-3234-6

Ⅰ.①云… Ⅱ.①中… Ⅲ.①航海—文物—中国—图集 Ⅳ.①K875.32

中国国家版本馆CIP数据核字(2023)第208432号

云帆万里

中国航海博物馆馆藏选粹与释读

中国航海博物馆 编著

责任编辑	邱宁斌　黄醒佳
审　　读	王　剑
装帧设计	陈绿竞
摄　　影	李　烁
技术编辑	包赛明

出版发行	上 海 世 纪 出 版 集 团 ㊤ 上海书毒出版社
地址	上海市闵行区号景路159弄A座4楼　201101
网址	www.shshuhua.com
E-mail	shuhua@shshuhua.com
印刷	上海雅昌艺术印刷有限公司
经销	各地新华书店
开本	787×1092　1/16
印张	22
版次	2023年11月第1版　2023年11月第1次印刷

书号	ISBN 978-7-5479-3234-6
定价	188.00元

若有印刷、装订质量问题，请与承印厂联系